中国特色自由贸易港研究院
中国（海南）改革发展研究院

众论海南自由贸易港

迟福林　主编

海南出版社
·海口·

图书在版编目（CIP）数据

众论海南自由贸易港 / 迟福林主编. — 海口 : 海南出版社, 2020.3（2021.8 重印）
（海南自贸港系列丛书）
ISBN 978-7-5443-9213-6

Ⅰ. ①众… Ⅱ. ①迟… Ⅲ. ①自由贸易区－经济建设－研究－海南 Ⅳ. ①F752.866

中国版本图书馆 CIP 数据核字(2020)第 047877 号

众论海南自由贸易港
ZHONGLUN HAINAN ZIYOU MAOYI GANG

主　　编：迟福林
出 品 人：王景霞
总 策 划：谭丽琳
责任编辑：杨　艳
封面设计：黎花莉
印刷装订：海南金永利彩色印刷有限公司
海南出版社　出版发行
地　　址：海口市金盘开发区建设三横路 2 号
邮　　编：570216
电　　话：0898-68567076
经　　销：全国新华书店
开　　本：787 mm × 1 092 mm　1/16
字　　数：360 千字
印　　张：25
版　　次：2020 年 3 月第 1 版　　2021 年 8 月第 2 次印刷
书　　号：ISBN 978-7-5443-9213-6
定　　价：60.00 元

中国将抓紧研究提出海南分步骤、分阶段建设自由贸易港政策和制度体系，加快探索建设中国特色自由贸易港进程。这是中国扩大对外开放的重大举措，将带动形成更高层次改革开放新格局。

——习近平主席在首届中国国际进口博览会开幕式上的主旨演讲，2018-11-05

我们将新布局一批自由贸易试验区，加快探索建设自由贸易港。

——习近平主席在第二届“一带一路”国际合作高峰论坛开幕式上的主旨演讲，2019-04-26

我们即将发布2019年版外资准入负面清单，进一步扩大农业、采矿业、制造业、服务业开放。新设6个自由贸易试验区，增设上海自由贸易试验区新片区，加快探索建设海南自由贸易港进程。

——习近平主席在二十国集团领导人第十四次峰会上发表题为《携手共进，合力打造高质量世界经济》的重要讲话，2019-06-28

中国将继续鼓励自由贸易试验区大胆试、大胆闯，加快推进海南自由贸易港建设，打造开放新高地。

——习近平主席在第二届中国国际进口博览会开幕式上的主旨演讲，2019-11-05

发挥好自贸试验区改革开放试验田作用，推动建设海南自由贸易港。

——习近平总书记在中央经济工作会议上发表的重要讲话，2019-12-12

序 言

海南自由贸易港的重大使命

——学习习近平总书记重要讲话的几点体会

迟福林
中国（海南）改革发展研究院院长
中国特色自由贸易港研究院院长

习近平总书记在海南建省办经济特区 30 周年大会上发表重要讲话以后，又 5 次在重要场合提出“加快建设海南自由贸易港”。为什么要强调“加快”？笔者的理解是，面对世界百年未有之大变局，加快探索建设海南自由贸易港进程，就是要充分借鉴学习国际自由贸易港的成功经验，适应国际经贸规则的变革趋势，建立对标世界最高水平开放形态的经济体系。由此，使海南在实行世界最高水平开放政策、推动经济全球化中承担重大使命。

一、战略定位

——把海南打造成为我国面向太平洋和印度洋的重要对外开放门户

加快推进海南自由贸易港建设，就是要按照习近平总书记的要求，加强同“一带一路”沿线国家和地区开展多层次、多领域的务实合作，建设“21 世纪海上丝绸之路”的文化、教育、农业、旅游等交流平台，在成为

“21 世纪海上丝绸之路”重要战略支点上迈出更加坚实的步伐。由此，把海南打造成为我国面向太平洋和印度洋的重要对外开放门户。这是中央明确赋予海南自由贸易港的战略定位。这个战略定位，既要求海南以开放为先，以制度创新为核心，加快建立高水平开放的经济体系，打造具有国际影响力和竞争力的对外开放新高地；也要求上上下下、方方面面把对加快推进海南自由贸易港建设的认识与行动统一到这个战略定位上来，从而解放思想、抓住机遇，形成加快推进海南自由贸易港建设的合力、动力。

（一）落实“战略定位”重在推进南海经济合作进程

南海扼守两洋海运要冲。南海地处两大洋和两大陆的交汇地带，是太平洋通往印度洋的海上走廊，是多条国际海运线和航空运输线必经之地，是连接亚太地区与世界上其他地区的最主要的海上运输通道之一，地理和区位优势突出。

南海是我国扩大开放的重点、难点与焦点，而海南是南海要冲。落实中央关于海南自由贸易港的“战略定位”，服务于我国高水平开放的大局，重中之重是海南要在南海经贸合作中扮演重要的战略角色。

当前，加快推进南海经济合作的机会难得。近年来，南海的经济合作局面开始逐步显现。2019 年 8 月 29 日，习近平主席和菲律宾总统杜特尔特在北京达成搁置争议、共同开发南海油气资源的合作意向。2019 年 8 月 6 日，中马建交 45 周年战略研讨会在中国（海南）改革发展研究院举行。我在会上做了题为“中马率先在泛南海旅游合作上实现重要突破”的发言。马来西亚战略与国际问题研究所主席、执行院长拉斯塔姆·穆罕默德·伊萨在对论坛总结的时候提出：“本次研讨会最大的贡献是提出了‘泛南海经济合作圈’，尤其是迟先生提出的中马可以率先开展泛南海经济合作，比如在旅游合作当中实现突破的观点，我表示高度认可，回去以后要尽快向马哈蒂尔总理汇报。”

（二）落实“战略定位”的关键是尽快把海南建成南海经贸合作的重要平台

一是加快推进南海区域互联互通进程。第一，以海上基础设施互联互通为依托，加强海南与区域内国家和地区在港口、国际中转、海运航线、物流配送、邮轮客运等方面的密切合作。第二，积极融入国际陆海贸易新通道，成为连接“一带”和“一路”的重要枢纽。第三，以海南为中心，打造“21世纪海上丝绸之路”信息港。

二是加快建设南海区域人文交流平台。第一，构建南海区域高端交流对话平台。第二，充分发挥博鳌亚洲论坛的带动力、影响力。第三，构建南海区域文化交流合作平台。第四，构建南海人才培养高地和国际学术交流重镇。

三是加快建设军民融合发展示范基地。按照习近平总书记提出的“要打造国家军民融合创新示范区”要求，统筹海南全面开放和国防建设、海洋开发和海上维权等关系，建立军地共商、科技共兴、设施共建、后勤共保的体制机制，将海南打造成为军民融合发展示范基地。

（三）落实“战略定位”的重大举措是把海南建成泛南海经贸合作的先导区

“泛南海经济合作圈”在地域上涵盖南海、东南亚周边及太平洋、印度洋等局部地区，包含中国、越南、马来西亚、印度尼西亚、菲律宾、新加坡、文莱、泰国、柬埔寨、老挝、缅甸、东帝汶、澳大利亚、印度、斯里兰卡、孟加拉国等16个国家，以及中国的台湾、香港、澳门、海南、广西、广东、福建。“泛南海经济合作圈”的基本内涵：以服务“一带一路”建设为总目标，以海上基础设施互联互通为依托，以旅游、海洋经济与产业合作为主题，构建开放性的次区域经济合作网络，促进区域内生产要素和商品服务的自由流动。

第一，海南有条件在推进“泛南海旅游经济合作圈”的形成中发挥特殊作用。例如：加快开通海南到东南亚国家与“21世纪海上丝绸之路”沿线国家和地区的跨国邮轮旅游航线，加快三亚邮轮母港建设；建立泛南海岛屿经济合作体，推动海南岛与泛南海国家、地区等自由旅游经济合作体建设。

第二，把洋浦打造成为以南海油气资源勘探、开发、加工、储备、交易为主要业务的自由工业港区。例如：以自由工业港区为目标，建设涵盖现货、期货的国际石油石化产品交易中心；把洋浦打造成为国际陆海贸易新通道的枢纽集散点。

第三，以博鳌亚洲论坛为平台，扩大人文交流。例如：充分发挥博鳌亚洲论坛的对外交流合作平台作用；构建和利用智库、学界和半官方交流机制；推动与有关方建立“泛南海经济合作圈”政府间磋商机制和咨询机制，形成对话讨论机制化平台。

第四，加快三沙前沿基地建设。例如：在三沙市设立海洋型海关特殊监管区；在南沙永暑礁、美济礁等岛礁建立三沙基层政权和综合保障补给基地；推进西沙旅游及相关服务业有序开放；在三沙建设国家海洋公园等。

二、产业定位

——以服务贸易为主导

习近平总书记指出：“现代服务业是产业发展的趋势，符合海南发展实际，海南在这方面要发挥示范引领作用。”适应经济全球化大趋势，服务于我国消费结构升级的现实需求，加快推进海南自由贸易港建设，不以转口贸易和加工制造为重点，而要以发展旅游业、现代服务业、高新技术产业为主导。在服务贸易与服务业市场开放直接融合的背景下，海南自由贸易港要形成以服务贸易为主导的独特优势和突出特色，重点、难点、焦点大都集中在服务业市场开放的广度和深度上。

（一）以产业大开放推进产业大发展

一是以旅游文化产业开放提升海南旅游文化国际竞争力。以文化为例，2018 年，海南文化产业增加值占 GDP 比重仅为 3.3%[①]，低于全国平均水平 1 个百分点[②]，比北京（12.9%）低了 9.6 个百分点[③]。提高海南旅游

---

①海南省统计局，国家统计局海南调查总队. 海南统计年鉴（2019）[M]. 北京：中国统计出版社，2019：44.

②国家统计局社科文司. 文化事业繁荣兴盛 文化产业快速发展——新中国成立 70 周年经济社会发展成就系列报告之八 [EB/OL]. 中华人民共和国中央人民政府网，2019-07-25.

③孙乐琪. 北京文化产业增加值全国居首 [N]. 北京晚报，2018-12-21.

文化的竞争力，关键在于加快推进旅游及文化、体育、娱乐产业市场的全面开放。

二是扩大金融市场开放，加快形成以外资、社会资本为主体的金融体系。2018 年，海南金融业占 GDP 比重仅为 6.4%，不仅低于全国平均水平(7.7%)，而且与上海（17.7%）、北京（16.6%）等国内发达地区相比，差距更大。[①]推动金融业市场开放，加快形成以外资、社会资本为主体的金融体系，放宽外资金融机构的业务范围，允许、支持内外资金融机构在海南开展离岸业务，由此来明显改善海南的投融资环境。

三是以扩大电信、互联网等特定服务业市场开放为重点，推动新兴服务业发展。在数字经济引领产业变革的大趋势下，高新技术产业发展在很大程度上依赖于电信、互联网等产业的开放，自由贸易港建设也高度依赖于信息流动的自由、高效。例如，没有数据的跨境自由流动，就难以实现数字贸易、远程服务等新兴业态的发展，也难以将海南打造成为全球数字技术、数字人才、数字企业的集聚中心。

（二）率先加快推进服务业项下的自由贸易进程

从服务业项下的自由贸易走向全岛全面开放，是海南从自由贸易试验区向自由贸易港过渡的重要行动，是加快形成以服务贸易为主导产业保障的重大举措，海南有条件在这方面先行先试。

一是与香港联手共建具有世界影响力的国际旅游消费中心。例如，在尽快实行日用消费品零关税的基础上，全面引入香港旅游消费的产业链、供应链，推动琼港旅游购物服务管理和市场监管标准规范的全面对接，并由此带动文化娱乐、金融保险、物流等相关服务业的转型升级。

二是尽快将博鳌乐城国际医疗旅游先行区部分政策的实施范围扩大到全岛，并进一步拓展政策深度。在全国对海南医疗健康服务的刚性消费需

①数据来源：2018 年海南省国民经济和社会发展统计公报；中华人民共和国 2018 年国民经济和社会发展统计公报；2018 年上海市国民经济运行情况；2018 年北京统计年鉴。

求不断增加和国家加快推进医疗健康产业开放的大背景下，医疗健康产业若要成为海南发展的一张“王牌”，关键是抓住有利时机。在博鳌乐城作为国际化高端医疗合作中心的前提下，尽快在全岛范围内实现医疗健康产业项下的资金、人员、技术等要素的自由流动，把海南建成全国医疗健康消费的重要承接地，由此使全岛居民与广大旅游消费者从中受益。

三是加快推动教育市场开放进程。教育发展滞后严重制约海南经济、社会发展。扩大教育市场开放，允许境内外具备条件的研发机构、教育组织、高水平企业在海南独资举办医疗健康、旅游、文化创意等职业院校，为自由贸易港建设培养中高端实用型、技能型、服务型人才。

（三）推进服务业项下自由贸易进程的制度创新

海南加快探索建设自由贸易港，要围绕以服务贸易为主导的突出特色，实施全球最高开放标准的市场准入政策与贸易投资自由化、便利化政策。

第一，实施最高开放标准的服务业市场准入政策。要尽快制定实施海南版服务贸易负面清单，除出版印刷、广播电视等特殊领域外，全面取消现有投资准入负面清单与跨境服务贸易负面清单中的禁止性与限制性措施，实现内外投资者准入前后的同等待遇。

第二，适应服务业市场全面开放的需求，实施不亚于香港、新加坡等国际知名自由贸易港的税收政策。建议在现代服务业领域率先实行 10%的企业所得税；尽快对健康、旅游、文化娱乐、研发设计等服务业项下的生产要素实行零关税；对海南岛内的现代服务业企业之间的交易适用增值税税率为零的政策。

第三，实施服务贸易自由化、便利化政策。例如：实行人员自由流动政策，在现有 59 国免签政策基础上，在严控风险的前提下，逐步拓宽免签政策实施范围；降低“绿卡”申请门槛，取消对专业技能人才申请永久居留的最短居住时间限制；取消对获得工作签证的外籍人员的就业限制等；对标国际性管理标准，降低服务贸易边境内壁垒，全面实行服务业管理的国际标准。

三、制度创新

——赋予海南自由贸易港更大改革自主权

海南建省办经济特区 30 多年的实践一再说明，优惠政策固然十分重要，但如果没有制度创新，这些政策的实施效果也会大打折扣。只有制度创新，才能激发政策效果，为政策的落地提供根本保障。

（一）海关制度创新

海南自由贸易港要达到世界最高水平的开放形态，一是要对标国际知名自由贸易港，创新海关监管制度；二是要适应经济全球化大趋势，尤其是“零关税、零壁垒、零补贴”的国际经贸变革趋势。建议海南海关制度创新分“两步走”：

第一步：建立特殊海关监管制度。

——在海南设立国家海关特殊监管区。这个特殊监管区，虽然不是一个完整的单独关税区的概念，但却执行国家赋予类似于香港、澳门“单独关税区”的海关监管职能，由此保障海南自由贸易港的开放政策得以全面贯彻实施，并有效防范各类风险。此外，以服务贸易为主导的海南自由贸易港，难以严格划定“境内关外”的物理边界，但必须有清晰的“境内关外”制度边界。

——以实现“双自由、双便利”为目标。海南自由贸易港以服务贸易为主导，需要强大的内地市场作为依托。“二线高效管住”并不是管死，而是要加快推进“放管服”改革，实现高效监管、物畅其流、人便于行。为此，建议海南海关特殊监管体制的设计要在有效防范风险的前提下，既面向国际市场，又服务于国内 14 亿多人的内需大市场；既保证海南与境外市场在各要素流动上的自由和便利，也保证海南与内地市场在各要素流动上的自由和便利。

——探索实行“分线管理、分类监管”的新模式。适应海南以服务贸易为主导的发展趋势，为保证海南与内地市场的自由、便利流通不受影响，创新自由贸易港“一线放开，二线管住”的传统监管模式，需要在

“境内关外”的基础上界定好人员、货物、服务和资金的“进出境、进出岛、进境出岛、进岛出境”4个流向各自的海关的监管状态，按此实行分类监管。根据4个流向分别实行进出境都放开、进出岛都要管，进境出岛和进岛出境实行管住与放开相结合的监管方式。

第二步：设立海南单独关税区。服务于高水平开放以及国家对海南自由贸易港的战略定位，适应经济全球化大趋势。海南特殊海关体制的设计，不是简单的“一线放开，二线管住”，而是要适时建立单独关税区。

——实行独立的海关制度和海关体系，在海关法授权的领域内实施法定的海关监管权。

——独立处理内部经贸事务，享有对域内经济法人、个人的经济行为的管辖权，包括制定内部经济政策的权力。

——赋予海南在处理对外经贸关系上的高度自主权。

（二）财税制度创新

加快推进海南自由贸易港建设，财税制度创新是关键。对标国际自由贸易港，重要的是对标先进的、优惠的税收制度。海南自由贸易港起点低，财税制度如何设计有着决定性的影响作用。建议分两步推进财税制度创新。

第一步：实行低税率，给予一定的财税补贴。对标国际自由贸易港，海南的税率要低。并且考虑到海南财政最初几年的状况，建议中央给予海南一定的财政补贴，支持海南自由贸易港起步阶段的基础建设等。

第二步：建立相对独立的财税制度。如果在财政和税收上没有相对独立的制度安排，将难以适应自由贸易港建设的需求。建议在国家的严格监管下，实行相对独立的财税体制。例如，明确将地方税收的税种开征、停征权和税收减免权、税率调整权下放给海南，通过赋予海南更大的税收自主权，支持海南自由贸易港建设。

（三）金融制度创新

对标国际自由贸易港，金融高度开放是基本要素，也是实现投资贸易自由化、便利化的重要条件。海南自由贸易港的市场主体主要是外资和社会资本。这就需要建立与市场主体投融资需求相适应的金融体制，在促进境外资金、社会资金自由流动的同时，有效防范金融风险。

第一，建设海南自由贸易港需要金融开放。短时间内，海南要成为区域性的金融中心的目标难度很大。但是，金融开放是制度性安排，正是通过这个制度性安排，香港成了全球的金融中心。所以，创新海南的金融制度绝不能仅仅从海南现有条件出发，而应更多地从金融开放的制度性安排上考虑。

第二，海南有可能成为我国数字货币的重要试验基地。随着互联网经济活动与实体经济活动联系的日益紧密，互联网货币进入实体经济活动的范围与程度将日益深入。如果区块链技术能够实现突破，海南有可能成为我国数字货币的重要试验基地：既可以被严格监管，又能被充分放开。这样一来，金融制度创新就会取得重大突破，从而为我国加快探索人民币国际化进程提供一个新的路径。

第三，以金融制度创新吸引创新型人才。海南现有的经营管理水平和人才层次不高，创新型人才比较短缺。金融制度创新有助于吸引国际上的领军人才到海南来，由此破解目前海南的人才瓶颈，尤其是金融人才瓶颈。

四、关键所在

——实行特殊的行政体制安排

海南现行行政体制与行政效率难以适应“加快推进自由贸易港建设”的需求，某些方面甚至严重不相适应。赋予海南一定的经济自主权，需要按照“经济高度开放、行政高效运转”的要求，实行特殊的行政体制安排，加快建立“结构优化、运转高效”的行政体系。为此，建议赋予海南实行特殊行政体制安排的权力，支持海南探索建立适应全球最高水平开放的行政体制。

（一）建议对海南现行行政体制进行大胆创新设计

第一，建议按一级行政建制的目标，分两步调整行政区划。第一步，支持海南按照“六个统一”的基本要求，打破现行19个市县的行政区划格局，合并区域中心城市周边相关市县，构建省下辖东、西、南、北、中、海上六大区域中心城市的行政格局；第二步，除三沙市外，其余5个中心城市“撤市改区”，全面实行一级行政建制。

第二，建议大幅精简省级政府机构，加快推进法定机构化重构。省级现有经济、社会等管理部门尽可能推进法定机构化重构，赋予其法定权限。

第三，建议支持海南探索政务官和事务官分开管理制度，改革现行干部考核机制。

（二）赋予海南高度的经济社会行政管理权

保持省委、人大、政协等政治体制不变，经中央授权，建立适应海南自由贸易港建设发展需求的、高效率的行政管理体制；除国防、外交等国家重大事项外，中央政府赋予海南高度的经济自主权、行政管理权、社会治理权和特殊立法权、司法权。这样既有利于协调海南与中央各部委的关系，更好地利用国内资源，也有利于提升海南行政运行效率。

（三）条件成熟时，授权海南按照“境内关外”的原则处理与境外的经贸关系

建议在条件基本成熟时，中央授权海南在投资、贸易、金融、航运、通信、旅游、文化、体育、医疗等领域以“中国海南”的名义，同相关国家、地区保持和发展经贸关系，由此全面对接国际市场。

（四）积极探索与行政体制改革相适应的司法体制改革

随着海南自由贸易港开放范围的不断扩大，将会有更多的境内外企业进驻海南，各类国际性民商事纠纷与案件也会不断增多，这就迫切需要加快推进与自由贸易港建设相适应的司法体制改革。建议赋予海南特殊的立法权和司法权，实现与国际惯例接轨的司法体制和统一高效的行政体制相融合，推动海南形成法治化、国际化、便利化的营商环境和公平、统一、高效的市场环境。

（五）为海南自由贸易港实施特殊行政体制提供法律保障

建议在海南自由贸易港法中专设“海南特别经济区”一章，以明确在海南实行特殊的行政体制，赋予海南高度的经济社会行政管理自主权、改革开放自主权以及特殊的立法权、司法权。在海南自由贸易港法颁布前，为使海南自由贸易港建设尽快取得重要突破，建议由国务院授权海南采取特殊的行政体制安排。

习近平总书记要求，海南要站在更高起点谋划和推进改革，下大气力破除体制机制弊端，不断解放和发展社会生产力。实践证明，没有思想大解放，就没有改革大突破。加快推进海南自由贸易港建设，要尽快形成高度开放、公平竞争的市场环境；要尽快在产业项下的自由贸易方面取得实质性突破；要尽快形成良好的社会环境、工作环境。

目录 CONTENTS

第一章

服务国家重大战略

加快推进海南自由贸易港建设，是党中央着眼于国际国内发展大局，深入研究、统筹考虑、科学谋划后做出的重大决策，是彰显我国扩大对外开放、积极推动经济全球化决心的重大举措。建设海南自由贸易港，不仅是地区经济发展战略，更是新时期事关我国改革开放发展全局的重大国家战略。

自由贸易港建设事关改革开放全局

迟福林
中国（海南）改革发展研究院院长
中国特色自由贸易港研究院院长

加快推进自由贸易港建设，是新时代中央赋予海南的重大战略使命，是彰显我国扩大对外开放、积极推动经济全球化决心的重大战略举措，是更高起点谋划和推进改革开放的重大战略决策。加快海南自由贸易港建设进程，需要以服务国家重大战略为目标，以服务贸易为主导，以开放为先、制度创新为核心，打造新时期对外开放的新高地，努力成为新时代全面深化改革开放的新标杆，并由此带动形成我国更高层次的改革开放新格局。

一、以服务国家重大战略为目标，打造我国面向太平洋和印度洋的重要对外开放门户

建设海南自由贸易港绝不只是海南的“自娱自乐”，也不只是地区经济发展战略，而是新时期事关我国改革开放发展全局的重大国家战略。这个重大国家战略，首要的是“把海南打造成为我国面向太平洋和印度洋的重要对外开放门户”。

（一）以打造我国面向太平洋和印度洋的重要对外开放门户为战略目标

与建省之初相比，当前加快海南自由贸易港建设进程，不仅要实现海南“更好发展起来”，更要在内外环境明显变化的背景下，充分发挥海南作为太平洋和印度洋要冲的独有区位和地理优势，利用建设自由贸易港的

契机，努力将海南打造成为我国面向太平洋和印度洋的重要对外开放门户与“21 世纪海上丝绸之路”的重要战略支点，通过经济合作带动两洋区域内全方位合作。这不仅有利于更好地服务国家海洋强国建设和共建“一带一路”倡议，更将在稳定我国周边发展环境、推动区域经济一体化等方面产生重大影响。

（二）关键是加快构建“泛南海经济合作圈”

加强泛南海区域经济一体化既是大势所趋，也有利于泛南海区域内国家和地区“共享中国发展机遇、共享中国改革成果”。打造我国面向太平洋和印度洋的重要对外开放门户，首要任务就是要充分利用南海局面日益缓和的契机，发挥海南自由贸易港的开放引领作用，以海上基础设施互联互通为依托，以海洋产业和服务贸易合作为主题，以建立泛南海自由贸易区网络为重点，以开放性的次区域经济合作为导向，打造包括 23 个国家和地区在内的“泛南海经济合作圈”，促进区域内生产要素和商品服务的自由流动，以此促进亚太区域一体化乃至经济全球化进程，并在维护全球多边贸易体制中发挥更大作用。

（三）以旅游业作为“泛南海经济合作圈”的突破口

以旅游业及相关服务业合作为先导，率先实现“泛南海旅游经济合作圈”的重要突破，既有牵动影响全局的作用，又有现实的可行性。例如，依托 14 亿多人的旅游消费大市场，以邮轮旅游为重点，以资本、人才和服务合作为纽带，积极开展旅游业项下的自由贸易，加快建立泛南海岛屿旅游经济合作体，为未来泛南海自由贸易网络的形成打下重要基础。

二、以服务贸易为主导，形成海南自由贸易港建设的突出特色与独特优势

中央要求，海南发展不能以转口贸易和加工制造为重点，而要以发展旅游业、现代服务业、高新技术产业为主导。总体来看，以服务贸易为主导，符合经济全球化大趋势，符合我国开放转型的大趋势，符合海南自身特点，是海南自由贸易港建设的最大特色与突出优势。

（一）服务贸易已成为新阶段经济全球化的焦点和重点

2005—2018年，服务贸易出口由2.66万亿美元增加至5.85万亿美元，约增加了120%。2018年，全球服务贸易出口占贸易出口总额的23.1%，比2005年提高近3个百分点，比2011年最低点提高3.7个百分点。随着服务贸易在世界各国经济发展中的重要性不断提高，国际服务贸易竞争日益激烈，服务贸易在双边、区域贸易投资谈判中的占有比重逐渐增大，并成为各国争论与博弈的焦点。例如：2008年年底前签订的区域双边自由贸易协定中，涉及服务贸易内容的仅有60个，占同期区域贸易协定数量的37.3%；2009—2019年签订的区域双边自由贸易协定中，涉及服务贸易内容的增加至98个，占比65%。

（二）服务贸易成为我国开放转型的重点

2018年，我国服务贸易占贸易总额的比重仅为14.7%，比全球平均水平低9个百分点左右。未来几年，如果我国服务贸易占比能提高到世界平均水平，对拉动全球的自由贸易进程将发挥重大作用。更重要的是，我国城乡居民消费结构升级为企业加快服务贸易发展、扩大服务贸易开放提供了最重要的推动力。估计到2025年，我国14亿多人口有50%的消费将会集中在教育、医疗健康、信息等服务领域，这不仅将对我国的开放结构、产业结构与贸易结构变革产生重大影响，也是全球市场的一个重大利好。

（三）以服务贸易为主导，形成海南自由贸易港的鲜明特点和突出优势

国际上知名的自由贸易港，起步阶段无一例外以转口贸易和加工制造为主，随着发展水平的提升，大多都向服务贸易转型升级。2005—2017年，新加坡服务贸易占其贸易总额的比重由19.2%提高至32.4%，占GDP的比重由80%提高至104%。与其他自由贸易港不同，海南自由贸易港建设在起步阶段就要以发展旅游业、现代服务业、高新技术产业为重点。从现实情况看，海南发展服务贸易潜力巨大、空间巨大，且具备一定优势。2018年，海南服务业占比56.6%，高于全国平均水平4.4个百分点；海南服务贸易占比18.1%，高于全国平均水平3.4个百分点。但与香港、新加坡等自由贸易港相比，海南仍存在巨大差距。此外，海南岛相对独立的

地理单元使得其完全有条件在服务贸易创新上推出重大举措，打造面向全球的服务贸易中心。

三、以开放为先、制度创新为核心，打造我国全面深化改革开放新标杆

中央要求，海南要深化现代农业、高新技术产业、现代服务业对外开放。海南自由贸易港建设，要紧紧围绕以服务贸易为主导的特定要求，在服务业市场全面开放与服务贸易自由化、便利化等方面先行突破，为我国加快医疗健康、金融、电信、教育、文化等领域开放承担高强度压力测试功能，并进一步推动与之相适应的制度变革，由此闯出一条服务贸易创新发展的新路子，成为开放层次更高、营商环境更优、辐射作用更强的开放新高地。

（一）率先实现服务业市场的全面开放

第一，以旅游业全面开放为重点，建设具有世界影响力的国际旅游消费中心。建设具有世界影响力的国际旅游消费中心是一个大战略，主要问题不是再多建几个免税店或者提高多少免税额度，关键是通过加快旅游及相关文化、体育、娱乐产业市场的全面开放，提升国际化旅游产品及服务供给质量。建议：争取让中央将免税特许经营权下放给海南；尽快实现所有符合条件的企业都可以经营免税业务；全面放开日用消费品的品种限制；与香港联手建设免税购物链；在严禁“黄赌毒”的前提下，加快探索文化娱乐领域更大程度的开放。

第二，以医疗健康市场全面开放为重点，破题现代服务业发展。在全国对海南健康服务消费的刚性需求不断增强的背景下，医疗健康产业有望成为海南发展的一张“王牌”。打好这张“王牌”，关键是实现医疗健康市场的全面开放。为此，首要的任务是处理好局部发展与全岛发展的关系，在加快把博鳌乐城打造成为国际化高端医疗合作中心的同时，也尽快把国家赋予博鳌乐城医疗旅游先行区的某些政策向全岛推开，在更大范围内探索医疗健康产业项下的资金、人员、技术等要素的自由流动，并在股比限

制、审批程序等领域进一步拓展政策深度。

第三，以扩大电信、互联网等特定服务业市场开放为重点，推动新兴服务业发展。在数字经济引领产业变革的大趋势下，高新技术产业发展在很大程度上依赖于电信、互联网等产业的开放。例如，没有数据的跨境自由流动，就难以实现数字贸易、远程服务等新兴业态的发展，也难以将海南打造成为全球数字技术、数字人才、数字企业的集聚中心。此外，尽快在全岛取消燃油车的使用，全面推广使用新能源汽车，以此带动物联网、机器人、人工智能、新材料等的一系列科技创新和产业变革。

第四，通过金融业市场开放，形成以外资、社会资本为主体的金融体系。这既是海南服务贸易发展的客观需求，也是打破海南企业发展与资本市场相脱节的现状、改善企业投融资环境、提高整体金融服务能力的重大举措。适时全面取消外资金融机构与内资不同的资格条件限制和经营范围限制，在现有海南自由贸易账户（HNFT）的基础上探索实行人民币资本项目自由可兑换，鼓励与支持内外资金融机构在海南开展离岸金融业务。

（二）以大幅降低边境内壁垒为重点，促进服务贸易自由化、便利化进程

第一，尽快实现服务贸易投资自由化、便利化。例如，争取到 2025 年，除出版印刷、广播电视等特殊领域外，全面取消现有投资准入负面清单与跨境服务贸易负面清单中的禁止性与限制性措施，实现内外投资者准入前后的同等待遇。推动企业进出与经营自由化、便利化，允许外国（地区）正常存续的企业在海南直接经营其主营业务；取消一般企业投资项目备案制；设计企业简易退出机制，摆脱“进来易，出去难”的困扰，让外国企业进出更加便捷、自由。

第二，建立与国际接轨的服务业管理标准体系。服务业行业管理标准差异成为市场开放后制约服务贸易发展的最大障碍。建议在率先全面引进欧美日医疗药品管理标准的基础上，对标发达国家在旅游、教育、金融及商务服务业的行业管理标准，逐步形成与国际接轨的服务业管理标准体系。在短期内可考虑允许符合当地标准的服务业企业和具备相关职业资格的人员，在海南备案审核后直接开展相关经营与业务活动。

第三，推进服务贸易项下货物进出口自由化、便利化。在用途和使用范围严格管制的前提下，尽快实现对医疗健康、文化娱乐、旅游、教育、科技研发等服务业发展所需原材料、基础设施配套的用品设备的进口实行零关税，并大幅免除进口环节增值税。对旅游、健康、文化娱乐、研发设计等服务贸易项下的自用商品与相关设备采取豁免查验政策，将审核环节后退至市场监管领域。

第四，全面实行服务贸易项下人员自由流动政策。在现有 59 国免签政策基础上，适时并在严控风险的前提下，逐步放宽免签政策。降低“绿卡”申请门槛，实行工作签证分类管理。建立高效灵活的用人机制，全面打破体制内外人才流动壁垒，以专业性、开放型为重点，重构人才管理体制。

（三）加快形成与服务业市场全面开放及服务贸易创新发展相适应的体制机制安排

例如：为适应服务贸易自由化、便利化的特定要求，需要在海南设立由国家海关总署垂直管理的国家海关特殊监管区，通过制度安排实行“分线管理、分类监管”。形成以旅游业、现代服务业、高新技术产业为主导的产业结构，需要在服务业市场的全面开放基础上，充分发挥财税政策在产业引导、要素集聚等方面的重要作用，加快构建以直接税为主的，以简税制、低税率、零关税为突出特点的，有别于内地、具有国际竞争力的财税体制。为适应金融市场全面开放的趋势，需要加快建立离岸在岸分离型金融体系，建立综合型的海南金融监管局，实行混业监管，并加强对国内其他省份资金进出海南的监管。为适应海南打造国际一流营商环境的要求，需要加快调整行政组织机构和运行机制，优化行政权力结构，深入推进政府职能转变，打造高效、精简的行政体制。

建设中国特色自由贸易港，没有现成的经验可供照搬，没有现成的路径可供循迹，关键是要以思想大解放实现改革大突破。例如，按照“全岛一个大城市”推进行政区划和行政体制改革，加快推进“六个统一”，不仅可以显著提升全省资源利用效益和行政运行效率，而且能为推进海南国际化基础设施建设及基本公共服务均等化等提供重要财力基础。在从自由贸易试验区向自由贸易港过渡的关键阶段，海南要解放思想，就是要以建成中国特色自由贸易港为最高原则，学习借鉴国际自由贸易港的先进经营方式、管理方法，对一切有利于实现既定目标的改革举措、开放政策、制度创新，大胆闯、大胆试、大胆用，始终使海南站在改革开放的最前沿，多出可复制、可推广的经验，带动全国改革开放的步伐。

为什么以及如何在海南建设自由贸易港

曹远征
中银国际研究公司董事长

一、从历史纵深理解海南自由贸易港的定位

到目前为止，我国已经有 18 个自由贸易试验区，但是中央只对海南提出了尽快从自由贸易试验区过渡到自由贸易港的要求。这与中央对海南的定位密切相关。

理解海南的定位，要从历史纵深来看。从中华民族的历史来看，中国文明在过去基本上是大陆文明。因此 20 世纪在面对崛起的海洋文明时，中国的发展开始走向衰落。从经济学角度来看，海洋文明的经济含义就是自由贸易、市场经济及其相关的制度安排。在这个意义上，40 多年前中国的改革开放实际上是拥抱了海洋文明。如今，面对世界经济深刻调整，为捍卫经济全球化，需要第二大经济体深化市场经济，扩大开放，而自由贸易港是市场经济中开放标准最高的。对标其标准，既是中国改革和发展的需要，也符合经济全球化及构建人类命运共同体的历史趋势。海南自由贸易港建设恰恰是在这样的基础上提出的，这构成了其历史方位。

海南的对外开放目标之一，是将海南打造成为我国面向太平洋和印度洋的重要对外开放门户，成为“一带一路”的战略支点。

“一带一路”不仅仅是个地理概念，更是一个全新的国际治理理念，其核心是包容性的“共商、共建、共享”。这与传统的“非黑即白，非此

即彼”的排斥性的国际治理理念形成鲜明对照。如果要在“21 世纪海上丝绸之路”上体现这一新的国际治理理念，首先面对的是以东盟为对象的泛南海区域经济合作。海南在地理上是泛南海区域经济合作的中心，中国–东盟自由贸易区尽管建成已近 10 年，但仍然只有纵向的合作，横向的经济联系十分薄弱。面对经济全球化的今天，中国–东盟自由贸易区的升级版十分重要，而深化纵横两方面的合作是关键。这就需要海南以新的体制、新的标准，换言之，以新的开放姿态真正参与到泛南海区域经济合作之中，以此来彰显“一带一路”国际治理新理念。这是海南在新时代的历史使命。

正因如此，海南自由贸易试验区向自由贸易港的过渡非常重要。海南自由贸易试验区，尤其是自由贸易港的建设发展，不仅会使海南成为一个区域性的枢纽，也将大幅拓展中国在南海发展的空间格局，这将为中华民族的复兴创造历史机遇。与此同时，如果未来“泛南海经济合作圈”成型，就也意味着“一带一路”的国际治理理念实质上的践行，那么海南从此将不仅仅是一个面向大陆的门户，更重要的是将成为面向大海，面向南海，面向太平洋和印度洋的重要对外开放门户，成为以新标准引领区域经济合作的首善之区。这是海南自由贸易港建设的重要意义所在。

二、如何使海南成为泛南海区域经济合作的枢纽

构建“泛南海经济合作圈”不仅适应了中国对外开放的需要，也顺应了中国–东盟合作升级的趋势。它为海南自由贸易港建设的起步，找到了一个可以依托的国际经济合作的支撑点。依此，有以下几点建议。

（一）将中国–东盟自由贸易区的机制进一步深化、细化

从地理上看，参与泛南海经济合作的国家至少在初期阶段少于东盟十国，但它又在中国–东盟自由贸易区相重合。如何在大机制下建立小机制，这是一个需要认真思考的问题。笔者认为可以参考“澜湄机制”的设计。“澜湄机制”是在中国–东盟自由贸易区大机制下，中国与东盟新

四国合作的小机制，核心是以澜沧江、湄公河流域为主轴的横向合作。这样不仅与纵向大机制不矛盾，而且由于是横向合作，反而能成为对纵向大机制的有益的补充。这一点值得海南借鉴，即从横向入手，深化、细化中国–东盟自由贸易区的合作。

（二）以海洋经济合作为主轴，形成新的横向合作机制

海南是我国陆地面积最小的省份，却是海洋面积最大的省份。发展海洋经济既是海南的地理优势所在，也是中国面向海洋，走向深蓝，拥抱海洋文明的趋势所在。以海洋经济合作为轴心，发现和发掘与南海相关国家的利益联结点，并建立相应的横向合作机制，是海南发展泛南海区域经济合作的方向。这也可以借鉴在“澜湄合作机制”中的云南省的经验，云南以澜沧江、湄公河流域共同开放为切入点，在通航、通商、禁毒等领域逐步建立了新机制，形成对已有的纵向机制的横向补充。

（三）创造海南新优势，形成引领横向合作的制高点

海南虽是海洋大省，具有地理优势，但并不完全具备现实优势。事实上，如果和广东、福建等既是海洋大省又是陆地大省的省份相比，海南的劣势就更为明显。同处南海，海南没有腹地，同时面向南海，海南的海洋经济逊于广东、福建。由此，创造新优势，使海南的地理优势转化为现实的经济优势就成为泛南海经济合作的核心所在。其要义指向是，通过改革开放建立体制优势。一方面，通过包括行政区划改革在内的行政体制改革，厘清政府与市场的边界，真正形成“小政府、大社会”，根本上改善营商环境；另一方面，通过对外开放，尤其是服务业开放，来建立新产业的竞争优势。40 多年前，广东、福建等省通过制造业的开放，建立了其制造业在全球的竞争优势。目前，随着中国成为全球第二大经济体，工业化已进入中晚期，产业结构升级要求通过产业开放来建立有竞争力的服务业，这为海南创造优势带来了新契机。从未来的国际竞争来看，人才的竞争将白热化，而教育是基础。海南要切实把握住自由贸易港建设所赋予的教育开放、医疗开放的先机，努力打造在这方面的制高点，以人才交流、科技交流为主轴，拓展旅游业发展的空间。鼓励国内、国际高水平院校到海南合作办学，吸引包括中国在内的各国学生到海南学习，以此来深化纽带关系，形成氛围，促使有竞争力的高科技以及服务业不断落地海南。这样，海南就形成区别于广东、福建的新优势，成为泛南海经济合作的枢纽。

把海南建成新时代最大的自由贸易港

贾　康
华夏新供给经济学研究院首席经济学家

海南自由贸易港是全国“独一份”，与上海自由贸易试验区属于两个不同的类型。海南自由贸易港建设之初，就要明确：海南自由贸易港，除很有限领域有特定管控外，其他都得放开，这是最基本的框架。

一、要以举国之力支持新时代的最大自由贸易港的建设和发展

海南自由贸易港建设，一定要充分借鉴各类自由贸易港和创新园区的经验，特别是充分借鉴香港、新加坡、迪拜、深圳等后发经济体的案例经验。

以迪拜自由贸易港为例。过去迪拜“默默无闻”，陆上是一个沙漠区域，但自从发现石油以后，就有了自己的特定产出品。然而石油资源是不可再生的，可能开采枯竭。因此，迪拜必须抓住快速发展的机遇期，解决其长期可持续发展问题。但是，从当时的情况看，迪拜除了拥有石油资源外，什么都缺，不仅没有人才，也没有淡水、没有绿地，更没有什么品牌。在这种情况下，当时能够起决定作用的老酋长，力排众议，表示要利用石油带来的财力，抓住机会，大手笔开发建设。于是，迪拜利用石油带来的现金流，再加上外面流入迪拜的资金，大手笔地从港区、配套基础设施开始建设，允许外来资本承包港区建设，最后在大规模建设方面发展到了连片开发。迪拜的创新举措，开始并不为人们所理解，但成功以后，普

遍为人们所惊叹。比如迪拜在海上填出来的一个棕榈状的岛区，完全是“无中生有”，这样一个岛区直接对应的不是一般的制造业，而是同当时开发、发展中的一些多样化的要素相配合的现代服务业。在这个发展过程中，总体呈现出阶跃式发展的成果，就是在二三十年内改天换地。在世界上已有其他地方、其他主体的融资经验可以借鉴的同时，迪拜大胆尝试了当时概念还并不清晰的 PPP 模式、连片开发等发展方式。它的前沿创新机制支持它大胆开拓运用的空间，这在首创七星级的酒店、填海而成的棕榈岛，还有全球最高建筑物哈利法塔等的上面得到了体现。现在到了迪拜，你还有机会到沙漠里的一个像世外桃源一样的酒店，去感受不同的“用户体验”。这些东西直观地呈现于世人面前，在吸引人流的同时，也带来了源源不断的信息流、资金流，对种种可能的经贸合作机会的捕捉和落地，带来了会展经济和随后的发展契机，以及种种可以扩展出来的商机。目前，已经有几十万中国人在迪拜的园区里经商，从事各种各样的服务业。这样的案例，对于我们来说，启发借鉴的意义，并不在于海南如何照搬它，而在于如何打开思路和眼界，所以我们要打开思维创新的空间。

因此，加快推进海南自由贸易港建设，必须按照习近平总书记提到的“学习借鉴国际自由贸易港的先进经营方式、管理方法”并去落实。一是要充分借鉴深圳的经验。应具有特定的地方立法权，以支持海南大胆试、大胆闯。深圳开放之初也有争议，但是目前来看，大家总体认为它是超常规发展的成功经验。二是要充分借鉴新加坡的经验。这其中，最重要的是借鉴新加坡通盘的顶层规划和严格的高水平法治。三是要充分借鉴迪拜经验。举国之力不仅是政府体系做努力，更重要的是依托全中国与全世界联系的 PPP 民间资本来做努力，这完全可以大手笔来做。四是要充分借鉴香港金融开放的经验。五是要充分借鉴达沃斯和博鳌的会展经验。海南博鳌乐城国际医疗旅游先行区已经具备了一定基础，应办出吸引人的特色魅力。

二、没有思想大解放，就不会有改革大突破

中国的改革开放就是从实事求是、解放思想开始的，实事求是就是要回到常识。邓小平说：“贫穷不是社会主义。”老百姓得有饭吃，吃饱饭、有温饱以后，需要小康，还要全面小康。要紧紧抓住以经济建设为中心这个党的基本路线一百年不动摇来实现中华民族伟大复兴。这个实事求是党的基本路线，一定要伴随着解放思想才能得到贯彻。笔者深刻体会到，任何一步改革，没有思想解放都很难成功。

在海南要做出一番事业来，必定需要在解放思想的前提下，有一批冲在改革前沿、敢于弄潮的闯将。当前，海南建设自由贸易港应该是天时、地利具备，一定要再加上解放思想的人和。要按照习近平总书记要求的“最高水平的开放平台”这一原则目标，大胆解放思想，并形成一支敢闯敢试、敢于创新又善于创新的人才队伍。

例如，海南建设国际旅游岛时，中央就前所未有地在文件上明确了一个政策：在海南可以率先发展竞猜型体育彩票。这一项一般人看起来似乎并不是特别重要的政策“偏饭”，其实是一个很有意义的创新突破切入点。这个竞猜型体育彩票政策指的是什么？它不是我们现在一般的公益彩票了，它可以对接到赛马，大家可以竞猜押注。有人说这是不是赌博？如果马上就联想到“黄赌毒”，那竞猜型体育彩票一下子就成了一个危险的事情了。正是因为有这些顾虑，所以虽然海南有了这个政策机会，但是这么多年却纹丝不动。

其实在这方面，国际上已经有可借鉴的经验了。例如，新加坡早就在这方面有特定管理，它不是完全放开，但已经有了适当匹配的可以赌博的场所。这不是说我们可以照搬，而是可以观察借鉴。新加坡开放博彩业，是适应国家全面开放的社会氛围采取的配套措施，但也明确规定公务员不得参与赌博。

在笔者看来，过去对“赌”实行的控制模式，其实并没有取得很好的效果。例如，在很多百姓收入增长以后，会形成大量资金流向国外的情

况。允许开赌场的各国、各地政府都财源滚滚，但是“问题赌民”最后全都回到国内来了，负面效应全靠国内背着。未来，海南应当积极落实竞猜型体育彩票特殊政策，并且在考虑公益性彩票的基础上加大探索、试验力度。

三、列出可以落实的清单，尽快行动

一是把中央赋予国际旅游岛的政策继续往前推。例如，以免税购物、文化娱乐等领域的开放带动更多领域的开放。二是医疗健康。如果在海南更大区域实施康养产业开放政策，那将潜力无限。三是加强基础设施建设。例如，可以趁势考虑，可否提出建设琼州海峡海底通道的方案设想。海南是“一带一路”的重要节点，除自身努力和用好 PPP 机制外，理所当然要争取中央对海南重大基础设施项目的建设给予支持。

创造世界一流、引领性和制度性的开放高地

陈文玲
中国国际经济交流中心总经济师

一、海南自由贸易港建设要放在百年未有之大变局背景下，坚持创造世界一流、引领性和制度性的开放高地

（一）海南自由贸易港建设，必须放在百年未有之大变局下来考虑

关于“百年未有之大变局”，有很多的解释。笔者理解，现在最大的变局是大国之间的竞争和博弈，这将决定世界的前途和命运，改写世界的地缘政治、经济、外交乃至军事的格局。在这场大变局中，目前主要博弈的是中国和美国。在这种情况下，我们面对的是世界一流的国家，是世界最强大的、最有竞争力的国家，是目前我们的经济规模已经跟它接近，甚至未来有可能超过它的国家，也是在制度等很多方面我们对它还不尽了解的国家。

在这种背景下，笔者认为自由贸易试验区、自由贸易港承担着伟大的历史使命。目前，全国已经有 18 个自由贸易试验区，覆盖了超过一半的省、市、自治区，笔者认为再过两年，自由贸易试验区可能会实现全覆盖，这意味着第二轮改革开放又迈进了一大步。在这样的情况下，笔者认为海南应该与其他自由贸易试验区有所不同，海南自由贸易试验区、自由贸易港建设必须走在全国前列，海南自由贸易试验区、自由贸易港的开放，必须是面向未来的开放，不是仅仅复制推广现行的自由贸易试验区的经验，而是要创造可复制、可推广的原创性经验，要走在全国前列。

（二）开放是最大的改革，开放必须是一流水平的开放

笔者特别赞成“开放是最大的改革”的提法。新一轮的开放不是一般的开放，不是研究在哪个领域怎么放开市场准入，怎么实行快速通关，而是通过改革重塑我们的体制、机制、制度、政策，从而保证开放是一流水平的开放。

（三）开放要面对我们的主要竞争对手，必须是引领性的开放

引领性开放，不仅应引领中国自由贸易试验区，而且必须要跨越，要和国际一流水平对标。迪拜、新加坡等开放程度特别高的国家和地区，他们开放的真谛在哪儿？为什么能够吸引人流、物流、信息流、资本流？我们需要总结世界上这些地方的开放经验，形成我们的集成优势，并形成开放引领改革的新格局。

（四）开放应着眼于提供优质制度供给，必须是制度型开放

只有通过制度型开放，海南自由贸易试验区、自由贸易港的开放才能走在前列，才能真正不负众望，特别是不负习近平总书记对海南的重托。

二、海南自由贸易港具有特殊的历史使命，在新形势下必须有新的担当

（一）海南自由贸易港必须在大国竞争博弈中成为我们的前沿阵地

大国竞争博弈不仅是贸易的问题，贸易只不过是水面上的浮萍，只是拉开了中美两个大国博弈的序幕。笔者认为，美国绝对不会因为达成一个临时性的贸易协议而止战，而是会向制造业、高科技、网络、金融等领域深入，使我们不能顺利建成社会主义现代化强国。总的来看，中美博弈是历史性的博弈，是两个超大型国家、超复杂国家之间的一场超艰巨的竞争。因此，在这样的竞争中，我们必须要创新，必须要突破，必须要用超常规的思维方式、政策设计和举措，使自由贸易港不仅有一顶“帽子”，而且在“帽子”下有所作为。

（二）海南自由贸易港应该成为服务于我国抢占世界经济格局、重构制高点的前沿阵地

当前，世界经济正处在历史的十字路口，能源、金融、制造业、贸易等方面都正在发生历史性、根本性的变革。因此，在世界经济格局重构、全新的经济形态形成、世界经济正站在历史十字路口的形势下，我国既面临着重大挑战，也面临着历史性机遇。如何把握机遇、应对挑战、抢占制高点成为当前我国面临的重大课题。在这一进程中，海南自由贸易港建设应该成为服务于这一重大转变，成为我国探索开拓创新的前沿阵地。

（三）海南自由贸易港应该成为创造优质制度供给的前沿阵地

海南自由贸易试验区，尤其是自由贸易港，更多的是要体现通过改革开放杀出一条血路，要有原创性的制度创新。用制度创新打开中美两个大国博弈的大门，打开突破口。这是海南自由贸易港建设更重要的历史使命。

（四）海南应该成为支撑国家重大战略实施的前沿阵地

海南在各项国家战略中都应该，并且也可以发挥重大作用，包括自由贸易试验区战略、自由贸易港战略、“一带一路”倡议、国家创新战略等。海南自由贸易试验区、自由贸易港必须成为实施国家总体战略的高地。从这点来看，海南具有特殊的历史使命。

（五）海南应该成为新一轮经济全球化、新旧动能转换的前沿阵地

大家对海南能否成为新旧动能转换的前沿阵地存有质疑。有人担心，在海南探索建设自由贸易港行不行？最终能不能做成？笔者认为，能不能创造新的动能，关键在于能不能吸引高素质的顶尖人才，而这又主要依赖于制度设计。以个人所得税为例，中国香港的个人所得税税率为15%，中国内地的个人所得税税率最高可达 45%。深圳为了吸引人才，通过政府财政补贴等方式，将深圳的个人所得税税率降到和香港同等的水平。海南自由贸易试验区、自由贸易港建设也应该有这样的政策来吸引人才。这些在表面上看，是开放的问题，实际上，是深层次的改革问题。目前，在改革方面，各部门已经出台了 1600 多个文件，但更重要的是，要确保这些改革措施落到实处，这就必须要突破原来的思维方式。

三、开放的步伐不能停止、改革的步伐不能停止、超越的步伐不能停止

2015 年美国“重返亚太”，当时提出了“一体两翼”的自由贸易区战略。“一体”是指北美自由贸易区，“两翼”是指 TPP 与 TTIP。这种超大型的自由贸易区是排他的，尤其是排中国的。如果这个战略实现，意味着 80%的国际贸易、60%以上的 GDP 将集中在这一战略，美国在太平洋和大西洋这两大全球利益重点区域的主导权将进一步巩固，美国将占据世界经济的制高点。

为了应对美国“重返亚太”战略，习近平总书记提出了自由贸易试验区战略。2013 年上海开始进行自由贸易试验区建设，就是为了与更高标准国际经贸规则对接，为了不被排除在国际规则之外。现在虽然美国提出的 TPP 与 TTIP 没有实现，但是美国对我们的遏制打压并没有停止，形势越来越严峻。所以，我们开放的步伐不能停止，我们改革的步伐不能停止，我们超越的步伐不能停止。

从南海战略看海南自由贸易港

刘尚希
中国财政科学研究院院长

一、如何理解海南自由贸易港是一个国家战略

中央赋予海南自由贸易港新的历史使命后，引起了各方极大的关注。怎么理解中央支持海南探索建设自由贸易港，一个重要的前提条件是怎么把习近平总书记的战略设想具体化，进一步阐述清楚，这需要大量的理论工作和实际工作共同完成。

我国现在推进自由贸易试验区建设，重点在于自由贸易、自由通行，而不是打造税收洼地。所以我国自由贸易试验区的重点都放在创造更便利的贸易条件和投资条件上，在“自由”上做文章，而没在“税收”上做文章。如果在“税收”上，仅仅是基于原来的关税、海关监管、保税仓库、保税区提升的做法，这就不是创新。当时设立上海自由贸易试验区，主要是希望探索中国的负面清单管理，以开放促进改革、倒逼改革，加快政府职能转变。这是从理念到体制机制的一个极大的变化，突破了原有的经济开发区的发展思路。

现在提出建设海南自由贸易港，需要深刻领会中央的战略。

第一，建设自由贸易港显然不只是通过提供税收优惠来吸引要素集聚，而是可能延续了自由贸易试验区的思路，即通过开放倒逼改革。

第二，建设海南自由贸易港的第二个意图可能就是南海战略。海南地

处南海要冲，实施南海战略离不开海南。

第三，深刻认识“中国特色”的内涵。中央提出的“自由贸易港”的概念与国际上一代、二代、三代甚至四代自由贸易港的概念有差异，有些东西是可以学习的，但是很难照搬和复制。

第四，只有体制机制的重大调整，才能使中央战略设想真正落地。海南是我国最大的经济特区，需要在建省办经济特区 30 周年好好反思，总结经验教训，在体制机制上进行实质性调整。

二、怎么样分步走向自由贸易港？

第一，海南的目标是自由贸易港。海南自由贸易港不是传统意义上的自由贸易港。当前，港口的概念包括海港、陆港和空港。过去的自由贸易港主要是通过物理隔离，现在的自由贸易港更多是电子隔离，从物理隔离走向电子隔离，运用物联网的技术来进行电子监管。海南这方面的监管能力能不能达到？这需要形成一个分阶段、可评估、可预期的方案。

第二，自由贸易港也可以理解为“自由岛”。“自由岛”毫无疑问是比原来的特区还要“特”的概念。海南自由贸易港不是国外的临港概念，而是包括所有的居民、城市、区域。海南的空间规划该如何做？空间规划在原有的情况下怎么去修正？另外，在实施的过程中如何建立容错纠错机制？

第三，要建立风险防控机制。随着海南自由贸易港全面开放政策的逐步落实，金融放开后会有什么样的风险，会对内地和海南造成什么样的风险，都是需要认真研究的重大问题。这就需要尽快建立风险的评估和防范机制。

三、如何落实中央赋予的政策与制度创新的任务？

第一，是从改革入手还是从开放入手？结合改革开放 40 年的经验来看，毫无疑问要从改革入手。如果不先改革，而先开放，那开放不了。首先要改革，有条件后才能“开门”。笔者认为海南也应该是先改后开，根据改革的程度匹配开放的程度。

第二，是从法律入手还是从政策入手？自由贸易港涉及很多重大领域的改革，首要关键是形成各方改革共识。这就需要通过全国人大专门立法，破解当前遇到的改革难题，才能做到依法改革。因此笔者认为，根据现有中央文件的落实情况，应先从法律入手，全国人大已着手进行海南自由贸易港建设方法的调研工作。

第三，明确自由贸易港和低税区域是两个不同层次的问题。自由贸易主要是关税的问题，比如做到零关税，资金、人才进出自由。此外，税收竞争在全球竞争中越来越重要，但是千万不能把海南做成避税港。自由贸易港的内涵要分层次。笔者理解，海南的战略定位、法律定位和财税定位是一个整体，这三者是不能分开的，是连带的。

四、具体建议

第一，形成一个阐述习近平总书记讲话内涵的战略性文件。

第二，制定专门的法律文件。可以借鉴准联邦的思路，以负面清单的形式确定中央与海南的权力，给海南充分结合本地实际进行创新的自主空间。

第三，海南形成一个整体的实施方案，谋定而后动。

第四，国家和地方层面出台具体的实施方案，根据法律授权和负面清单，各个部门进行细化并列出具体的时间表。

将海南打造成为我国面向太平洋和印度洋的重要对外开放门户

吴士存
中国南海研究院院长
中国特色自由贸易港研究院副院长

将海南打造成为我国面向太平洋和印度洋的重要对外开放门户，是着眼于我国社会主义新时代的历史定位，实行更大规模、更高层次、更加全面对外开放的内在要求。这一举措已经超越了海南区域性的经济社会发展诉求，具有全局性的战略意义。

一、重要对外开放门户的内涵

将海南打造成为我国面向太平洋和印度洋的重要对外开放门户，是在中国进入新时代背景下，进一步发挥海南改革开放试验田作用，以开放倒逼改革的关键举措。通过海南率先探索扩大对外开放的经验，并将其运用到中国深度参与全球化的过程中，可最终为探索建立中国开放型经济新体制提供有益借鉴经验。于海南而言，站在新时代改革开放的前沿，打造“对外开放门户”是其率先在全国探索建设中国特色自由贸易港的系列尝试的主要目标，需要在逐步探索、稳步推进中实现。

因此，将海南打造成为我国面向太平洋和印度洋的重要对外开放门户，包含以下两个层面的含义：一是依托海南改革开放试验田的特殊地位和地处面向太平洋和印度洋开放前沿的有利地缘位置，将海南打造成为中国面向印度洋的西向开放和面向东南亚以及南太平洋的南向开放的新高地；二是通过开放倒逼改革，以产业开放促进区域经济要素合理流动，最终探索中国由要素开放转变为制度层面开放的新路径，即由商品、要素流动转变为以规则、制度开放为基础的对外开放新阶段。

二、打造重要对外开放门户的地理范围、基本目标、具体定位

（一）地理范围

以海南为重要战略支点，以南海为核心区域，向西通往印度洋、向南通往南太平洋，构建覆盖南海地区、印度洋地区和南太平洋地区的区域合作机制。具体而言，以海南倡导建立的“泛南海经济合作圈”为基础，打造主要包括中国，以及越南、菲律宾、马来西亚、文莱、印度尼西亚、新加坡等南海沿岸国“1+6”的合作机制，分步骤吸收其他非南海沿岸国家和地区加入，最终形成“1+6+N”的开放型合作模式。后续可逐步将柬埔寨、泰国、老挝、缅甸 4 个东盟国家纳入，并视国际形势发展需要和基于各个国家的意愿，纳入其他国家或地区。最终形成以南海为中心的经济合作圈，形成对“21 世纪海上丝绸之路”建设的重要支撑，以及面向太平洋和印度洋的重要对外开放门户。

（二）基本目标

将海南打造成为我国面向太平洋和印度洋地区的重要对外开放门户，就是要利用海南作为新时代对外开放试验田的地位，探索建立与国际经贸规则相适应的经济运行机制，充分利用国际资源和全球市场，实现人流、物流、资金流和信息流等要素的自由跨境流动，推动经济体之间的紧密联系；大力推进制度性改革创新和系统性集成创新，进行扩大对外开放的风险压力测试，为中国新时代全面对外开放提供先行先试的经验。具体而言，将海南打造成为我国面向太平洋和印度洋地区的重要对外开放门户，有以下主要目标：一是率先探索接轨国际经贸规则的开放；二是探索区域合作新模式；三是实现以更高水平开放倒逼更深层次改革；四是通过纵深开放提升中国对外开放的水平和质量；五是拓展海南发展空间，提升海南在区域经济合作中的地位，助力自由贸易试验区（港）建设。

（三）具体定位

第一，活跃的对外交流基地。立足博鳌亚洲论坛这一平台优势，通过把海南打造成为中国重要的对外交流基地，增强中国与太平洋、印度洋地区国家的互信；发挥“中国–东盟省市长对话”等系列论坛、对话机制和研究平台的作用，大力开展公共外交、民间外交、智库外交；以博鳌亚洲论坛为切入点，加强与一些国内外非政府组织、社区组织、专业协会的交流联系，逐步打造出宽领域、多层次的外交体系，进而把海南打造成为中国面向太平洋和印度洋地区的重要对外交流基地。

第二，高水平的区域经济合作平台。当前，区域全面经济伙伴关系（RCEP）签署在即，区域、次区域产业发展面临转型升级，将海南打造成为中国重要的对外开放门户，加强区域经济合作，有助于中国和区域国家在全球产业链中占据更有利的位置。

第三，重要的金融对外开放基础平台。从某种意义上说，金融开放是把海南自由贸易试验区（港）打造成为面向太平洋和印度洋的重要对外开放门户和推动中国更大规模、更深层次开放的探路石之一。谋划搭建海南金融改革基本框架，鼓励更多的金融市场主体进入海南，在风险可控的前提下，逐步放开金融业务限制，推动金融机构业务创新，构建金融对外开放基础平台，海南正当其时。

第四，独具特色的国际旅游消费中心。海南可结合自身的区位地缘优势，以发展环南海邮轮旅游为先导项目，促进邮轮旅游开放合作，最终带动“泛南海经济合作圈”落实落地；同时加强国际旅游合作，打造错位发展、互有优势、竞争有序的国际旅游开放新格局。

第五，国际教育开放合作的新高地。通过发挥海南教育改革试验平台和对外开放窗口的作用，深化国际教育合作，助力海南吸引更多的国际人才。

第六，航空区域门户枢纽。优化航线布局，加强基础设施建设，扩大第五航权，争取开放第六、第七航权，是海南打造空中丝绸之路，增强区域间人员、货物往来的可行之举。

三、对策建议

（一）以建设全面深化改革开放试验区为抓手，实施更加主动的对外开放战略，打造我国新时代全方位对外开放的重要窗口

继续大幅放宽外资市场准入，积极吸引外资进入海南；率先探索在海南制定实施极简版服务贸易的负面清单；实行高水平的投资自由化、便利化政策，建设与国际投资和贸易规则相衔接的制度体系，简化外资企业设立程序，开展外国企业直接登记试点改革，逐步将外商投资项目核准和备案权下放到市县；打造世界一流的营商环境，吸引国际资源集聚。

（二）加快推进海南国际旅游消费中心建设，提升旅游消费要素和服务质量的国际化、标准化、信息化水平，全面提高海南的国际开放度、知名度和美誉度

在59国入境旅游免签证政策的基础上，进一步扩大免签条件，继续提升国际游客入境便利化水平；对标香港、迪拜等国际免税购物天堂，实施更加开放便利的离岛免税购物政策；丰富和提升国际旅游产品供给；充分用好国家赋予的演艺娱乐业开放政策，加快引进高水平的国际文化演艺节目和品牌，打造文化旅游产业集聚区；继续全面放宽旅游市场准入。

（三）以洋浦港航运枢纽建设为抓手，进一步提升海南的国际航运能力，提高全球航运资源配置能力

推动海南率先在国际海运领域实现全面对外开放；按照洋浦港“国际陆海贸易新通道航运枢纽、国际能源交易中心、面向东南亚的大宗商品集散地、国家离岸贸易试验区、国家重大战略服务保障区”的战略定位，加快推进小铲滩码头和码头集装箱能力提升改造工程，进一步完善港口配套基础设施建设；探索推动现代化航运服务平台落地。

（四）加快推动各类国际化的交易、中转平台（中心）在海南落地，促进各类经济要素在海南的流动和集聚

探索在洋浦或三亚设立国际航运交易所；打造跨境电商寄递中心；充分发挥海南的热带资源优势，建设国际热带农产品交易中心；加快全球动植物种质资源引进中转基地建设；探索在海南设立大宗商品、产权、股权、碳排放权、知识产权等交易场所。

（五）提升重点产业对外开放合作水平，打造产业合作平台和基地，推动构建海南开放型经济新体制

在重点产业园区率先实施自由贸易港政策，特别是率先加快在重点产业园区实施部分自由贸易港政策，对用于投资旅游业、交通运输等服务业设施的各类进出口商品率先实现零关税；建设海南“一带一路”种业开放先行区；以博鳌乐城国际医疗旅游先行区为抓手，推动医疗产业国际合作；以文昌卫星发射基地为依托，推动航天产业对外开放合作；以三亚深海科技城建设为引领，打造国际一流的深海科技创新平台；加快海洋渔业、海洋油气等海洋经济的对外合作；稳步推进金融业对外开放合作，构建海南金融对外开放的基础平台。

（六）加快与对外开放门户相匹配的基础设施建设，建设区域互联互通枢纽和新通道

建设航空区域门户枢纽，在完善机场硬件设施的同时，扩大包括第六航权在内的航权安排；深化海南港口资源整合，大力提升海南的国际航运资源配置能力；加快推进琼州海峡通道和港航一体化建设。

（七）充分发挥海南在区域合作中的特殊作用，扎实推进“21世纪海上丝绸之路”重要战略支点建设，构建文化、教育、农业、旅游等交流平台

深化政府间合作和外交平台建设；以南海为地缘纽带，围绕旅游、环境保护、海洋渔业、产能合作、海上搜救、防灾减灾等重点领域，以“泛南海旅游合作”和“泛南海邮轮旅游圈”为先导性项目，加快推动“泛南海经济合作圈”构想落地；围绕南海资源开发服务保障基地和海上救援基地的两大定位，加强南海海上务实合作。

（八）搭建高水平国际合作和交流平台，全面提升海南对外开放水平

借助博鳌亚洲论坛打造对外交流品牌项目，推动与“一带一路”沿线国家和地区在海洋经济、海洋旅游等领域的实质性合作；对接国际会展活动通行规则，引进、培育更多的国际化展会；大力吸引国际赛事活动落户海南，打造赛事活动的海南品牌。

以海南为中心构建“泛南海经济合作圈”

中国（海南）改革发展研究院课题组

南海地处两大洋和两大陆的交汇地带，地理和区位优势突出，旅游资源丰富，市场空间巨大。当前，在内外环境变化的背景下，背靠14亿多人的大市场，以海南为中心构建“泛南海经济合作圈”，充分发挥海南作为太平洋和印度洋要冲的独有地理和区位优势，不仅有利于促进泛南海区域经济一体化，实现中央提出的“打造面向太平洋和印度洋的重要对外开放门户”的战略目标，也将为海南自由贸易港建设提供最大的战略腹地和经济腹地。

一、构建“泛南海经济合作圈”的可行性

“泛南海经济合作圈”包括23个国家和地区，具有广阔的市场空间。区域内基础设施互联互通格局基本形成，经济人文联系日益密切，区域合作机制逐步成熟，构建“泛南海经济合作圈”具有一定的现实基础。

（一）市场空间巨大

第一，区域面积和人口规模大。泛南海地区陆域总面积达到1635.7万平方千米，占世界面积的12.2%；2017年，泛南海区域人口总量为243910万人，占全世界人口的32.4%。

第二，经济增长迅速。2017年，泛南海区域GDP总量为102588亿美元，占全球经济总量的12.7%；2012—2017年，泛南海区域经济总量年均

增长4.6%，而同期经合组织国家经济增速仅为1.9%[①]。若未来5年保持4.5%的年均增速，到2022年，泛南海区域经济总规模将达到127843亿美元，接近2018年中国GDP总量。

第三，产业合作空间大。以旅游业为例，2017年泛南海区域国家和地区共接待国际游客2.5亿人次，占全球国际旅游总人次的18.6%；实现国际旅游收入3382.74亿美元，占全球国际旅游收入的22.2%。2012—2017年，泛南海区域接待国际游客数量及实现国际旅游收入的年均增速分别达到5.96%、5.4%。若未来5年保持这一增速，到2022年，泛南海区域国际游客规模将达到3.34亿人次；国际旅游收入将达到4400亿美元。

第四，投资与贸易市场空间大。2017年，泛南海国家和地区货物贸易总额达到69187.9亿美元，占全球货物贸易总额的19.9%。东盟十国服务贸易总额达到7032.33亿美元，高于2017年中国服务贸易总额。

（二）构建"泛南海经济合作圈"的现实基础

第一，良好的地缘经济基础。泛南海地区依托海洋天然联结纽带，兼具江海联通、陆路接壤的独特地理区位优势，特别是拥有内陆国家和地区所不具备的海洋优势。区域内港口、公路、铁路、内河、口岸等交通基础设施逐步完善，中国与东盟相互对接、海陆联动的国际大通道建设已初具规模。从世界区域贸易安排的经验看，泛南海区域宜于开展经济合作，这将促进各成员国改善基础设施，缩短运输距离，降低贸易成本。

第二，良好的人文基础。南海沿岸国家长期以来通过海上丝绸之路已建立了密切的经济圈和人文圈，特别是东南亚国家吸纳了大量中国移民群体，且各国的华人华侨在当地拥有较强的经济实力。如，印度尼西亚占总人口3.5%的华人掌握着73%的资本，马来西亚占总人口30%的华人掌握着半数以上的资本，新加坡华人占总人口比例在74%以上。这些华人资本已与当地资本融为一体，对所在国的经济运行产生重要影响。从多方面看，华人华侨都有加强本地区经济合作的意愿。

---

①经合组织国家2012年GDP数据按36个国家计算。

第三，良好的国际合作及伙伴关系。中国–东盟合作机制逐步健全，特别是中国全面参与东盟主导构建的各类地区机制。双方形成了以中国–东盟（10+1）领导人年度会议为核心，包括各部长会议等 10 余个对话的合作机制。在亚太经合组织、“东盟与中日韩（10+3）”领导人会议、东盟地区论坛、亚欧会议以及联合国等多边场合和国际机构中，双方积极协调立场、相互支持。

第四，中国与南海周边其他国家经济合作与相互依存性日益加深。一方面，随着我国经济持续增长以及经济结构的转型升级，自身的市场需求规模将进一步扩大，对国外产品的进口会大幅增加；同时，我国自身在全球价值链中的定位会逐步向产品链中上游转移，可向南海周边其他国家转移下游产业环节。特别是我国拥有巨额外汇储备、投资能力强，对贸易采取自由化开放态度，使得我国能够成为“泛南海经济合作圈”经济相互依赖网络和分工秩序的核心。另一方面，我国与南海周边其他国家经济合作与相互依存性日益加深，成为构建“泛南海经济合作圈”的共同发展基础。2018 年，我国与东盟贸易达 5878.7 亿美元，同比增长 14.1%，这一增速超过我国对外贸易平均增速，在我国前三大贸易伙伴［欧盟（增速 10.6%）、美国（增速8.5%）、东盟］中增速最快。我国与南海周边其他国家经济合作尤为活跃，是印度尼西亚、马来西亚、新加坡、越南、泰国、柬埔寨等国的最大贸易伙伴。

二、构建“泛南海经济合作圈”的海南条件

（一）区位地理优势突出

第一，海南地处“泛南海经济合作圈”的中心位置。海南岛背靠我国华南，面向东南亚，是连接东北亚和东南亚的区域中心。海南省位于我国最南端，北以琼州海峡与广东省划界；西临北部湾，与越南、老挝、柬埔寨、泰国和缅甸相对；东濒南海，与我国台湾岛相望；东南两侧与菲律宾、文莱、新加坡、印度尼西亚、东帝汶、澳大利亚和马来西亚为邻。独

特的地理位置决定海南岛将在“泛南海经济合作圈”的政治经济文化交流中发挥不可替代的作用。

第二，海南是南海中最大的岛屿，有利于海南开发管理。海南省以岛屿形式存在，在这样一个相对封闭的地理条件下，有利于实行自由贸易港政策，有利于实行海关特殊监管制度，有能力承担起“泛南海经济合作圈”核心功能区的角色。

（二）基础设施条件不断完善

第一，形成“四方五港”的港口布局。2018年，海南全省港口货运吞吐量达到1.83亿吨，扣除国际原油市场及房地产调控等宏观政策影响，同比增长8%；全省集装箱吞吐量达240万标准箱，同比增长14.7%。[①]海南正向区域性国际航运枢纽和物流中心的目标迈进。

第二，海南国际通达度提升。2018年，全省共执飞国际航线74条；全省机场旅客吞吐量为4477.2万人次，同比增长5.7%。

（三）在国家公共外交中的影响不断扩大

博鳌公共外交基地、三亚首脑外交和休闲外交基地、万宁中非合作交流促进基地和海口国家侨务交流示范区建设加快推进，海南正成为我国对外开放的重要窗口，国际“朋友圈”进一步扩大，这为海南加强与泛南海地区国家和地区的旅游、服务业、人文等多领域合作交流奠定了重要基础。

三、海南在“泛南海经济合作圈”的六大角色

海南的优势来自南海，海南的战略地位也来自南海。在构建“泛南海经济合作圈”进程中，海南应充分发挥其区位地理优势，在推进“21世纪海上丝绸之路”建设，推动泛南海区域经济人文合作交流，提供泛南海综合服务保障等方面发挥重要作用。

---

①一文读懂|2019年全省交通运输工作会议［EB/OL］. 海南省交通工程建设局网，2019-01-23.

（一）“21世纪海上丝绸之路”建设的战略支点

南海是建设“21世纪海上丝绸之路”的重要载体，各方在经济合作尤其是在海洋产业合作方面有共同利益。海南作为南海最大的岛屿，依托其所处的重要战略位置，以项目为抓手，以建设“21世纪海上丝绸之路”战略支点为目标，扩大以东盟为重点的经济合作和人文交流，加快同泛南海国家和地区基础设施互联互通建设，建设“更为紧密的中国-东盟命运共同体”。

（二）面向泛南海区域经贸合作的重要门户

海南要做好对内对外开放两篇大文章。对内，主动融入粤港澳大湾区、泛珠三角区域合作、泛北部湾经济合作，承接好泛珠三角地区产业转移，加强琼港澳（台）的深度合作；对外，抓住中国-东盟自由贸易区升级版建设机遇，推动服务贸易和海洋产业合作，使海南成为连接两个市场、两种资源的重要门户。

（三）连接泛南海区域国际物流航运枢纽

进一步与泛南海国家和地区加强航空港、海港的合作，构建区域物流体系。以海口、三亚、洋浦为平台，整合海南全省港口港航港务资源，打造泛南海的空港、海港贸易物流枢纽，实现优进优出；开通至东盟的海上“穿梭巴士”，建设中国-东盟港口城市合作网络，构建通畅安全的中国-东盟海上通道；用好、用足、用活国家赋予海南的海关特殊监管区域、离岛免税、59国免签、邮轮游艇、离岸金融、启运港退税等各项开放政策；推动跨境光缆等通信干线网络建设，提高国际通信互联互通的水平，打造信息丝绸之路。

（四）以海洋产业和现代服务业为重点的产业开放合作基地

以国家推进国际产能和服务贸易合作为契机，面向泛南海国家和地区，积极参与国际产业对接和产能合作。推动海洋油气业、海洋渔业、海洋旅游业、海洋运输业和海洋服务业等海洋产业开放，以产业开放带动泛南海经济合作；开放和发展健康医疗、教育、文化娱乐等生活性服务业和金融保险、航运物流、跨境电商等生产性服务业，创新服务贸易发展，使海南成为海洋产业和现代服务业合作发展基地。

（五）南海综合服务保障基地

南海扼守两洋海运要冲，是太平洋通往印度洋的海上走廊，多条国际海运线和航空运输线经过此地，是连接亚太地区与世界最主要的海上运输通道之一。打造南海综合服务保障基地，加强南海航道安全维护、后勤补给、防灾减灾、气象预警、海上救助以及生态保护等海洋公共服务，既是保护海上丝绸之路航道大动脉、维护我国经济安全的最好方式，更是履行国际责任的重要途径。

（六）泛南海区域开放合作交流平台

充分发挥博鳌亚洲论坛的带动力、影响力，全方位开展与泛南海国家和地区文化交流活动，构建官民并举、多方参与的人文交流机制，拓展与沿线国家文化体育、教育培训、旅游会展、技术转移、医疗健康、信息传播、海洋资源、扶贫减灾，以及历史文化遗产、生态环境保护、应对气候变化等多领域的交流合作，深化青年、妇女、智库、科协、民间组织等友好合作，建设国际人文交流基地，为建设“泛南海经济合作圈”夯实民意基础。

四、以海南为中心率先实现“泛南海旅游经济合作圈”的突破

以服务“21 世纪海上丝绸之路”建设和国家经略南海为总目标，以旅游及相关服务业合作为先导，积极推动旅游产业项下的自由贸易进程，以旅游产业的更大开放带动海南区域开放的更大突破，打造面向泛南海的开放新高地。

（一）以旅游合作及服务贸易为主题

第一，适应国人对国际化旅游产品与服务不断增加的消费需求，依托我国庞大的消费大市场，以低敏感领域的海洋旅游合作为突破口，与南海周边其他国家和地区率先开展滨海度假、邮轮游艇、海洋公园、海岛娱乐等形式的旅游合作。

第二，在通关签证、商品退税免税、货币使用和兑换等领域实施便利

化政策，实现游客进出自由便利、旅游商品物美价廉、旅游服务国际化，打造泛南海国家和地区旅游联盟。

第三，适应服务贸易快速发展的大趋势，开展旅游项下的服务贸易，推动共建具有自由贸易区性质的旅游合作产业园区、高端旅游设施设备保税港区等。

第四，以旅游合作为先导，推动泛南海区域国家在更大范围、更广领域、更深层次的经贸合作，为构建“泛南海经济合作圈”和促进泛南海自由贸易区网络的形成奠定基础。

（二）将海南建设成为“泛南海旅游经济合作圈”的核心枢纽

第一，打造泛南海邮轮旅游母港。按照习近平总书记 2013 年 4 月视察三亚凤凰岛时提出的“加快建设邮轮母港”的要求，比照国际邮轮母港标准，加快推进海口、三亚港口基础设施建设，积极开辟泛南海邮轮旅游航线，扩大客源市场，提升服务能力，建设以海南为中心、联结华南地区、辐射泛南海诸国的邮轮旅游母港，使海南邮轮旅游成为构建“泛南海旅游经济合作圈”的先导产业，扮演“水上高铁”的角色。

第二，建设泛南海健康旅游合作示范基地。适应国内外游客对健康养生旅游不断增长的消费需求，发挥海南生态优势，积极引进发达岛屿经济体的健康旅游资源、人才、管理、技术、资金等，建设一批海南本土特色与国际健康元素相融合的健康养生社区。以健康旅游、健康管理、健康职业教育、健康技术研发等领域为重点，建立岛际间健康服务业合作示范基地。探索建立海南与其他岛屿经济体的休闲养生互换互助计划，实现岛际间健康服务业资源优势互补、错位竞争、协同发展、互利共赢。

第三，建设泛南海旅游合作和人文交流平台。充分发挥博鳌亚洲论坛的国际影响力，全方位开展与泛南海国家和地区的经贸合作和文化交流活动，把海南建成泛南海国家和地区旅游合作、人文交流、人才培养的重要平台。

第四，建设国际一流的海洋旅游目的地。依托丰富的海洋资源，做精做强滨海旅游，稳步推进三沙旅游，有序发展无居民海岛旅游。大力发展滨海度假、海岛休闲娱乐、海洋公园、邮轮游艇、休闲渔业、海洋生态观光、海上运动和竞技、低空飞行等特色海洋旅游项目，加强酒店、商业、餐饮、交通等配套服务建设，形成海南海洋旅游新优势，树立海南海洋旅游新标杆。

（三）打造具有世界影响力的国际旅游消费中心

从现实情况看，国际化水平低成为海南的突出短板。主要表现在海南国际化旅游产品供给不足、国际化旅游服务水平不高、国际化旅游大环境不优。为此，以构建“泛南海旅游经济合作圈”来推动海南旅游及相关服务业的转型升级。一方面，构建“泛南海旅游经济合作圈”将推动海南进一步扩大旅游市场开放，与周边国家和地区加强合作，整合资源，优势互补，开拓市场，合力打造具有国际竞争力和影响力的旅游产品；另一方面，构建“泛南海旅游经济合作圈”将推动海南与旅游相关的其他服务业市场开放，促进与旅游相关联的健康医疗、文化娱乐、职业教育、现代物流等服务贸易的快速发展。通过旅游及相关服务业的转型升级，提升海南旅游产品及服务的国际化水平。

第二章
对标全球最高开放标准

自由贸易港是当今世界最高水平的开放形态。加快推进海南自由贸易港建设，就是要适应经济全球化和国际经贸规则变革的新趋势，充分借鉴国际自由贸易港建设的成功经验，坚持以开放为先，以制度创新为核心，在海南探索实行世界最高水平的开放政策和经贸规则，并在服务贸易、数字贸易等重点领域加快探索形成“中国版”经贸规则。

海南自由贸易港建设的核心是树立标准

曹远征
中银国际研究公司董事长

海南自由贸易港建设，要适应全球经贸规则演变大趋势，对标全球最高开放标准，学习借鉴香港、新加坡、迪拜等知名自由贸易港的经营方式、管理方法，在深层次的体制机制创新方面实现重要突破。

一、如何理解自由贸易港？

当前，国际经贸规则发生了深刻变化。过去我国加入世界贸易组织（WTO）时的自由贸易，主要是指关境上开放；目前更加强调公平贸易，核心是条件对等，即境内营商环境的内外资对等。面对新的国际经贸形势，2018 年中央经济工作会议提出“推动由商品和要素流动型开放向规则等制度型开放转变”，它构成了自由贸易港建设的基本要义。由此，海南自由贸易港建设首先是规则的建设。第一，准入规则，即负面清单。负面清单是指不在禁止之内的都可以做，“法无禁止皆可为”。第二，准入前国民待遇规则。任何企业，无论是中资还是外资企业，全部一视同仁。第三，普遍优惠。自由贸易港更高的开放标准，意味着负面清单更短，准入门槛更低，优惠更加普遍。笔者认为，海南建设中国特色自由贸易港，就是要在全球经贸规则中探索出“中国标准”，这就是对中国改革开放的最大贡献。

二、海南服务业开放的关键是什么？

改革开放是将中国的工业化置于全球化中。40 多年来，中国的工业化已经进入中晚期而且具有了全球竞争力。相形之下，服务业发展相对滞后，通过开放加快服务业发展将是未来中国产业升级及经济发展的重点领域。为此，海南自由贸易港建设首先是开放服务业，并引领全国下一步的改革开放进程。在笔者看来，服务业开放的关键是标准对接。制造业的开放相对容易，因为制造业有物理标准。但是，服务业的标准是人为指定的，服务业开放需要更高的标准。以医疗为例，现在海南已经有博鳌乐城国际医疗旅游先行区了，那么如果外国患者来海南就医，发生了医患纠纷，适用哪个国家的法律？这就凸显了标准的重要性。总的来看，海南在过去 30 年的开放过程中没有条件发展工业，现在我国正由工业主导向服务业主导转变，海南具有领风气之先的优势。在这个时候，海南能不能探索引领制定服务业的标准至关重要。

三、内外哪些成功经验可供借鉴？

（一）学习借鉴自由港经验，建立符合国际惯例的营商环境

全球三个成功的自由贸易港——新加坡、香港和迪拜，有三种主权和治权模式。新加坡是主权与治权高度一致的自由贸易港。香港是主权和治权不一致的自由贸易港：香港实行“一国两制”，港人治港，主权在中央，但治权在香港，是一种特别的制度安排。迪拜是阿拉伯联合酋长国的一个城市，其主权和治权介乎新加坡和香港之间。迪拜采取经营许可制度，在每一个区域的许可范围是不一样的，并因此形成不同功能的多个自由区。换言之，每个自由区都有自身特定的政策和制度安排。

需要指出的是，尽管这些国家和地区的主权和治权的模式不同，但有一点都是共同的，就是它们都是普通法适用的地区，并以此为基础构造营商环境。以迪拜的金融自由区为例，迪拜位于阿拉伯地区，按照古兰经，即伊斯兰法律，银行不准收利息，这跟全球其他银行管理及法规都不一样，但是迪拜却建成了一个金融自由区，成功打造了一个金融城。其重要举措在于，迪拜的金融自由区商法适用的是普通法，不适用伊斯兰商法，并且按国际惯例来进行监管，其金融监管当局组成人员又多是外籍人士。

从迪拜的模式可以看到，自由贸易港是可以设计的，在不影响主权和治权的情况下，经济自主权是可以通过某种安排来实现的。这些安排通例是普通法的使用，它构成了营商环境的基础。从这个意义上讲，符合国际惯例就是符合普通法，其重心体现在纠纷解决机制上，这对服务业的国际化服务尤为重要。由此，如果要处理好海南与中央的关系，中央对海南的授权应是海南可以在商事活动中适用普通法。只有通过这样的方式才能把央地关系问题更加简化，而且对自由贸易港建设更具有针对性、操作性。

（二）借鉴深圳经验，大胆探索

20 世纪 80 年代初期，国内对深圳的改革开放也有很多质疑，但是现在深圳变成了我国改革开放的一面旗帜。海南在服务业的开放上没有经验，但是可以学习深圳，先做起来，在开放的过程中形成标准。当年日本兴业银行的总裁到中国考察后表示，中国没有企业，都是工厂。后来深圳在开放过程中不仅引进先进技术，还引进管理经验，引领现代企业制度的建设。目前，在中国用企业的方式提供服务业还在探索之中，这种情况与 20 世纪 80 年代初深圳制造业开放的处境十分相像。根据深圳的经验，可以在干中学，边学边干，边创标准。海南建设自由贸易港，很多事情可以先做起来。笔者认为，在建设自由贸易港进程面前，海南最大的风险是什么事都不敢干。解放思想、大胆探索是深圳的经验，也是中国 40 年改革开放的基本经验。

打造国际一流营商环境，加强海南自由贸易港的能力建设

张燕生
中国国际经济交流中心首席研究员

一、海南自由贸易港的定位和目标

（一）海南自由贸易港的战略定位

明确海南自由贸易港的战略定位，首先要研究海南探索建设中国特色自由贸易港所面临的国际环境和国内发展条件的变化。2019 年中央经济工作会议提出，“要辩证看待国际环境和国内条件的变化”。笔者的理解是当前全球经济发展同步放缓，贸易保护主义、单边主义、民粹主义甚嚣尘上，导致全球贸易和制造业增长显著减速，全球化到了下半场，风险显著大于机遇。在这种情况下，海南如何加快推进中国特色自由贸易港建设？从国内发展情况看，我国经济从高速增长向高质量发展转变，这对于海南建设中国特色自由贸易港具有重大影响，需要对这些问题进行深入研究。在此背景下，自由贸易试验区与自由贸易港建设要牢牢把握体制创新驱动科技创新这个核心，着眼于解决推动规则等制度型开放及深层次矛盾和结构性的问题，建立目前全球开放层次最高的特殊经济功能区。

（二）海南中国特色自由贸易港建设的目标

《中共中央 国务院关于支持海南全面深化改革开放的指导意见》提出了三个时间点。第一个阶段，2020 年在全岛范围内建设自由贸易试验区，

就是把已有的 11 个自由贸易试验区可复制、可推广的经验在海南落地，同时到 2020 年，海南自由贸易试验区先行先试取得重要进展，为下一步海南建设中国特色自由贸易港的更高水平开放型经济新体制和各个方面配套提供基本的条件。第二个阶段，2020—2025 年是探索建设中国特色自由贸易港的一个重要阶段。到 2025 年，自由贸易港的制度要初步建立。也就是说，要对标香港、新加坡，在 2025 年建立起一个与国际高水平高质量自由贸易港的制度相衔接的制度型开放环境。同时，按照中央文件的要求，2025 年海南营商环境要达到国内一流水平。目前国内一流水平就是上海和北京的水平，那也就意味着海南 2025 年的营商环境要达到上海和北京的水平。那么，海南营商环境的改善怎么能够在 2025 年，也就是用 5 年时间，达到上海和北京的水平？能力建设怎么解决？体制建设怎么解决？跨境网络效率的问题怎么解决？海南必须要研究和解决这些问题。第三个阶段，到 2035 年，自由贸易港的制度体系和运行模式要更加成熟，营商环境要跻身全球前列。也就是说，到 2035 年，香港、新加坡自由贸易港的制度体系和运作模式在海南要落地，而且海南的营商环境至少要达到香港和新加坡的水平。那么海南怎么通过 10 多年的时间来实现这个目标？解放思想，实事求是，与时俱进，求真务实，调动一切可以调动的力量，把海南新一轮改革开放的事业做好。

二、海南中国特色自由贸易港建设要放眼世界

要更多关注边境后体制机制与国际高标准规则相衔接。全球典型的自由贸易港，如香港、新加坡，是当今世界最高层次开放的样板。传统的普通层次开放主要强调关税税率为零，非关税壁垒为零和贸易投资便利化。但是，新的边境后制度型开放更加关注竞争中性、劳工标准、环境标准、产权保护，可以观察到，美国推出跨太平洋伙伴关系协定和特朗普提出美国优先、对等开放，都是强调新规则，要求产业政策、竞争政策、国有企业、市场准入等边境后措施接受高标准。笔者认为，这些标准有可能会在未来的 10 年后变成国际新规则。因此，在这种情况下，海南建设全球开

放层次最高的区域，就不仅仅是通商层面的开放，更重要的是规则等制度型开放。从这个角度讲，笔者理解，首先，开放是“引狼入室”，引入外来竞争压力，这涉及我们的竞争力和政策环境如何应对新局面；其次，开放的本质是改革，必须要建立起一个强大的基于规则的体制和法制；最后，开放的动力是压力、挑战和危机，大变局中危和机同生并存，关键在转危为机。

三、推进与高水平开放相适应的治理现代化

中央提出，加快“推动商品和要素流动型开放向规则等制度型开放转变”。在笔者看来，海南要建设高水平开放平台，能够辐射影响南海、东南亚、印度洋和太平洋，就必然要推动治理现代化。如“放管服”，“最多跑一次”仍是行政性“放管服”，如何转变为市场化、法治化和国际化的“放管服”？海南公共服务、公共产品和公共基础设施管理，如果转向治理体系和治理能力现代化，会涉及公共产品、公共服务，究竟是政府供给，还是独立机构供给，还是商业供给？笔者认为，“法无授权不可为，法无禁止皆可为，法定责任必须为”，没有什么是最好的治理模式，只有从实际出发，逐步完善供给模式。公共产品、公共服务的最优供给模式，是政府供给最好，还是由立法和执法力的法定机构供给更好，还是商业机构供给更好，这些要先行先试，通过实践来检验。

四、具体建议

一是以制度创新为核心，着力解决深层次的体制机制问题。二是把能力建设、体制建设、跨境网络建设放在首要位置。例如，要实现短期、中期、长期的目标，吸引一流的大学人才、一流的融资体制和一流的支撑平台是海南下一步要做的基础性工作。在新工业革命、高质量发展给海南带来了新机遇的背景下，能力建设、人才引进、体制建设的关键是治理的法治化与现代化；跨境网络建设的关键是全方位的国际合作。因此，海南既要对标上海，又要对标香港，全面推进能力建设、体制建设。三是以发展旅游业、现代服务业和高新技术产业为主导。

海南自由贸易港要对标全球高标准经贸规则

沈玉良

上海社会科学院世界经济研究所国际贸易室主任

一、建设目标

建设海南自由贸易试验区、自由贸易港，首先要对《中国（海南）自由贸易试验区总体方案》中的要求进行深入的研究。可以从战略定位、重点产业布局和实施三个方面来考虑。就战略定位而言，海南自由贸易试验区的整个战略定位是“三区一中心”，即全面深化改革开放试验区、国家生态文明试验区、国家重大战略服务保障区和国际旅游消费中心。就重点产业布局而言，方案明确要求海南要以发展旅游业、现代服务业、高新技术产业为主导。从实施角度看，海南要在市场准入、贸易便利化和政府职能转变三个方面取得突破。

二、建设任务

海南最主要的任务是要对旅游业、现代服务业、高新技术产业这三大产业进行细分。细分的依据是什么？

一是要对细分产业相关的货物贸易和服务贸易、国际投资的流向和流量进行分析。关于流量、流向的分析，可以基于海关的 6 位税则号细分产品全球市场的演变。海南的进出口总额只有 85 亿美元，海南现有的存量显然难以支撑。图 2.1 显示了 1995 年、2001 年、2010 年、2017 年全球贸易网络演变。

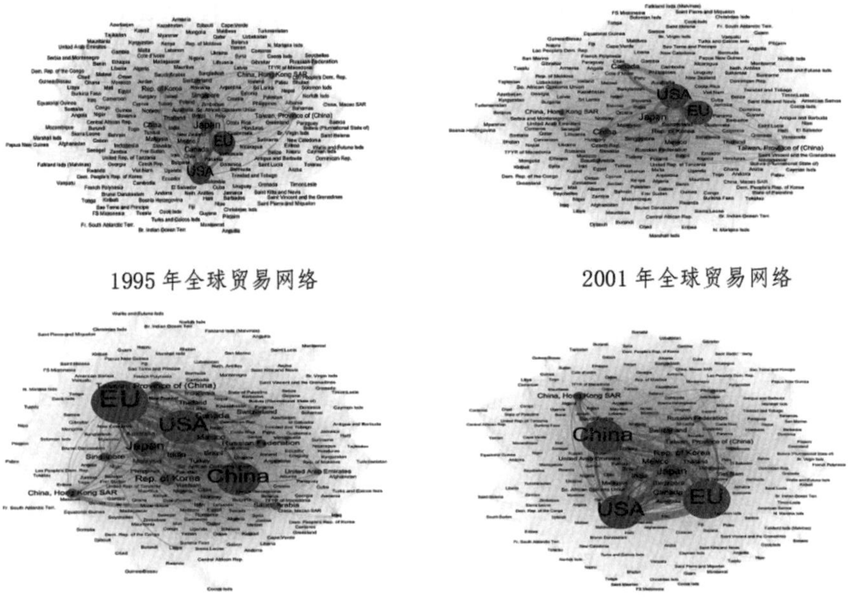

1995 年全球贸易网络　　2001 年全球贸易网络

2010 年全球贸易网络　　2017 年全球贸易网络

图 2.1　1995 年、2001 年、2010 年、2017 年全球贸易网络演变

资料来源：UN COMTRADE

二是对数字技术在国际贸易与国际投资流向和流量上可能产生的影响进行分析。以农业种子产业为例，整个产业的发展，最初只是生产产品，在数字经济的影响下，转变为智能产品、智能连接产品、产品系统，最后演变为系统的系统。系统的系统中包含种子数据库、种子优化应用、农场绩效数据库、气象数据应用、灌溉应用、场地传感器等，与原来传统的农业种子产业相比，发生了很大的变化。调研发现，海南在农业种子领域有比较优势。海南要发展农业种子产业，需要对种子产业的全球演变趋势进行分析，需要对种子产业的市场结构、市场规模、市场主体、产业政策，还有发展种子产业的政策需求如数据共享、开放、国内法律法规建设等，以及热带种子产业开放的制度需求等问题进行研究。

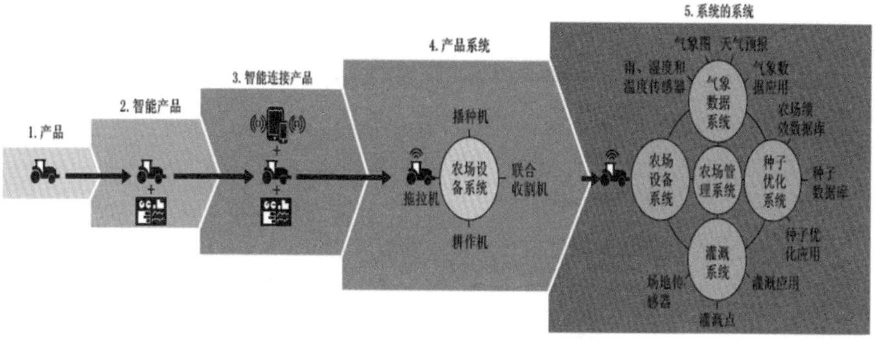

图 2.2 农业种子产业发展趋势

三是要对海南自由贸易试验区、自由贸易港的区位优势进行分析，尤其是分析海南在产业发展上的区位优势。深圳的成功跟香港有关，例如深港两地在数字通信方面开展合作。

四是对海南在细分市场布局中所需的治理能力进行分析。如果海南产业都发展到第五个阶段（系统的系统），必然会出现新的规则需求，如总部经济的需求与监管。上海自由贸易试验区就有很多与监管方面有关的需求问题（如图 2.3）。随着海南自由贸易试验区、自由贸易港的发展，海南自由贸易试验区、自由贸易港必然也会存在这些问题。以医疗为例，新药研发的流程是：药物探索—医学研究—临床学研究—临床研究—审批—上市，整个系统都有各种各样的制度安排，同时也存在着相应的 CRO（合同研究组织）医药研发服务公司。不对这些进行深入研究，具体的推进措施是很难跟市场有机结合起来的。

三、重大突破

首先，对标国际高标准经贸规则，尤其是调整与三大细分产业相对应的国内规则。服务业领域的国内规则非常多，如果不对国内规则进行调整，产业很难实现高质量发展。例如，我们通过对全球 300 多个自由贸易协定中的货物贸易新规则进行梳理，尤其是梳理全面与进步跨太平洋伙伴关系协定（CPTPP）及欧盟与日本自由贸易区协定中可能与海南有关的领

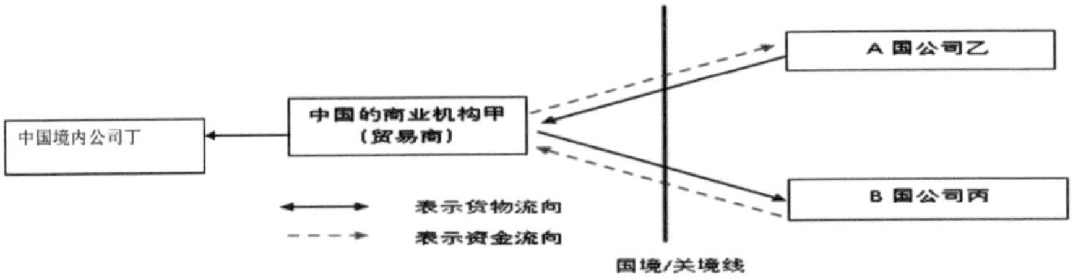

上海自由贸易试验区内公司转口贸易需求

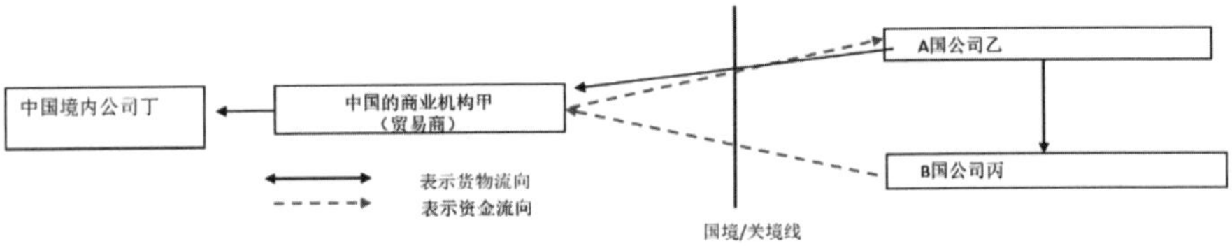

上海自由贸易试验区内离岸贸易需求

图 2.3 上海自由贸易试验区的需求

资料来源：作者自制

域的规则。如图 2.4，CPTPP 中可能与海南产业发展有关的内容是第 2 章中的“现代生物技术产品贸易”，第 7 章中的“卫生和植物卫生措施”，第 8 章“技术性贸易壁垒”中涉及的药品、化妆品、医疗设备等，第 22 章中的“供应链”，等等。从这些内容看，当前的国际最高标准，要求已经很具体，甚至具体到产品、具体到产业。海南不可能把所有有关内容都进行试点，但是只要在其中选择 2—3 条先行试验，不仅能够为国家的开放战略进行试点，同时也能做大海南的市场。欧盟与日本的自由贸易区协定中，很多方面与 CPTPP 是重叠的（如图 2.5）。我们研究认为，在 FTA 中，货物贸易协定内容趋同，而在服务领域和国际投资领域，美式 FTA 与欧式 FTA 的差异很大。

CPTPP领域	CPTPP分领域	CPTPP内容表述	WTO+或WTO-
国民待遇和市场准入（第2章）	修理或改变后再入境的货物（第2.6条）	出境维修返回关境免缴进口关税	WTO+
	价值可忽略的商业样品（第2.7条）	商业样品免税入境	WTO+
	货物的临时入境（第2.8条）	相关货物临时免税入境	WTO+
	再制造货物（第2.12条）	不得采用任何进出口限制措施	WTO+
	现代生物技术产品贸易（第2.29条）	明确出现低水平混杂情形下处理的透明度和方式	WTO+
海关管理和贸易便利化（第5章）	预裁决（第5.3条）	事项（税则归类、海关估价、原产地和其他）；时间：不超过150天	WTO+
	自动化（第5.6条）	电子系统、数据元及其电子数据共享	WTO+
	货运货物（第5.7条）	信息、电子方式、最少量单证、时间（海关单证和货物抵达6小时内）	WTO-X
	处罚（第5.8条）	范围、责任人和法律程序	WTO-X
	风险管理（第5.9条）	重点查验高风险货物 简化低风险货物的通关和移动	WTO+
	货物放行（第5.10条）	简化海关程序	WTO-X
卫生和植物卫生措施（第7章）	科学和风险分析（第7.9条）	风险分析（风险评估、分析管理和风险交流） 风险管理（备选方案、控制方式）	WTO+
	进口检查（第7.11条）	进口检查频率 信息与电子档案	WTO-X
技术性贸易壁垒（第8章）	葡萄酒和蒸馏酒（附件8-A）	关于酒类标识、标签的规制	WTO+
	信息与通讯技术产品（附件8-B）	关于密码术和电磁兼容性	WTO+
	药品（附件8-C）	消除多头监管下的重叠和重复的规制要求及其他与国内规制有关的约束	WTO+
	化妆品（附件8-D）	消除多头监管下的重叠和重复的规制要求及其他与国内规制有关的约束	WTO+
	医疗设备（附件8-E）	消除多头监管下的重叠和重复的规制要求及其他与国内规制有关的约束	WTO+
竞争力和商务便利化（第22章）	供应链（第22.3条）	供应链指以集成系统运作、为顾客设计、开发、生产、营销、分销、运输、交付产品和服务的跨境企业网络	WTO-X
监管一致性	协调和审议程序或机制（第25.4条）	设立和维持国家或中央级协调机构	WTO-X
	核心良好监管实践的实施（第25.5条）	监管影响评估 公布监管措施报告	WTO-X

图 2.4　CPTPP 的部分内容

EPA领域	EPA分领域
货物贸易（第2章）	农业保障措施（第2.5条）
	国民待遇原则（第2.7条）
	进口税减免（第2.8条）
	修理或改变后再入境的货物（第2.9条）
	货物的临时入境（第2.10条）
	出口税（第2.12条）
	规费和输出入手续（第2.16条）
	再制造货物（第2.18条）
	葡萄酒酿造工业授权阶段（第2.25—2.27条）
	信息交换（第2.32条）
	优惠关税管理的特别措施（第2.33条）
原产地规则和程序（第3章）	原产产品要求（第3.2条）
	资格单位（第3.7条）
	不可改变原产产品的情况（第3.10条）
	返回产品（第3.11条）
	对优惠关税的申请权（第3.16条）
	原产地证明（第3.17条）
	保持原产地证明记录（第3.19条）
	原产地核实（第3.21条）
	政府合作（第3.22条）

EPA领域	EPA分领域
海关管理和贸易便利化（第4章）	透明度（第4.3条）
	货物放行（第4.5条）
	事先裁定（第4.7条）
	风险管理（第4.9条）
贸易救济（第5章）	双边保障措施应用（第5.2条）
	双边保障措施局限性（第5.3条）
	双边保障措施程序（第5.4—5.6条）
	临时双边保障措施（第5.7条）
	全球保障措施（第5.10条）
	反倾销与反补贴措施（第5.12—5.14条）
卫生和植物卫生措施（第6章）	与WTO协定的关系（第6.4条）
	风险评估（第6.6条）
	进口条件、进口程序和贸易便利化（第6.7条）
技术性贸易壁垒（第7章）	包含《技术性贸易壁垒协议》（TBT）的某些条款（第7.3条）
	技术法规（第7.5条）
	国际标准（第7.6条）
	合格评定程序（第7.8条）
	市场监管（第7.10条）
	标记（第7.11条）
	合作（第7.12条）

图 2.5　欧盟与日本自由贸易区协定

资料来源：Japan–EU Economic Partnership Agreement（EPA）[EB/OL]. 日本外务省网，2018–10–19.

其次，建设适合数字经济条件的监管制度。数字经济带来巨大机遇的同时，也带来严峻挑战。例如，数字经济将传统实体企业之间的交易变成了虚拟的个人交易。为此，要建立一套“市场主体—公共平台—政府监管”的系统。需要注意的是，建设政府数据2.0版，有几个问题需要考虑：一是确定数据元；二是与企业和个人数据共享相关的法律、法规；三是确定数据标准；四是个人数据保护；五是政府数据使用的权限。

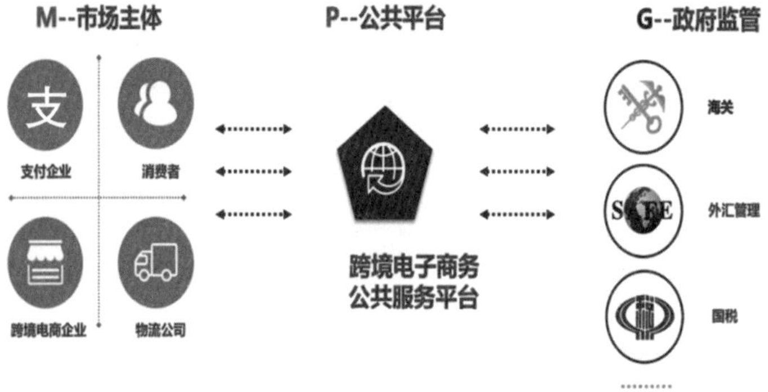

图 2.6 数字经济条件下的监管制度建设

最后，借鉴国际成功经验。例如，关于医疗和医疗旅游，海南可以借鉴迪拜医疗城（DHCC）的经验，主要有四个方面。一是科学合理的产业布局。DHCC的医疗服务专注于不孕症、化妆和牙科服务。医疗服务、医疗教育研究、酒店休闲服务产业三者结合。二是独立高效的监管机构——医疗保健规划和质量中心。其负责许可医疗保健提供者和专业人员等。三是健全的法律法规制度。DHCC拥有阿联酋联邦和地方当局以及迪拜医疗城市管理局颁布的相关法律12条，以及针对迪拜医疗城市管理局的监管规定3个。四是高度自由的制度环境。DHCC允许外国投资者100%控股；免税；可忽略不计的关税；没有贸易壁垒或资本流动限制；等等。

从台湾及亚洲自由贸易区看海南自由贸易港之机会与挑战

林继恒
台湾恒业法律事务所主持律师

习近平总书记于 2018 年 4 月 13 日在庆祝海南建省办经济特区 30 周年大会上的讲话指出："如果海南岛更好发展起来，中国特色社会主义就更有说服力，更能够增强人们对中国特色社会主义的信心。"1987 年，邓小平会见外宾时曾说："我们正在搞一个更大的特区，这就是海南岛经济特区，海南岛和台湾的面积差不多。海南岛好好发展起来，是很了不起的。"笔者参与了台湾近 30 年来从经济特区到小型自由贸易港区到全岛自由贸易区的立法全过程。笔者认为，台湾发展的经验与教训值得海南参考借鉴。

一、台湾自由贸易 / 经济特区发展历史

第一阶段：1960—1979 年，从经济管制到市场机制，促进出口。早在 1960 年，台湾资本非常短缺，台湾当局通过制定一系列吸引外资政策弥补自身资本短缺的现状，并培养了非常多优秀的化工人才。到 1965 年左右，台湾已经开始制造一些中低端电子产品并出口。此时，台湾设立了加工出口区。1979 年左右，台湾再次面临产业升级的考验，台湾当局派许多人到硅谷考察，并陆续建立了新竹、台中、台南三个科学工业园区。那时起，台湾开始重视海归派，当时因为台湾的报酬吸引力不高，人才大都到美国东岸的休斯敦太空中心或底特律汽车城。为了吸引人才返台，台湾

当局制定了一整套政策制度。主要包括：一是先进的分红入股计划，这造就了全世界最大的台积电，一些高阶工程人员愿意回到台湾；二是在新竹科学园区设置了小学、中学等公共设施；三是构建创业投资法规等法规配套。正是配套制度和设施的完善，才有了所谓的扎实的高科技产业基础。

第二阶段：1980—1994 年，开放台湾市场，促进自由竞争。20 世纪 80 年代初，台湾再一次面临产业升级的问题。当时考虑对标新加坡，发展总部型经济，以祖国大陆为腹地，推动台湾产业升级。因此，当时台湾当局提出了“亚太营运中心”计划，但是这个计划并没有实现。

第三阶段：1995—2011 年，推动多边与双边自由化。2003 年，台湾当局提出了“自由贸易港区”的设想。根据台湾 2003 年颁布的《自由贸易港区设置管理条例》，规划建设的自由贸易港区包括“一空五海”，即桃园航空货运园区和基隆港、台北港、台中港、花莲港、高雄港。

第四阶段：2012 年至今。台湾当局希望能够依托台湾的 5 个海港、1 个空港，逐步从自由贸易港区变成全岛式自由经济区，最重要的是希望台湾将来能够成为总部型经济集聚区。当时，在规划建设自由经济示范区

设立时间	名称	地点	主要法源依据	主要特色
1960	工业区	全台湾	奖励投资条例	租税减免、简化流程
1965	加工出口区	高雄、台中	加工出口区设置条例	保税工厂
1979	科学工业园区	新竹、台中、台南	科学工业园区设置条例	人才、研发、保税
1990	亚太营运中心(未实现)	全台湾	超过100项立法修正	人员、资金、产业、投资法规之全面放宽以吸引跨国企业及人才
2003	自由贸易港区	五海一空	自由贸易港区设置管理条例	免税浅层加工、保税前店后厂、陆籍商务停留
2012 迄今	桃园航空城*(部分执行中)	桃园	国际机场园区发展条例	亚太运转枢纽、机场周围区域开发及产业升级
2013(草案)	自由经济示范区(未完成)	五海一空、各县市获准区位	自由经济示范区特别条例(草案)	人员商品资金自由流动、市场国际接轨、友善租税、便利土地取得机制

*原属核心蛋黄区(包括桃园机场第三航厦、跑道与自由贸易港区等)之部分仍按原计划进行

图 2.7　台湾自由贸易经济特区发展历史

时，采取先立法的方式，形成了《国际机场园区发展条例》《自由经济示范区特别条例（草案）》等，先用具体的法规、完整的关税来配套保税机制，从而希望能够在2013年利用台湾和大陆签署两岸经济紧密协定的契机，使跨国企业在台湾设立营运总部，利用这个协定和大陆开展出口转口贸易，享受合理的租税经济优惠。但是，很可惜，这个目标没有实现。可是，事实上很多部分的局部计划还在进行。

二、台湾自由经济示范区规划重点

参考台湾当局相关网站的介绍可知，自由经济示范区有以下重点。

第一，分阶段开放。第一阶段是将既有自由贸易港及实体园区进一步开放；第二阶段则在台湾全岛适合地点开放。

第二，突出重点。主要包括人流、物流、资金流自由化，放宽外籍投资。

第三，发展特色产业。以高端服务业为主，高附加值制造业为辅，如智慧运筹、国际健康、农业加值、金融服务、教育创新等。

海南自由贸易试验区作为全岛自由贸易试验区，为了兼顾“放得开也要管得住”的目标，未来也可以考虑采取逐步分区开放的做法。

三、对海南自由贸易港建设的初步建议

（一）海南自由贸易港应考虑的几个问题

一是比较优势。要分析海南具有优势的产业，例如，充足的阳光可以发展长照、银发等相关产业，并利用“一带一路”倡议及地缘等优势，将海南视为新兴市场人才培训基地及欧美企业进军新兴市场的跳板。

二是区域整合。从地理位置看，海南有机会成为东亚、东南亚经济圈的中心。海南须思考如何与邻近国家、区域、区域贸易协议等进行整合，以发挥最大效果。

三是重点产业与新兴产业。除重点产业外，亦应思考是否开放新产业，如赛马、运动彩票、共享经济、金融科技等。

四是配套法制。开放的相关法律宜尽早出台，让有兴趣投资的法人企业评估投资可行性。

五是分阶段施行。对于部分需要配套措施的项目，可在后阶段开放。

（二）海南自由贸易港建设的策略选择

一是建立免税岛——全岛自由贸易试验区。第一，利用海南岛屿经济体优势，实施全岛或区域性的关税、所得税等减免措施，争取高端个人或国际企业成立营运或利润中心。第二，免税（关税）政策有助于海南发展国际旅游消费中心。第三，可参考香港、新加坡建立全面自由贸易区的做法。

二是依托“一带一路”倡议发展观光、文创、金融科技（Fintech）及离岸金融业务。利用海南在“一带一路”倡议中的地理位置优势，发展邮轮观光、文创等产业，并可于区内特定地点，试行离岸金融中心及金融科技，吸引国际企业在海南设点，与世界对接。

三是科学制定区域计划暨整体规划。依据区内各地特性与产业不同，以“区中有区”概念，通盘研拟区内开发及产业引进计划，使各区域实现可适性发展。

（三）将海南作为人才培训、创新产业实验基地

海南面向东南亚，是东南亚进入中国大陆的门户，且是“一带一路”倡议通往东南亚的唯一水道，海南可以善用这一优势，将海南建设成为东南亚人才培训及产业实验基地。不仅可以根据自由贸易试验区建设发展需要，吸引优秀人才，解决目前海南可能面临的人才短缺问题，而且国内外企业也可借此实验基地寻找东南亚具有发展潜力的人才、企业。此外，国内外创投、基金等也可借此观察、寻找适合的东南亚投资标的。

建议在产业发展方面：第一，选择海南已经具有比较优势的项目，例如观光旅游服务业；第二，包含金融科技的区块链应用等具有发展性，但尚有若干法规障碍待排除的项目，可考虑优先发展；第三，可考虑与欧美、东南亚机构合作，发展人才培训及创业募资等辅导计划。

（四）发展离岛离岸金融等新兴产业

马来西亚的纳闽岛，跟海南一样风光宜人，它从1990年马来西亚政

府决定开放离岸金融至今，从一个小渔村变成马来西亚的离岸金融中心，其制度特色如下。第一，成立境外公司程序极为简便、迅速，且无最低资本额限制。第二，充分利用东协会员国身份。马来西亚拥有与45国签订双边协议的优势，在亚洲地区经商十分有利。第三，境外商业交易低税率。在纳闽岛设立境外公司享有免税或低税率待遇，境外商业交易所得税为3%。第四，境外非商业交易不课税，其中包含持有股票、有价证券以及不动产等所得。第五，利用马来西亚与各国的租税协议，设立专利控股公司，与同业或合作厂商交换授权或收取权利金。现在，纳闽岛有近60家银行，且四大会计师事务所均在纳闽岛设分所。

海南要建立辐射中南半岛和东南亚的离岸型总部基地，需要通过法规法治、减税等制度，以建成全岛自由贸易港为目标。在产业选择的时候，

项目	新加坡	香港	仁川	上海浦东	迪拜杰贝阿里	台湾
营所税	17%（部分产业15年内免征）	16.5%	原22%（区内3~5年内免税）	原25%区内：15%	0%	20%
个所税	2%~17%	2%~20%	3~5年内免税	3%~45%	0%	6%~40%（区内外籍、中国大陆人士减半，股利实质投资免征所得税）
加值型营业税	7%	0%	10%	17%	0%	5%（区内符合特定条件下）
关税	95%货物免关税	0%	5年内免关税	—	0%	区内关税优惠措施
遗产税	无	无	33%	无	—	10%~20%（累进税率）
赠与税	无	2.75%	10%~50%	无	—	10%~20%（累进税率）
专利授权权利金扣缴	10%	4.95%	20%	10%	—	3%~20%（视租税协议之有无及内容）
股利扣缴	0%	0%	20%	10%	0%	5%~40%（视租税协议之有无及内容）

图2.8 部分地区优惠税制比较

不要放弃任何一个可能的选项，让海南成为区域运营总部，尤其是跨国企业选择在东南亚投资的区域型总部，至少可以成为小型离岸中心。在形成产业、人才链的基础上，用一些特殊的制度吸引海归，造就一个产业链。

（五）海南要提出具竞争性的优惠税制以吸引投资

新加坡、香港、仁川、上海浦东、迪拜杰贝阿里、台湾等地的经济特区、自由贸易区均提出了优惠税制以吸引投资，未来海南自由贸易试验区、自由贸易港建设也需要拟定具有国际竞争性的优惠税制。此外，更重要的是要有良好的交通、地理位置、市场等条件和完整的制度配套。通过这些全方位的基础建设，海南才能够成功。

“双自协同”：海南自由贸易港超前对接高水平 FTA 的思考

刘恩专
天津市自由贸易区研究院执行院长

自由贸易试验区、自由贸易港与国际自由贸易区作为构建全面开放新格局的两个基本实现形式，二者以战略协调、政策联动、融合发展，实现“双自协同”，是一个非常重要的、具有战略性的课题。一方面，FTA 战略需要自由贸易试验区与自由贸易港战略的有力配合，通过试点、试验和压力测试，为参与国际自由化进程创造条件、奠定基础，提高我国参与多边和区域贸易投资自由化进程的“话语权”和国际谈判能力。另一方面，自由贸易试验区、自由贸易港率先要与高水平 FTA 对接，实现其先行先试的进展及效果同 FTA 的谈判、升级和建设进程的协调一致。

一、改革开放 40 年：特征性事实

改革开放 40 年来，两个特征性事实贯穿始终。一个是在境内建立各种各样的特殊开放区域的同时，在境外签订自由贸易协定；另一个是在不同时期不断与国外自由贸易区和自由度比较高的经济体对标。

一方面，我国不断建立特区、开发区及各类形态的海关特殊监管区域，再到自由贸易试验区和自由贸易港的探索，是中国自主式开放的鲜明特征。另一方面，我国建立在维护 WTO 多边体制的基础上，对外实施的 FTA 战略则是协定式开放的主要形式，有利于我国深度参与国际规则制

定，进一步拓展开放型经济新空间，赢得国际竞争的主动权。

党的十八大以来，“一带一路”建设开创了融合式开放的广阔天地，现在到了自由贸易试验区、自由贸易港与高水平 FTA 对标的时候，一种全面、成熟的国家对外开放的制度安排，就是要实现自主式开放与协定式开放的高度统一，即“双自协同”。自主式开放利于充分考虑国内制度基础，发挥特殊地区（中心城市和开放口岸）的优势，特别是制度能力优势，带动整体开放；协定式开放能够使国内经贸体系与国际规则体系充分融合，提升国际竞争力和全球治理能力。

二、“双自协同”是关键

（一）“双自协同”的机制主要体现在战略安排协同与政策实施协同两个方面，实质是全面与高水平 FTA 对接

第一，战略安排协同，就是自由贸易试验区与 FTA 要在战略形成、实施步骤和推动机制上保持协调一致。尤其是自由贸易试验区、自由贸易港方案设计和行动方案的推出，要与国家 FTA 和“一带一路”建设进程及 FTA 谈判安排保持高度一致，使自由贸易试验区的试点、试验和压力测试，具有明显的超前性、时效性。

第二，政策实施协同，就是自由贸易试验区的政策设计、试验内容要与 FTA 贸易投资自由化进程、“一带一路”建设合作安排互相配合、有效衔接。政策实施协同的本质，是贸易投资自由化与便利化的协同，不能淡化了自由贸易试验区的开放属性。

（二）“双自协同”的战略紧迫性

首先，以 WTO 为基础的全球贸易体系正处于大变革时期，多边规则调整取向可能是 WTO+ 或 WTO-X。从国际 FTA 态势看，美、日、欧擘画“高标准”经贸新规则，合围中国意图明显。

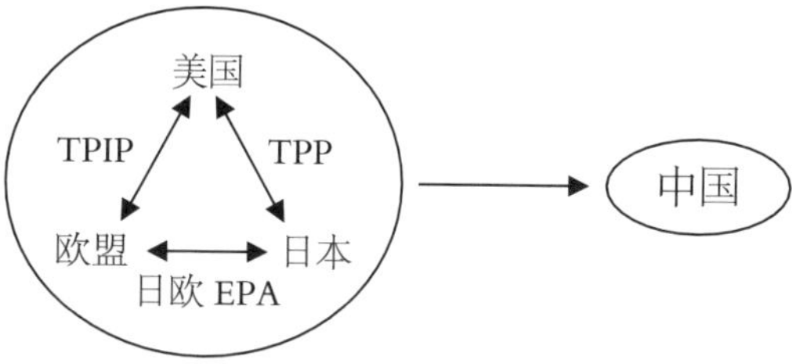

图 2.9　国际 FTA 态势

其次，我国还面临着高水平 FTA 的挑战。以 CPTPP 为例，CPTPP 涵盖了货物贸易、卫生和植物卫生措施、技术性贸易壁垒、服务贸易、知识产权、政府采购与竞争政策、原产地规则与贸易救济措施以及环保、劳工、数据流通、国有企业等多项第一次写进贸易协定的项目。

接受难度	条款（CPTPP 的具体章节名称）
接受难度较大	货物的国民待遇与市场准入、卫生和植物卫生措施、跨境服务贸易、商务人员临时入境、电信服务、电子商务、竞争政策、知识产权、劳工、监管的一致性、国有企业和指定垄断
接受难度较小	技术性贸易壁垒、投资、金融服务、政府采购、环境、中小企业、透明度与反腐败
基本能够接受	纺织服装、原产地规则、海关管理和贸易便利化、贸易救济、合作与能力建设、发展、争端解决机制、管理和机制条款、其他

图 2.10　CPTPP 条款在中国接受的难度

资料来源：白洁，苏庆义. CPTPP 的规则、影响及中国对策：基于和 TPP 对比的分析［J］. 国际经济评论，2019（1）：71.

最后，我们需要直面焦点问题，如货物贸易国民待遇与市场准入、知识产权、竞争政策（包括国企条款）、社会条款和投资等问题。因此，建议海南自由贸易港要超前进行贸易投资自由化、便利化的政策改革。

三、“双自协同”的顶层设计与平台搭建

第一，要重视战略协同的顶层设计，建议在中央层面建立起“双自协同”的领导机制、组成方式和运行机制。

第二，要在国家层面建立特定的组织与推动机制。建议国家发改委、商务部等部委共同建立“自由贸易试验区政策沟通机制”，实现开放政策制定和实施的协同一致，定期通报“双自协同”的进展、重大动向和变化趋势，并负责向自由贸易试验区管理当局、国内外企业进行有关政策的宣讲与培训。

第三，积极搭建“双自协同”的合作平台。如区域合作平台、产业对接合作平台和能力建设平台。海南具有广泛合作空间和巨大的发展潜力。

四、海南自由贸易港对接高水平 FTA 的对策

“双自协同”下，海南具备与高水平 FTA 对接的独特且不可替代的优势，要直面挑战，大幅提升贸易投资开放度。

一是在海南自由贸易区（港）提高以国民待遇和市场准入为重点的货物贸易自由化水平。服务业开放与货物贸易高度相关。目前我国参与的关税减让力度最高的中韩 FTA，协定实施一年后零关税比重是 57.02%，而 CPTPP 大部分成员方零关税比重将很快会达到 80%以上，市场准入的压力仍较大。因此，配合国家扩大进口安排，利用自由贸易港的政策，应在海南全面、大幅提升货物贸易自由化水平，在 3—5 年内，使其零关税比重接近 CPTPP 大部分成员方水平。

二是建立竞争中立原则，在海南自由贸易区（港）全面开展竞争政策改革试验。

三是以 CPTPP 知识产权规则为参照系，在海南自由贸易区（港）率先构建知识产权标准体系。这些在 CPTPP 条款中都有非常具体的安排。

四是统筹推动国家深化服务贸易创新发展试点，探索海南跨境服务贸易负面清单，打造面向全球的服务贸易中心。

我国跨境服务贸易的开放度与 CPTPP 缔约方差距较大，受限制的服务部门数量较多，且市场准入限制水平较高。具体来说，在服务业开放中，互认条款和商务人员临时入境措施等，对我国行业标准、资格认证的国际化，以及放宽自然人流动限制等构成调整压力。为此，海南要针对这

些具体问题，采取系列举措，切实推进服务贸易创新发展，深化服务贸易领域开放。

五、重视“双自协同”下国家安全与风险防控体系建设

服务业的开放肯定会对国家安全体系和风险防控体系构成挑战和压力，国家安全与风险防控体系是“双自协同”的保障机制，也是自由贸易港的建设过程中要探索的东西，无论是在自由贸易试验区，还是在自由贸易港或 FTA，都会给国家安全带来新的挑战。

因此，要建立起一体化的国家安全机制，使之成为高水平开放的保障；要建立起一体化的风险防控体系，科学评估自由贸易区（港）和 FTA 的社会经济影响，同时，有效防止发达国家的以传播本土价值观为主的 FTA 文化渗透；海南也要成为国家安全体系建设的前沿；海南更要高度重视监管能力建设；构建海南独特的“一二三”线监管体系。

对标国际经贸合作新形势，打造海南自由贸易港国际一流营商环境

陈　波
华中科技大学教授、光谷自贸区研究院院长

一、国际经贸合作新形势：高水平贸易与投资要求

党的十八大以来，我国先后建立了上海自由贸易试验区以及后续的17个自由贸易试验区，目的是要对标国际一流的贸易和投资规则，也就是所谓的高水平贸易和投资方面的要求，主要包括以下内容：

一是将传统的关税与非关税壁垒降到低点，甚至在不久的将来降到零。

二是以负面清单为基础，放宽投资与金融服务准入。

三是服务贸易的开放。服务贸易主要强调的是便利化、透明化和规则化。服务贸易的开放涉及的不是简单的海关检验检疫部门，而是涉及几乎所有的部门。所以，服务贸易的开放比货物贸易开放的范围、难度大得多。

四是政府竞争中立，取消对国有企业、特殊垄断行业的保护和优惠政策，实行统一的国民待遇。我们所讲的市场准入负面清单、外商投资准入负面清单、国有企业竞争性问题，或者反过来说的垄断问题等，都可以最终挖掘根源到竞争中性。政府要为中小企业的行业准入、生产经营提供良好的市场环境。

五是着重强调数字经济和电子商务的准入、服务标准的统一化。笔者认为当前中美谈判及未来争夺的焦点，就是所谓的标准是什么，所谓准入

的要求是什么，国家安全和信息自由化之间的红线又在哪里，这些是非常重要的。

六是以知识产权为代表的商业法律法规的一致和执行的强化。笔者认为，中国的法治化建设，从法律文本上来说，相对的问题已经比较小了，更大的问题是执法不严，违法不纠。在这个方面，既要维护中国的主权独立，又要能够体现出我们对于国际法律法规的尊重，这里的交集是未来加强国际仲裁方面的开放和承诺。笔者认为，不管是在海南，还是在其他自由贸易试验区，仲裁业未来的发展空间会非常大。

二、切忌应试型营商环境改善

目前，我们主要是依照世界银行的国际营商环境打分体系来进行评价，这个体系是按照企业建设整个生命周期的 4 个阶段来划分的。第一阶段是创业阶段，也就是开办企业需要的一些准备工作。第二阶段是加入劳动力市场的监管。在目前的国际营商环境打分体系里，这方面的内容是空缺的。第三阶段是获得场地，比如说登记财产、获得信贷等。获得信贷是我们面临的主要问题，自由贸易试验区大概比较好地解决了开办企业的问题和获得场地的问题，融资问题仍是现在需要有很大突破的地方。第四阶段是日常运营。这

图 2.11　企业建设生命周期示意图

其中涉及跨境贸易便利化、纳税便利化和税收减免，以及法律执行，比如合同执行破产等方面。第三和第四阶段是国际营商环境评价体系里最大的短板。如果按照现行国际营商环境体系打分、对标，我国的进步很大。

但是从上海和武汉的实际营商环境改善效果看，可能不是那么乐观。为什么？第一，现行的打分体系都是抽象的，营商环境指标具有一般性、概括性、跨国可比性，但是不一定能反映企业面临的一般化、具体化、普遍化的问题。第二，企业生命周期是串联，不是并联。换句话说，如果整个周期中有一个短板，整体的营商环境都不会特别好。这就是营商环境的“水桶原理”，即部分指标的大幅上升并未导致营商环境整体大幅提升，最低的板决定了水桶的水位。例如，虽然我国营商环境世界排名从 2017 年的 78 位提高到了 2018 年的 46 位，但是外商整体感受度却改变不大。第三，我国与国际一流营商环境的差别恰恰在于最难改革的部分，即金融服务的效率和规范以及法律法规执行的公平和效力。

在海南自由贸易试验区和自由贸易港建设过程中，上述问题都是需要注意的地方，要切忌应试型的营商环境改善。

三、海南应打造自下而上的营商环境

第一，组织和健全以产业为单位的区内行业协会，在开展行业自律的同时，组织行业代表参与各项新政制定的听证会，听取、建议、评判海南自由贸易试验区、自由贸易港政策，真正地打造自下而上的营商环境。

第二，积极引智，对自由贸易试验区的各项创新政策提出及时有效的建议，并协助企业监督创新政策落实的情况和效果。

第三，官、产、学三方定期举行联席会议。在听取业界对政策改进建议的同时，解释新政，了解新政实施效果，建立自由贸易试验区、自由贸易港政策为企业而定、由市场评判的透明公开的良好机制。

第四，关于全国各种人才的政策问题，笔者认为，人才是具有流动性的要素，对于一个具有流动性的要素，进行一次性的政策补贴是完全没有效果的，所以海南有必要进行人才政策的研究。

海南自由贸易港发展路径及配套支持研究
——基于香港、新加坡、迪拜自由贸易港发展经验的对比分析

陈卫东　王家强　熊启跃
作者单位：中国银行研究院

海南自由贸易试验区、自由贸易港的建设虽有政策支持、区位和产业优势，但面临的现实差距也不少。要从战略高度上重视，借鉴国际经验，加大政策支持力度，大胆先行先试和开拓创新，弥补现实差距，特别是发挥金融的支持功能，推动海南自由贸易港建设取得突破性进展。

一、海南自由贸易港建设的历史背景和现实意义

自由贸易港是目前全球开放水平最高的特殊经济功能区，有三个基本特征：境内关外、最少的政策限制、国家立法覆盖。自由贸易港的兴起和发展是国际关系日益深化和经济全球化发展的结果。21 世纪以来，国际贸易快速增长，全球价值链分工成为主要的国际分工模式。部分自由贸易港极大地提升了开放程度，发展成为全球或区域内的国际贸易中心、国际航运中心、国际金融中心、全球创新中心等。香港、新加坡和迪拜等地成功晋升为具有特殊经济功能和全球影响力的国际中心。可以发现，自由贸易港发展应依托自身独特的优势和特点，积极融入全球价值链分工，寻找最优发展模式。

表 2.1 全球特殊经济功能区的典型模式

模式	内涵特征	典型案例
综合型自由贸易港	兼备贸易、出口加工、金融、旅游等功能	新加坡、中国香港、韩国釜山、德国汉堡港、阿联酋迪拜
自由港	以离岸业务为主，具有自由贸易区特征的港口	毛里求斯、英属维尔京群岛、开曼群岛、百慕大群岛
贸易型自由贸易区	以贸易功能为主	巴拿马科隆、智利伊基克
出口加工型自由贸易区	以面向国际市场的加工制造为主	韩国马山、中国台湾高雄、叙利亚出口加工区
工贸结合型自由贸易区	从事出口加工、转口贸易、国际贸易、仓储运输服务等	土耳其爱琴海自由贸易免税区
物流型自由贸易区	以保税仓储为主	荷兰鹿特丹港、比利时安特卫普港、美国对外贸易区

改革开放以来，我国先后形成了经济特区、沿海开放城市、自由园区、自由贸易试验区、自由贸易港等各种开放模式。2018 年 4 月，中央赋予海南新使命，即建设海南自由贸易港，这一战略决策由习近平总书记“亲自谋划、亲自部署、亲自推动、亲自宣布”，凸显了其与我国其他自由贸易试验区不同的独特地位。从战略定位看，海南将建设成为全面深化改革开放试验区、国家生态文明试验区、国际旅游消费中心、国家重大战略服务保障区。海南自由贸易试验区、中国特色自由贸易港建设与党的十九大规划目标同步实施，将发挥三大作用。

一是充当新时期中国经济体制改革创新的急先锋。海南将成为新时代中国经济从高速发展走向高质量发展的试验田，成为供给侧结构性改革的示范地。

二是打造新时代中国新一轮对外开放的制高点。在全球经济进入长期性低迷发展、结构深度重构、全球化遭遇逆风的发展新阶段，只有保持经济体系的开放性，吸引全球资金、人才、技术和资源的流入，才能在国际上保持持久竞争力。海南自由贸易港建设将成为应对英国脱欧、美国特朗普贸易战等逆全球化浪潮的必然选择和发展突围。海南将有望成为继 20 世纪 80 年代深圳特区、90 年代浦东新区之后，中国新一轮对外开放的制高点。

三是形成大国竞争、地缘政治角逐下的战略支点。随着中国综合国力不断提升，美国已将中国视为战略竞争对手，不断以台海、南海、印太等作为战略竞争支点，以贸易、科技、金融方面的施压作为配套手段，遏制中国崛起。海南自由贸易港建设将融入我国建设海洋强国、军民融合发展等重大战略，提升海南在国家战略格局中的地位和作用。通过打造面向印度洋、太平洋地区的重要对外开放门户，促进地区之间交流往来，降低地缘冲突风险，减少域外大国介入的借口。

二、自由贸易港建设成功的核心要素

从香港、新加坡、迪拜的发展经验看，成功的自由贸易港建设具备以下核心要素。

（一）高度开放的经济环境

高度开放的经济环境是建立自由贸易港的基础条件，自由贸易港的经济开放程度会显著高于周边地区。主要体现在以下方面：

一是经济对外贸易依存度高。自由贸易港建立的初衷是发展国际贸易，当地经济发展高度依赖进出口贸易。香港、新加坡、迪拜的贸易依存度明显高于周边国家或地区。

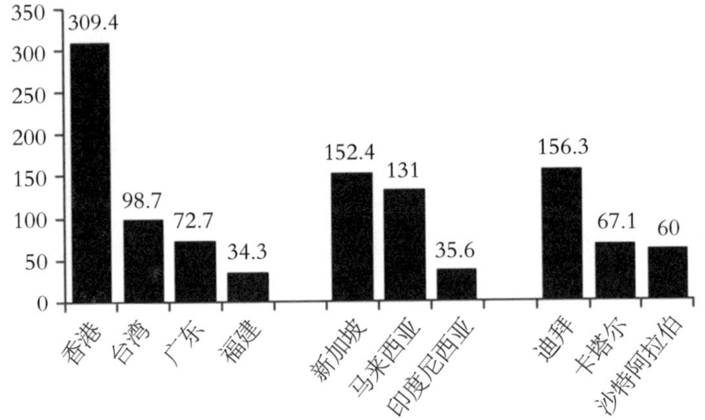

图 2.12　2017 年世界主要自由贸易港与周边国家（地区）贸易依存度对比（%）

二是经济发展高度依赖外资。自由贸易港对外来资金具有较强的吸引力，香港、新加坡、迪拜的外资流入情况明显好于周边国家或地区。

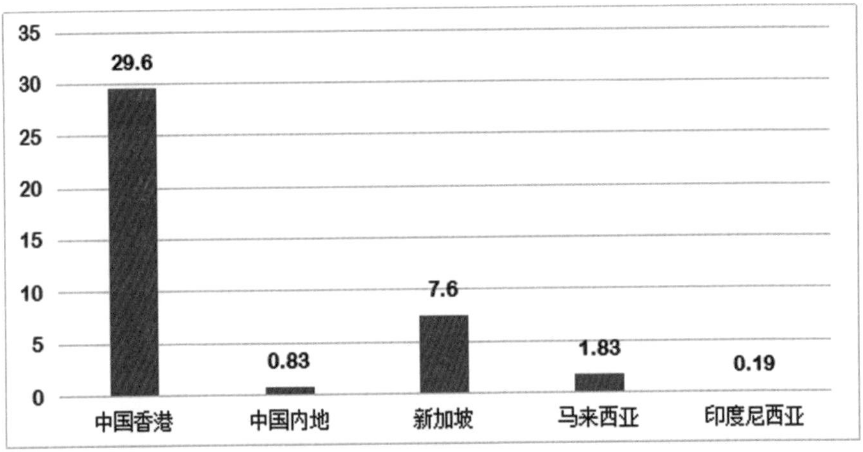

图 2.13　2017 年世界主要自由贸易港与周边国家（地区）外资依存度对比（%）

三是经济主体国际化程度较高。香港、迪拜和新加坡是外资企业，特别是世界 500 强企业密集布局的地区。同时，以上地区也吸引了大量的外籍从业者，移民劳动力在迪拜劳动人口中所占的比例最高，曾达到 50%。

（二）特色主导产业支撑

香港：以转口贸易为起点，形成特色支持产业。中英联合声明发表后，香港联系汇率制确立，开始成为中国内地开展对外贸易的中转站，转口贸易在贸易中的比重从20世纪70年代的不足20%上升至2002年的91.3%。21世纪以来，香港承接国内转口贸易的优势不断弱化。香港逐步转型升级，打造以贸易（主要是转口和离岸贸易）、金融等高端服务业为主导的经济发展模式。

新加坡：以加工贸易为主导，形成以制造业、贸易、金融、旅游为主导的经济发展模式。20世纪60年代中后期，新加坡转口贸易向加工品、工业品和高档品发展转型。20世纪90年代，新加坡加大了金融业对外开放力度，逐渐成为亚洲金融中心。经过多年发展，新加坡已由一个转口贸易港转变为以制造业、贸易、金融、旅游为支柱的新兴工业化国家。

迪拜：以石油贸易起家，逐步转型为以旅游、非石油工业、房地产、贸易加工和高科技产业为主导的经济发展模式。20世纪90年代以来，迪拜石油资源储量快速下降，经济不断转型。在发展转口贸易的同时，通过建立阿联酋航空，吸引知名酒店进驻，大力发展旅游业、房地产业和高端服务业，形成了以转口贸易为主导，高端服务业协同发展的经济增长模式。

从以上三个案例来看，自由贸易港大都以对外贸易起家，贸易形式要么是基于港口条件和税收优惠的转口贸易，要么是基于资源或制造业禀赋的加工贸易。自由贸易区发展离不开主导产业支持。以对外贸易为纽带，不断提升国际化和开放水平，带动金融、旅游等高端服务业发展，这是多数成功自由贸易区的经济发展模式。

（三）简化、优惠的税收制度

简化税制、实施优惠税率是自由贸易港吸引企业入驻的重要制度安排。通过对比自由贸易港和中国内地的税制，可发现以下特征：一是自由贸易港进口环节税负较低；二是自由贸易港税种较少，以直接税为主；三是自由贸易港直接税税率较低。

表 2.2　新加坡、中国香港和中国内地税率税种比较

	新加坡	中国香港	中国内地
企业所得税	17%	15%或 16.5%	25%
个人所得税	2%～20%	2%～17%	3%～45%
物业税	10%（不动产税）	(可收租金－维修保养免税金额×20%)×15%	从价计征税率为 1.2%、从租计征税率为 12%
印花税	视不同文件规定	定额印花税 3～100 港币；从价印花税 0.1%～15%	比例税率＋定额税率
增值税	7%，国际服务和出口贸易增值税为 0	无	一般纳税人使用税率为 17%、11% 和 6%(营改增后有所下调)
车辆税	45%（进口税）	私家车 35%～100%，电单车、机动三轮车 35%，的士、巴士 3.7%	购置税为 10%
关税	主要对汽车、烟酒和石油等少量商品征税	主要对酒类、烟草、碳氢油类及甲醇等少量商品征税	税率不等
博彩税	30%	72.5%～75%	无
社会保障税	13%左右	无	无
消费税	无	无	1%～56%
资源税	无	无	从价征收
土地使用税	无	无	差别定额税率
城市维护建设税	无	无	1%～7%
契税	无	无	3%～5%
耕地占用税	无	无	适用定额税率
船舶吨税	无	无	1.5%～31.8%
烟叶税	无	无	20%
车船使用税	无	无	60～5400 元
环保税	无	无	依据不同应税污染物计税

（四）优越的营商环境

世界银行《2019 年世界营商环境》报告显示，新加坡营商环境排全球第 2 位，香港排全球第 4 位，迪拜所处的阿联酋排第 11 位，中国内地仅列第 46 位。

我国排名相比 2017 年上升 32 位，进入世界排名前 50 的经济体行列。尽管排名不断上升，但我国营商环境排名仍仅处于全球中游水平，与世界第二大经济体地位不相匹配，与新加坡、中国香港、迪拜等自由贸易区相比存在较大差距。

表 2.3　2018 年全球主要国家和地区营商环境排名

国家 / 地区	排名
新西兰	1
新加坡	2
丹麦	3
中国香港	4
韩国	5
格鲁吉亚	6
挪威	7
美国	8
英国	9
马其顿共和国	10
阿联酋	11
俄罗斯	31
日本	39
中国（主要以上海为样本）	46
印度	77
南非	82
巴西	109

数据来源：世界银行《2019 年世界营商环境》报告

(五) 开放的金融市场，成熟的金融支持

成熟的金融支持是自由贸易港发展的重要条件。这些地区金融业发展主要具有以下特点：一是金融业在经济中的占比较高，从金融业对 GDP 的贡献度来看，2017 年香港金融业增加值占 GDP 比例为 17.5%，新加坡金融业增加值占 GDP 比例为 12.5%，迪拜金融业增加值占 GDP 比例为 11%；二是金融业开放程度很高；三是离岸金融的特殊安排，香港建立了基于多币种、多种业务实时全额支付系统（RTGS）的金融基础设施，成为人民币、美元等多种货币的重要金融离岸市场。

(六) 高端人才集聚

自由贸易港拥有知名高等学府，为其发展不断输出高层次人才。在 2018 年《泰晤士报》公布的全球前 100 名高校中，香港有 3 所大学上榜，新加坡有 2 所大学上榜。迪拜在建立本土大学的基础上，积极引进外国知名大学在当地设立分校。

自由贸易港鼓励外籍人员工作。例如，新加坡根据外籍人员薪金水平、学历和工作经验的不同，推出了 WP 签证、SP 签证和 EP 签证，并给予 SP 签证和 EP 签证获得者家属准证、工作时间等方面的优惠。

三、海南自由贸易港建设的着力点

打造自由贸易港是党中央赋予海南经济特区改革开放的新使命。在国家新一轮对外开放总体部署下，海南要对照自身差距，借鉴国际经验，打造高标准自由贸易港。

(一) 做大做强主导产业，发展特色经济

第一，做大做强主导产业，确立服务贸易在经济发展中的核心地位。降低海南经济对房地产业的依赖。以旅游消费、健康养老、海洋经济、高新技术为支柱产业，通过不断做强、做大支柱产业，促使经济转型升级。

第二，推动消费转型升级，打造我国内地第一个“消费品免税区”。不断提升旅游消费、购物消费、健康医疗消费和文化体育娱乐消费的供给质量，将海南建设成为国际一流的旅游消费目的地和世界消费经济发展

高地。

第三，打造特色经济，建立绿色低碳循环发展的经济体系。积极发展“生态农业”和“休闲农业”，发展热带农业自由贸易。打好“健康海南”牌，合理规划海南健康产业发展布局，形成绿色生态低碳生活方式。在海南建立新能源岛，加大新能源与可再生资源开发利用的政策支持。把洋浦打造成为南海油气资源综合开发基地。

（二）大力发展服务贸易，提升经济对外开放度

海南地理优势独特，享受服务贸易创新政策优势，具有经济转型升级的迫切需求。海南应加快服务业对外开放，创新服务贸易发展体制机制、政策体系和监管模式，培育和引进一批服务贸易市场主体，形成海南开放型经济的新优势。服务我国消费转型升级的新格局，把海南逐步打造成为我国服务贸易对外开放的重要窗口。加快旅游业市场开放，提高境外游客赴琼旅游的便利性，允许境外旅游公司在海南注册设立经营性机构，开展国际航线、邮轮服务业务。引进国际知名旅行社，提升国际旅客比重。引进境内外知名医疗、养老、保健、康复等健康管理机构。降低或放松医疗行业的外资股比限制，扩大外资机构的经营范围。积极引进境内外优质教育资源，开展中外合作办学试点。

（三）降低企业所得税和关税，简化税种

参照香港、新加坡以及迪拜做法，通过调整税制，营造更好的投资环境。一是配合产业发展需要，制定更加有竞争力的税收政策；二是在海南自由贸易港降低关税税率，并对重点行业的进口减免关税，如医疗器械等；三是简化间接税税种，可考虑在海南更大幅度降低增值税或减免消费税。

（四）接轨创新营商体制

从狭义角度看，近几年海南营商环境已经有明显进步；但从广义角度看，海南营商环境跟香港、新加坡还有一定差距。要对照国际领先自由贸易港经验，对海南营商环境进行评估，查找短板，采取针对性完善措施，如优化政府职能、改善产业发展环境、提升科研实力、吸引人才流入、提

升制定规则能力、完善法治体系等。

(五) 夯实金融服务水平

将海南打造成重要区域投融资平台。推动适合海南经济发展的融资体系和市场建设，围绕特色优势，推动绿色债券发行市场建设，构建多层次资本市场。通过这些举措，来吸引国内国际资本流入，服务各类行业发展。

(六) 加大人才吸引力度

完善人才发展制度。深化机制体制改革，创新人才培养支持机制，构建更加开放的引才体制。简化外籍员工办理签证流程，对高端人才可准许申请永久居留。通过简化入户、入籍流程，加大对高学历人才的吸引力度。加大优质公共服务供给，满足人才对高品质公共服务的需求。加强对重点行业的员工技能的培训，提升服务业产品供给质量。

支持海南研究能力提升。支持海南高校提升办学质量，创建世界一流学科，吸引国内外知名专家学者。鼓励国内高校、研究机构和智库在海南设立分支机构，支持科研院所和高端智库围绕主导产业开展研究，占领“产学研”相结合的制高点，提升海南在国内和全球的话语权。鼓励引进境外优质教育资源，组织开展合作科研、办学和培训。

将海南建设成对外开放新标杆

王晓红
中国国际经济交流中心信息部副部长

海南是我国最大的经济特区，在我国改革开放和社会主义现代化建设大局中具有特殊地位和重要作用。中央支持海南全岛建设自由贸易试验区，支持海南逐步探索、稳步推进中国特色自由贸易港建设。分步骤、分阶段建立自由贸易港政策和制度体系的重大决策，是对海南的巨大鼓舞，也为推动形成更高层次改革开放新格局指明了方向。对此，海南要创新思路、凝聚力量、突出特色、增创优势、勇担重任，努力成为新时代全面深化改革开放的新标杆。

一、瞄准高水平开创新格局，海南新一轮改革开放具有里程碑意义

支持海南全岛建设自由贸易试验区，支持海南逐步探索、稳步推进中国特色自由贸易港建设，分步骤、分阶段建立自由贸易港政策和制度体系，是党中央着眼于国际国内发展大局，深入研究、统筹考虑、科学谋划后做出的重大决策。这一决策为海南省带来了重大发展机遇，也为我国更好推动形成更高层次改革开放新格局提供了助力，具有重大的里程碑意义。

这一重大决策有利于在更高层次、更高质量、更大范围探索构筑我国全面对外开放新格局。自由贸易港是新时代对外开放的新平台，是目前全

球开放水平最高的特殊经济功能区。与我国过去建设的自由贸易试验区相比，海南岛全域建设自由贸易港，在开放空间、开放模式、监管方式以及承担对外开放先行先试探索任务上都有很大不同。与国内其他开放平台相比，其开放水平更高、国际化程度更高、贸易投资自由化和便利化程度更高、营商环境更优。这充分说明，我国经过改革开放40年的不断探索，通过开发区、综合保税区、自由贸易试验区等开放平台的小范围和局部实验，已经积累了较为成熟的开放和监管经验，有能力在更大的空间、更广阔的领域，实施更高水平、更积极主动的开放战略。

海南的区位优势更适宜全域自由贸易港的开放模式。与"境内关外"的自由贸易园区相比，全域自由贸易港的面积更大、发展空间更广阔，同时，监管难度也更高，因此开放的风险更大。海南自然生态环境优良，宜居宜业宜游，其独特的岛屿、面积和区位优势及开放基础，都有利于形成与全球自由贸易港对接的国际标准规则。比如，商品、货物、人员、资金等自由流动，进出口商品免税、企业经营低税率，等等。这将为全球贸易投资者创造一个成本更低、交易更自由的市场化、法治化、国际化的营商环境。与其他省份相比，海南开放的风险更加可控，有利于打造国内最高水平的对外开放平台。

这一重大决策还有利于我国实施海洋强国战略和经略周边外交战略。海南位于我国南海前哨，海岸线长，海洋资源丰富，航运优势明显，有重要的战略地位、区位优势和资源优势，对我国加强与"一带一路"沿线国家和地区的经贸往来、打造"海上丝绸之路"重要支点，都具有重要的战略意义。

二、多方发力补足短板，探索建设中国特色自由贸易港

海南因改革开放而生，因改革开放而兴，肩负着新时代对外开放的历史重任。建设中国特色自由贸易港是新时代海南的光荣历史使命，为海南以更高水平开放推动高质量发展提供了重大机遇。

应该看到，与长三角、珠三角等发达地区相比，海南开放水平仍然较

低、开放型经济发展比较滞后、国际化高端人才缺乏、高等教育资源严重不足、营商环境有待优化、产业基础比较薄弱。对此，海南应切实转变观念，坚持创新驱动发展，推动供给侧结构性改革，“补短板、强弱项”，尽快走向全国开放的最前沿，努力成为对外开放的新高地、吸引全球投资的热土、货物贸易和服务贸易的重要基地，成为我国开放型经济增长的新引擎、向世界展示中国对外开放的新窗口，为推动新时代更高水平开放不断探索可复制、可推广的经验。为此，要对标国际自由贸易港基本的政策体系框架来建立海南自由贸易港，总的原则就是要高标准、高起点、高水平、高质量。

（一）实施人才强省、教育强省战略

应出台更优惠的政策吸引海内外各类优秀人才，通过建设海南国际离岸创新创业示范区，使海南成为青年人创新创业的乐土。要充分利用自身环境优势，汇集国际国内一流高校、科研院所、智库等资源，为建设自由贸易港提供人才和智力支持。通过吸引国际国内知名院校在海南设立分校、合作办学、建设虚拟大学园等方式，为海南培养各类人才，解决好当地高等教育资源短缺、人才不足的问题。

（二）加快构建开放型经济新体制，打造优质的营商环境

建设自由贸易港的要义是对接国际高标准贸易投资规则，打造世界一流开放的营商环境，使海南真正成为具有吸引力的世界投资贸易目的地。目前，海南开放水平较低等“短板”对构建高度开放的贸易投资体制环境形成挑战。为此，应按照构建开放型经济新体制的要求，加快体制改革和机制创新，进一步推动政府管理水平和治理能力现代化，营造政策透明、竞争公平、服务高效、亲商富商的营商环境，提高贸易投资自由化、便利化水平。尤其要注重加强知识产权保护，营造良好的创新生态，为吸引高技术外资、促进外资参与自由贸易港建设创造有利环境。此外，还要积极吸引有开放型经济管理经验的干部到海南工作。

（三）提高可持续发展能力，将发展现代服务业摆在优先位置

产业基础薄弱，优势主导产业不够突出，是海南发展的“短板”之一，要形成可持续的发展能力和消费能力就必须立足产业发展。

应该看到，海南具有发展现代服务业的优越条件。要注重发展生态旅游和商贸服务业。尤其应注重提高旅游服务质量，加强旅游服务基础设施和商业网点配套服务设施建设，建设岛内优质商圈和生活圈，充分利用自由贸易港优势打造国际旅游消费中心，吸引更多游客在岛内消费，使海南成为世界著名旅游目的地。

要注重发展新兴服务业。海南具有世界一流宜居环境，有利于发展互联网信息技术、大数据、云计算、人工智能、电子商务、供应链管理、服务外包、文化创意等高端新兴服务业，要吸引各类人才创业就业。

要注重发展商务服务业。商务服务是打造良好营商环境的必要条件，同时自由贸易港建设也为发展商务服务业提供了市场空间，知识产权、法律、财务等咨询业的市场需求将越来越大。

要注重发展航运物流、金融等服务业。应加快国际能源、航运、大宗商品、产权、股权、碳排放权等交易场所建设，探索推动人民币国际化。

打造全球最高水平的开放平台

中国（海南）改革发展研究院课题组

为适应经济全球化的新形势和我国扩大开放的新要求，要按着“三区一中心”的战略定位，把海南打造成为我国最高水平的开放平台、具有国际竞争力的营商环境，以及面向全球的国际服务贸易中心。

一、打造最高水平的开放平台

（一）高度自由

实现港内服务、货物、资金、人员、信息等要素流动的高度自由，实现“零关税、零壁垒、零补贴”，提升全球资源配置能力和全球服务能力，打造连接中国与世界、发展中国家与发达国家的重要开放平台。

第一，服务贸易高度自由。对标全球最高标准服务贸易协定，建立“准入前国民待遇 + 极简负面清单 + 准入后国民待遇”模式的外商投资管理制度，在跨境服务、电信、电子商务、环境保护、知识产权、政府采购等方面实现“零壁垒”。

第二，货物贸易高度自由。除因履行国际义务及维护国家安全外，取消其他进出口贸易管制；除烟类、酒类和若干碳氢油类等部分商品外，其他商品实行零关税。

第三，投资高度自由。按着竞争中性的原则，除“黄赌毒”严格禁止和新闻出版、广播电视等少数行业实行有条件进入外，其他行业取消准入限制，允许外资独资。

第四，金融高度自由。推动资本项下完全开放，取消外汇管制，实现资金进出自由、贸易结算自由、融资汇兑自由；建立有利于推动人民币国际化的跨境结算体系，构建有利于自由贸易港建设的离岸账户体系。

第五，人员流动高度自由。在有效监管的前提下，加快实行全球个人免签政策；对国际化人才简化工作签证，简化永久居留申请程序，降低申请门槛。

第六，信息流动高度自由。全面打破电信业市场垄断与行政垄断，加快放开电信市场；打造全球网络最快的地区、高度开放的互联网市场。

（二）高度便利

建立全球最便捷、高效的贸易投资便利化环境，为全世界投资者到海南投资兴业提供最大便利。

第一，服务贸易高度便利。重在实现各类服务的便捷、高效供给。建立商务服务、科学研究和技术服务、工程服务等领域职业资格互认制度和个性化工作签证制度，使服务提供者在执业资格获取、执业地点选择上实现最大便利。

第二，货物贸易高度便利。建成国际先进水平的国际贸易“单一窗口”和全程数字化通关流程，除少数受管制货物外，实现一般货物不报批、不报检、不收税，符合条件的货物不报关；对转口货物实现“四不”，即转口货物不报关、不报检、不统计、不收税；实现“零时间、零费用”通关。

第三，投资高度便利。在法律范围内和有效监管下，保障市场主体的“四个自主”：自主注册、自主经营、自主变更、自主注销。最大限度提高企业的自主权，实现企业“易登记、易注销”。

第四，融资高度便利。建立高度发达的资本市场，提高市场主体融资便利化程度；形成主要由社会资本和外资构成的金融体系；融资成本明显下降，尽快进入全球最低水平行列。

（三）高度法治

按照探索建设与立法准备同步的原则，尽快启动立法进程，及时将探索成果法制化，逐步形成完善的法律制度体系，为海南开放政策与体制调整提供法治保障。

第一，全国人大层面出台海南自由贸易港法，作为核心法律制度。突出中国特色，明确海南自由贸易港的性质、功能定位、管理体制、运作模式等。

第二，以经济立法为主，建立完备的海南自由贸易港专项法律体系。大到经济体制、司法体制、政府权力，中到企业设立、商业往来、知识产权，小到公共场所禁止吸烟，均可在相应的法律法规中找到具体而严密的规定，做到每项经济社会活动和行为都有相应的法律法规加以规范和约束。

第三，实现“法律面前人人平等，法律之内最大自由”。构建“最大自由＋最严格法治”治理模式，为全世界投资者、创业者打造一个自由、稳定、平等、透明的法治化营商环境。

二、打造具有国际竞争力的营商环境

(一) 打造全球最高标准的贸易和投资环境

第一，对标全球最高标准贸易投资规则。对标 TPP、TTIP、TISA 等高标准自贸协定和双边、多边投资协定，推动以服务贸易为重点的市场进一步开放，从边境措施向边境内措施拓展，打造全球开放程度最高的自由贸易港。

第二，在海南探索“零关税、零壁垒、零补贴”。全面取消贸易和投资壁垒，并进行高强度压力测试，为我国更好参与国际贸易与投资规则重构加强压力测试，提供海南经验。

(二) 打造具有国际竞争力的税收环境

第一，实施不亚于香港、新加坡等自由贸易港的税收优惠。大幅降低企业与个人所得税，缩小与新加坡、中国香港等在税收政策方面的差距，加快形成有利于参与国际竞争、吸引市场主体和人才集聚、促进跨国贸易、推动跨境投融资和离岸金融等业务的税收政策环境。

第二，提高纳税综合竞争力。通过改善税收结构、降低总税收和缴费率、减少纳税时间和纳税次数、标准化纳税流程等，提高纳税环境和综合竞争力。按照世界银行与普华永道每年发布的《世界纳税报告》评估指标衡量，争取到 2025 年海南自由贸易港纳税指数达到全球前 10，到 2035 年达到全球前 5。

（三）打造具有高度吸引力的人才发展环境

第一，打破制约人才引进的体制机制。充分利用好海南自由贸易港建设给海内外人才带来的良好预期，采取市场化办法，创新人才引进、培养、使用、服务的体制机制，尽快补上人才短缺这一最大“短板”。

第二，支持海南建立“人才管理改革试验区”。出台《海南自由贸易港人才促进条例》，简化工作签证程序，鼓励国际化人才到海南投资创业；赋予企业高度自由的用人自主权和劳动力自由流动的选择权。

第三，动态发布适应海南自由贸易港建设发展需求的“国际化紧缺人才需求目录”。重点引进有国际影响力的企业家、国际经营管理人才以及各类专业技术人才，创新建设便捷高效的人才服务体系。

第四，建立服务贸易专家库。引进和培养具有国际视野、精通国际贸易投资规则和国外法律、熟悉国际经营战略和技术发展的复合型人才，为海南形成服务贸易国际竞争力提供人力资源支撑。

三、打造面向全球的国际服务贸易中心

（一）具有世界影响力的国际旅游消费中心

背靠 14 亿多人的消费大市场，面向东南亚有 6 亿人的新兴消费市场，加快把海南建成释放国内中高端旅游消费的重要承接地和世界消费经济发展高地。

第一，国际知名休闲度假旅游中心。争取全球旅游免签政策，开通更多直飞航线，用好“第五航权”，把海南建成国际化互联程度最高的旅游地区；积极培育旅游消费新业态、新热点，下大气力提升旅游服务质量和国际化水平，释放高端旅游消费潜力；积极探索服务型消费经济发展的新路径，打造业态丰富、品牌集聚、环境舒适、特色鲜明的国际旅游度假胜地。

第二，国际性购物中心。尽快在全岛范围内实施日用消费品免税政策，构建免税购物的全产业链，全面提升海南旅游消费人气和规模。这不仅有利于提升海南旅游业整体竞争力，有利于降低岛内居民生活成本，而且有利于吸引国人境外消费的有效回流。

第三，国际健康医疗旅游中心。抓住全国对海南健康服务消费需求全面快速增长的新机遇，充分发挥生态环境和特殊政策优势，以健康医疗产业市场全面开放为主线，以学区、园区、社区“三区合一”为载体，以引进和培养中高端健康管理和服务人才为支撑，重点打造医疗“健康旅游、健康管理、健康服务”三大品牌，加快发展健康医疗产业集群，打造世界知名的健康医疗旅游中心。

（二）现代服务业全面开放和集聚发展中心

第一，以服务贸易为主导的对外开放新高地。适应我国对外开放由货物贸易为主向服务贸易为主转型的大趋势，对标高标准的服务贸易和投资协定，加快完善与服务贸易发展相适应的自由化、便利化政策，推动服务业市场全面开放，打造我国服务业对外开放新高地。

第二，现代服务业集聚地。按着“以发展旅游业、现代服务业、高新技术产业为主导”的要求，打造健康医疗、文化旅游、教育培训、金融、数字经济、高新技术、体育娱乐、商务服务等现代服务业集聚地。

（三）高新技术研发和服务贸易创新人才集聚中心

第一，高新技术研发中心。抓住新一轮科技革命与产业变革的历史机遇，与“一带一路”沿线国家和地区共建共用科技联合实验室、科技合作园区，合作开展技术转移等科技创新活动，促进科技创新与服务业、热带高效农业、海洋产业发展的深度融合，推动先进成熟技术转移转化，加快培育发展新动能，打造创新驱动发展新高地。

第二，服务贸易创新创业人才集散平台。以促进国内外人才自由流动为目标，以吸引各类国际服务贸易人才为重点，加快推动国际人才聚集。

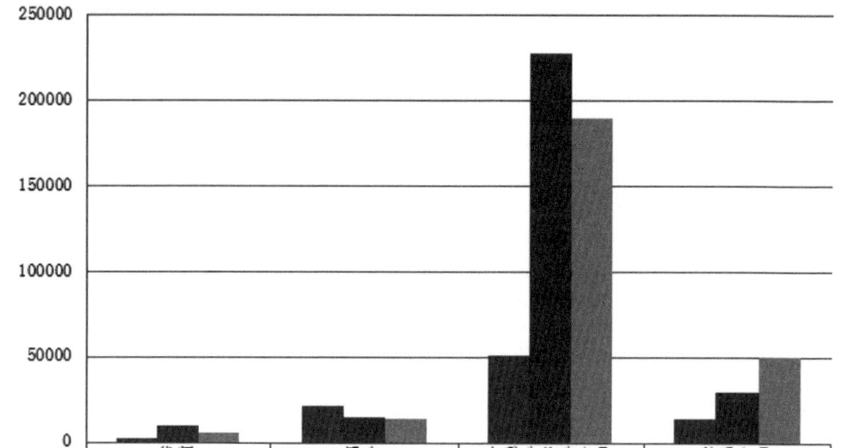

	律师	医生	金融业从业人员	科研人员
海南	2350	20882	50284	13486
香港	9585	14290	227156	29047
新加坡	5336	13386	189600	50006

图 2.14　海南、香港、新加坡专业人才数量比较（单位：人）

资料来源：香港贸发局网；香港特别行政区政府统计处．香港统计年刊（2018 年版）[EB/OL]．香港特别行政区政府统计处网，2018–10.

（四）数字服务贸易中心

第一，数字经济岛。抓住数字经济时代的新机遇，吸引全球数字公民、数字企业、数字金融、数字人才、数字技术向海南自由贸易港集聚，建设具有全球竞争力的数字经济和数字服务贸易中心，形成海南服务贸易发展的突出特色。

第二，数字技术岛。依托大数据、物联网、移动互联网、云计算、区块链等现代信息技术，提升服务的可贸易性。促进服务贸易数字化和交易模式创新；提高服务贸易跨境交付能力，支持在线旅游、远程医疗、在线教育等新型服务业态发展，促进金融与互联网深度融合。

第三，数字贸易规则策源地。抓住数字化、网络化、智能化的信息通信技术深刻改变国际贸易规则的历史机遇和大部分国家基本处于同一起跑线的时机，制定跨境电子商务规则、法律和标准。破除跨境电子商务发展的障碍，率先建立数字贸易的便利化措施；支持海南积极发起双边或多边谈判，提出包括实体产品、数字产品，以及跨境物流、跨境支付、电子认证、在线交易、信用体系、数字贸易争端解决机制等在内的标准和规则框架，为我国参与全球新一轮国际贸易规则与数字贸易规则制定积累经验。

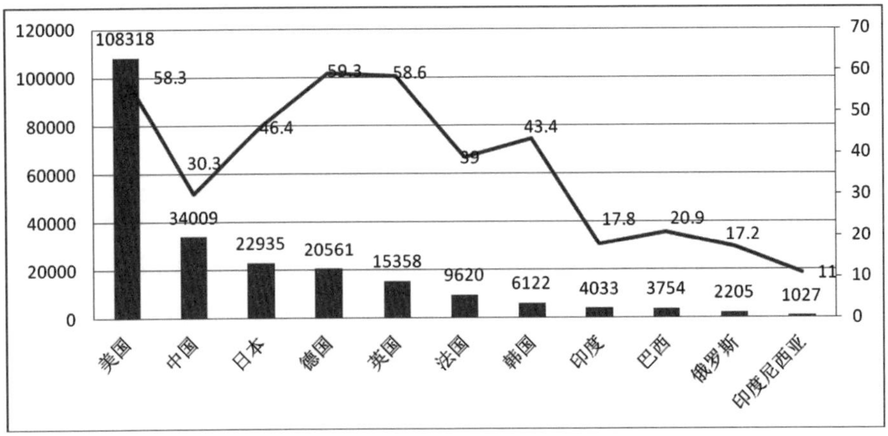

图 2.15　2016 年主要国家数字经济规模及占 GDP 的比重（单位：亿美元，%）

资料来源：中国信息化百人会课题组. 数字经济 迈向从量变到质变的新阶段[M]. 北京：电子工业出版社，2018.

（五）服务贸易的国际中转、交易和促进中心

第一，国际性交易场所。设立海南国际能源、航运、大宗商品、产权、股权、碳排放权等交易场所；打造国际物流、研发、维修、国际结算、分销等服务贸易中心。

第二，知识产权交易中心。鼓励探索知识产权证券化，完善知识产权信用担保机制；搭建知识产权认证、交易、运营等平台，面向泛南海，建设知识产权聚集、评估、交易、转化的“吞吐池”和“国际港口”，构建涵盖知识产权服务交易各环节的全生命周期、全产业链条。

第三章

以服务贸易为主导

习近平总书记在庆祝海南建省办经济特区 30 周年大会上指出，海南发展不能以转口贸易和加工制造为重点，而要以发展旅游业、现代服务业、高新技术产业为主导。以服务贸易为主导，符合经济全球化大趋势，符合国际自由贸易港转型的大趋势，符合中国开放转型的大趋势，也符合海南自身的特点，是新时期中央赋予海南的明确产业定位。在服务贸易与服务业市场开放直接融合的背景下，海南自由贸易港要形成以服务贸易为主导的独特优势和突出特色，重点、难点、焦点大都集中在服务业市场开放的广度和深度上。

以服务贸易为主导推进海南自由贸易港建设

迟福林
中国（海南）改革发展研究院院长
中国特色自由贸易港研究院院长

当前，我国的开放趋势正由以货物贸易为主向以服务贸易为重点开放转型，以由商品和要素流动型开放向规则等制度型开放转型。为适应服务贸易快速发展的大趋势和中央对海南提出的以服务贸易为主导的产业定位，海南要尽快在旅游、医疗、教育、文化等领域实现重要突破。

一、以服务贸易为主导建设海南自由贸易港，既适应我国扩大开放的大趋势，又符合海南的发展定位

（一）以服务贸易为主导是海南建设自由贸易港的独特优势和突出特色

第一，服务贸易成为经济全球化的焦点和重点。例如，2010—2017年，全球累计服务贸易总额占贸易总额的比重为21.7%，服务贸易年均增长（4.5%）比货物贸易（2.2%）高2.3个百分点[①]。

第二，服务贸易成为我国扩大开放的重中之重。例如，2010—2018年，我国服务贸易年均增速快于货物贸易近1倍[②]。

---

①根据联合国贸易和发展会议数据库数据计算得出。

②根据《中国统计年鉴》及商务数据中心网站提供数据计算得出。

第三，服务贸易已成为全球自由贸易港转型的基本方向。例如，2005—2017年，新加坡服务贸易占贸易总额的比重由19.2%提高至32.4%，占GDP的比重由80%提高至104%[①]。

第四，海南有条件在服务贸易创新发展方面形成独特优势。2018年，海南服务贸易出口额134亿元，同比增长15%；服务贸易占对外贸易比重达到18.1%，比全国平均水平高3.4个百分点[②]。在服务贸易与服务业市场开放直接融合的背景下，海南自由贸易港要形成以服务贸易为主导的独特优势和突出特色，重点、难点、焦点大都集中在服务业市场开放的广度和深度上。

（二）以服务贸易为主导建设海南自由贸易港符合中央对海南的产业定位

习近平总书记指出，现代服务业是产业发展的趋势，符合海南发展实际，海南在这方面要发挥示范引领作用。按照习近平总书记的要求，海南要加快推进旅游、互联网、医疗健康、金融、会展等现代服务业项下的自由贸易进程，实现现代服务业项下的人员、资本、信息、技术、货物等要素的自由高效流动。如此不仅能加快形成以服务型经济为主的产业结构，而且能走出一条以服务贸易创新发展为主导的中国特色自由贸易港建设的新路子。

（三）海南有条件实现服务贸易开放的重要突破

第一，与香港联手共建具有世界影响力的国际旅游消费中心。解决海南国际化产品与服务供给不足的突出问题，切实可行的办法是全面引入香港旅游消费的产业链、供应链，尽快推动琼港旅游购物服务管理和市场监管标准规范的全面对接，并由此带动文化、娱乐、金融、保险、物流等相关服务业转型升级。

第二，尽快将博鳌乐城国际医疗旅游先行区部分政策的实施范围扩大

---

①根据联合国贸易和发展会议数据库数据计算得出。

②罗霞. 我省系列举措深化服务贸易创新发展 探索跨境服务贸易负面清单［N］. 海南日报，2019-03-01。

到全岛，并进一步拓展政策深度。在全国对海南健康服务消费的刚性需求不断增强和国家加快推进医疗健康产业开放的大背景下，医疗健康产业要成为海南发展的一张“王牌”，关键是抓住有利时机，在博鳌乐城作为国际化高端医疗合作中心的前提下，尽快在全岛范围内实行医疗健康产业项下的资金、人员、技术等要素的自由流动，把海南建成全国医疗健康消费的重要承接地，由此使全岛居民与广大旅游消费者受益。

第三，加快推动教育市场开放。教育资源不足、教育发展滞后严重制约海南经济社会发展。截至去年底，全省 110 所高中仅有 23 所通过“省一级学校”评审。全省公办学前教育资源严重短缺，公办幼儿园 377 所、就读幼儿 8.6 万人，分别仅占全省总数的 16.3%、23.6%，均远低于全国平均水平。建议允许和支持社会资本与外资投资教育领域，允许境内外具备条件的研发机构、教育组织、高水平企业在海南独资创建医疗健康、旅游、文化创意等职业院校，为自由贸易港建设培养中高端实用性、技能型、服务型人才。

二、加快推进服务业市场全面开放，既能尽快形成海南扩大开放的新优势，又能明显提升海南的产业发展基础

（一）没有产业大开放就没有产业大发展

海南 30 年发展的经验表明，产业基础薄弱是制约海南发展的突出问题。以会展业为例，2017 年海南的展览面积在全国占比仅为 0.34%，在 31 个省区市中排名第 26 位①，落后于内蒙古、贵州等省区市。为什么？重要原因是会展产业开放程度严重滞后。再以农业为例，推进农业现代化是农业工业化以及农业产业服务化的过程。海南热带农业高度依赖于保鲜、加工、运输，但由于开放度不够，虽然初步实现了农业品种的革命，但生产方式、组织方式、服务体系建设严重滞后，使热带农业资源价值潜力远未

①数据来源于《2017 年中国展览数据统计报告》。

被释放。目前，海南农产品加工转化率仅为32%，与发达国家的90%、国内的40%～50%[①]的水平相比还有明显差距。发展海南热带高效农业，出路在于通过加快推进物流、加工包装等生产性服务业及其产业项下的自由贸易进程，补上农业工业化程度低这个“短板”。

（二）以推进服务业项下的自由贸易加快形成以服务性消费为主的产业格局

第一，以旅游文化产业项下的自由贸易加快提升海南旅游文化国际竞争力。以文化为例，2017 年，海南文化产业增加值占 GDP 比重仅为 3.18%，低于全国平均水平 1 个百分点，比上海 2016 年水平（12.1%）低了近 9 个百分点[②]。提高海南旅游文化的竞争力，关键在于加快推进旅游及文化体育娱乐产业市场的全面开放。

第二，以进一步扩大金融市场开放加快形成以外资、社会资本为主体的金融体系。2018 年，海南金融业占 GDP 比重仅为 6.4%，不仅低于全国平均水平（7.7%），与上海（17.7%）、北京（16.6%）等国内发达地区相比差距更大[③]。推动金融业市场开放，加快形成以外资、社会资本为主体的金融体系，放宽外资金融机构的业务范围，允许、支持内外资金融机构在海南开展离岸业务，由此明显改善海南的投融资环境。

第三，以扩大电信、互联网等特定服务业市场开放为重点推动新兴服务业发展。在数字经济引领产业变革的大趋势下，高新技术产业发展很大程度上依赖于电信、互联网等产业的开放，自由贸易港建设也高度依赖于

---

①李从发，关于构建热带农产品深加工技术创新公共服务平台 助推海南省农产品加工业产业供给侧改革和转型升级的建议［EB/OL］. 海南省人民政府网，2018-04-08。

②数据来源：海南文化产业增加值增速高于 GDP 3.1 个百分点，海南省统计局政府信息公开专栏，2018-10-16；上海举行《关于加快上海文化创意产业创新发展的若干意见》发布会，上海市人民政府新闻办公室，2017-12-15；统计局：2017 年文化及相关产业增加值占 GDP 比重上升，中证网，2018-10-10。

③数据来源：2018 年海南省国民经济和社会发展统计公报；中华人民共和国 2018 年国民经济和社会发展统计公报；2018 年上海市国民经济运行情况；2018 年北京统计年鉴。

信息流动的自由、高效。例如，没有数据的跨境自由流动就难以实现数字贸易、远程服务等新兴业态发展，也难以将海南打造成为全球数字技术、数字人才、数字企业集聚中心。

（三）以服务业项下的自由贸易带动海南特色产业发展

海南的海洋、生态环境是独特的宝贵资源。但总的来看，海南的资源利用效益、产业附加值还相当低。以海洋经济为例，海南的海洋面积占全国的三分之二，但由于航运产业发展滞后等因素，2017 年海南省海洋生产总值仅为浙江的 16.6%、山东的 8.5%、广东的 7.0%；海南单位海岸线海洋经济密度仅为浙江的 18.3%、广东的 14.5%和山东的 14.5%[①]。这就需要通过扩大开放、引进外来资本与技术来加快港口、航道等基础设施的建设。例如：与香港合作，发展多样化的船舶租赁、航运保险、航运衍生品等航运金融业务；加快建立以海南为基地的泛南海区域航运枢纽，进一步深化与泛南海沿线岛屿地区在港口、码头建设、邮轮客运等方面的合作，提升海上基础设施互联互通和航运服务水平。到 2020 年，若海南单位海岸线海洋经济密度达到浙江的 50%，则海南海洋生产总值将超过 3000 亿元；若达到广东或山东的 50%，则海南海洋生产总值将超过 4000 亿元。海南海洋经济有相当大的发展空间。

三、适应服务业市场全面开放，加快推进政策与制度创新

（一）突出服务业市场全面开放与服务贸易自由化便利化的政策需求

海南建设自由贸易港，要围绕以服务贸易为主导的突出特色，实施全球最高开放标准的市场准入政策与贸易投资自由化便利化政策。

第一，实施全球最高开放标准的服务业市场准入政策。要尽快制定实

①2017 年，海南、浙江、山东、广东的海洋经济产值分别为 1250 亿元、7540 亿元、14776 亿元、1.82 万亿元，数据分别来源于：《我省谋划构建特色海洋经济体系》，海南日报，2018-05-09；《人海和谐，筑梦新海洋》，浙江日报，2018-06-08；2017 年海洋经济主要数据，山东省海洋局网；《海洋经济成为广东经济发展新的增长极 广东海洋 GDP 连续 23 年全国居首》，羊城晚报，2018-08-10。

施海南版服务贸易负面清单，除出版印刷、新闻媒体等特殊领域外，全面取消现有投资准入负面清单与跨境服务贸易负面清单中的禁止性与限制性措施，实现内外投资者准入前后的同等待遇，加快服务业市场全面开放进程，由此打造服务贸易创新发展的新高地。

第二，适应服务业市场全面开放的需求，实施不亚于香港、新加坡等国际知名自由贸易港的税收政策。海南税费及其他收费项目偏多，企业负担较重。目前我省企业总体税费占全省 GDP 近 1/3。2017 年我省税负为 22.9%，在全国排第四，比全国平均税负高出 6.6 个百分点。建议在现代服务业领域率先实行 15%的企业所得税；尽快对健康、旅游、文化娱乐、研发设计等服务业项下的生产要素实行零关税；对海南岛内的现代服务业企业之间的交易适用增值税税率为零的政策。

第三，实施服务贸易自由化便利化政策。例如：实行人员自由流动政策，在现有 59 国免签政策基础上，适时并在严控风险的前提下，逐步放宽免签政策；降低“绿卡”申请门槛，取消对专业技能人才申请永久居留的最短居住时间限制；取消对获得工作签证的外籍人员的就业限制；对标国际性管理标准降低服务贸易边境内壁垒，全面实行服务业管理的国际标准。

（二）按照加快推进服务业项下的自由贸易的要求，争取中央给予海南充分授权

例如，设立国家海关特殊监管区。以服务贸易为主导探索建设海南自由贸易港，既要面向国际市场，又要服务国内 14 亿多人的内需大市场，这就需要海南探索建立一套全新的海关监管制度，在保障海南自由贸易港的开放政策得以全面贯彻实施的同时，有效防范各类风险。建议研究制定“海南自由贸易港海关特殊监管条例”，明确海南特殊监管区的法律地位、性质、职能、管理体制。再如：为适应海南国际旅游消费中心建设的需要，将国内消费税由中央税调整为地方税；提高海南在共享税上的收入分成比例，包括企业所得税、个人所得税的分成比例；扩大海南省级税收管辖权。通过赋予海南更大的税收自主权，加快构建以直接税为主，以“简

税制、低税率、零关税”为突出特点，有别于内地、具有国际竞争力的财税体制。

（三）以全面推进服务业项下自由贸易带动全面深化改革的重要突破

第一，深化市场化改革，尽快改善营商环境。按照竞争中性的原则，实现公开市场、公平竞争，赋予各类市场主体更大的自主权，在创新民营经济发展方面走出一条制度化、法治化之路，有效激发市场活力。要把提高政府效率作为改善营商环境的重中之重，尽快改变经济生活中市场活力不足与行政效率低下的突出矛盾。

第二，要坚持以制度创新为核心。要在深化行政体制、区划体制、司法体制改革等方面有重大突破，为加快探索建设中国特色自由贸易港提供重要保障。

第三，深化人才发展体制机制改革。服务贸易创新发展关键靠人才。2018 年，海南省出台实施了“百万人才进海南”行动计划，加上柔性引进人才、候鸟型人才，引进各类人才超过 10 万人。但是，现有人才规模、结构、素质和能力，离建设自由贸易试验区和中国特色自由贸易港的实际需求差距明显，人才资源特别是高端人才资源供给不足，在 2013—2017 年各省区市六类高层次人才入选数量统计中，海南排全国倒数第四。“吸引人才、留住人才、用好人才，最好的环境是良好的体制机制。”海南既要以服务业市场全面开放吸引各类人才，也要在深化人才发展体制机制改革上有突破，以留住人才、用好人才。例如，以法定机构为主要平台吸引国际化人才，建立各级政府外籍高级顾问制度，赋予法定机构法定自主权，包括内设机构设定权、人才聘用权、薪酬制定权等。

习近平总书记强调，没有思想大解放，就不会有改革大突破。要以加快探索建设中国特色自由贸易港为目标，学习借鉴国际自由贸易港的先进经营方式、管理方法，对一切有利于实现既定目标的改革举措、开放政策、制度创新，大胆闯、大胆试、大胆用，努力使海南站在改革开放的最前沿，对推动形成我国对外开放新格局产生重要影响。

推进服务贸易自由化的路径与步骤

赵晋平
国务院发展研究中心对外经济研究部原部长

服务贸易自由化符合海南发展定位，也与中央所要求的旅游业、现代服务业和高新技术产业的发展方向高度一致。此外，服务贸易并不直接涉及大规模的物资、商品的往来。按照目前加工贸易已经形成的经验和模式，完全可以对服务贸易所带来的大型的设备和机械进行定点监管，解决它所伴随的和货物往来有关的跨境移动问题。为此，加快推进海南自由贸易港建设，服务贸易自由化要先行。

一、实现自由贸易港服务贸易自由化的四大制度与政策条件

（一）WTO《服务贸易总协定》关于服务贸易主要形态的界定

WTO《服务贸易总协定》界定的服务贸易有 4 种方式：第一种是跨境交付，指服务的提供者在一成员方的领土内，向另一成员方领土内的消费者提供服务的方式，如在中国境内通过电信、邮政、计算机网络等手段实现对境外的外国消费者的服务，人和机构不需要跨境；第二种是境外消费，指服务提供者在一成员方的领土内，向来自另一成员方的消费者提供服务的方式，如中国公民在其他国家短期居留期间，享受国外的医疗服务；第三种是商业存在，指一成员方的服务提供者在另一成员方领土内设立商业机构，在后者领土内为消费者提供服务的方式，如外国服务类企业在中国设立公司为中国企业或个人提供服务；第四种是自然人移动，指一

成员方的服务提供者以自然人的身份进入另一成员方的领土内提供服务的方式，如某外国律师作为外国律师事务所的驻华代表到中国境内为消费者提供服务。服务贸易自由化和开放密切相关，后面两项尤为重要。

（二）中国特色自由贸易港要实现服务贸易自由化的制度和政策条件

自由贸易港是全球最高水平的开放形态，实行服务贸易自由化制度和政策是其中的核心内容之一。实现高水平服务贸易自由化需要以下几个方面的条件：第一，建立服务业投资自由化制度，以满足商业存在服务贸易自由化的需要。第二，实行和服务业有关的投资设备和物品进口零关税政策，为此需要建立全岛海关特殊监管区制度。第三，为适应跨境交付和服务消费自由化的需要，建立资金跨境自由流动管理制度。第四，建立自然人自由移动和自由执业管理制度，即实行对自然人的自由进出和绝大多数外籍人员的旅行入境免签或落地签制度以及外籍专业服务人员执业许可制度。这 4 个方面的条件是至关重要的，自由贸易港具备了这样的制度和政策条件，才有可能真正实现高水平的服务贸易自由化。

二、中国特色自由贸易港服务贸易自由化的路径和步骤

（一）第一阶段：2018—2020 年，打基础阶段

阶段性目标是充分复制推广、吸收借鉴国内外成功经验，高标准、高质量海南自由贸易试验区建设取得重要进展，服务业开放度显著提高，为海南自由贸易港打好基础。

具体步骤：第一，要把《中国（海南）自由贸易试验区总体方案》所部署的任务全面认真贯彻落实，同时把其他自由贸易试验区已经取得的成功经验在海南省全面复制和推广；第二，要着手制定自由贸易港的总体方案；第三，设立若干投资贸易自由化先行区，为逐步建立自由贸易港制度和政策体系积累经验。基于过去改革开放 40 年的成功经验，这样一个重大对外开放举措是需要逐步探索、稳步推进的，需要先行先试，为今后积累经验。当然，它不可能完全达到自由贸易港的所有制度和政策条件，但是至少可以分阶段逐步做起来。比如，服务贸易自由化和货物贸易自由

化是有区别的。货物贸易自由化的先行先试，必须用铁丝网围起来，否则货物通过口岸直接流到国内市场不符合海关监管要求。但是服务贸易不同，服务贸易以当地存在的方式提供服务，除了伴随的投资设备和器材之外，不会产生大量的货物可能通过这个渠道进入国内市场的问题，不需要拉铁丝网。对于服务的消费者来说，不可能承担如此大的制度和经济成本来往于海关特殊监管区和普通区域之间。比如在博鳌乐城国际医疗旅游先行区，最多设立一个保税仓库，需要用设备、药品时，仅需申请即可。所以，服务业的开放在海关特殊监管区外同样可以实现。

（二）第二阶段：2021—2025 年，建制度阶段

阶段性目标是初步建立自由贸易港制度，形成较完整的贸易投资自由化便利化政策实施方案，完成自由贸易港国内立法工作，完善功能定位、产业布局和风险防控与实施保障体系的系统集成；营商环境达到国内一流水平。

具体步骤：第一步，全国人大完成海南自由贸易港法立法程序，为海南自由贸易港特殊经济区域的特殊性和自主权提供法律保障。第二步，加大市场准入开放压力测试力度，实行新的服务业投资准入负面清单制度。要在先行区内进一步扩大适用的地域范围和行业范围，通过这种方式进一步加大压力测试的力度，进一步扩大自由贸易港先行先试的功能，积累更多的经验，特别是风险防范方面的经验。第三步，2025 年之前，初步把自由贸易港的制度和政策体系建立起来。在总结和评估先行区先行先试经验基础上确定实行全域自由贸易港制度，建设所需要的投资管理、货物贸易监管、资本项目管理、人员跨区跨境流动、财税体制等政策体系和风险防控体系。

（三）第三阶段：2026—2035 年，全覆盖阶段

阶段性目标是使自由贸易港的制度体系、政策体系、运作模式更加成熟和完善，服务贸易自由化领先周边国家和地区，营商环境跻身全球前列。

具体步骤：一是完成海关封关运行，形成覆盖全岛的“境内关外”海关特殊监管区域；二是全面完成资金流动账户体系建设，实行分账户管理

的资本项目可兑换制度；三是全面取消贸易投资自由化先行区的岛内区域限制和行业限制，实现海南岛范围内的贸易投资自由化制度和政策全覆盖；四是全面实行税收优惠制度安排。

（四）第四阶段：2036—2050 年，成特色阶段

把自由贸易港的制度和政策优势充分表现出来。到 2050 年左右，率先实现社会主义现代化，形成高度市场化、国际化、法治化、现代化的制度体系，成为综合竞争力和文化影响力全球领先的地区；建成全球开放水平最高的经济体制。

三、自由贸易港过渡期内推进服务贸易自由化的重要政策举措

如何从自由贸易试验区过渡到自由贸易港，是需要重点研究的问题。在这个阶段至少有 5 个政策举措尤为重要。

（一）设立重点行业的服务贸易自由化先行区

重点领域服务贸易自由化先行区有利于突破政策局限。以海南博鳌乐城国际医疗旅游先行区为例，乐城先行区有两个方面的深刻内涵。一是在服务业投资准入方面，比如说在医疗领域，在全岛甚至在全国范围内都是没有向外来投资者放开的，但乐城先行区的准入是先行开放的，这是服务业自由化的一个表现；二是在乐城先行区内，对于一些必要的医疗器械可以减免一部分关税，这也是服务贸易自由化的表现。随着服务业的开放，既需要体现投资自由化的内容，同时也需要体现贸易自由化的内容。建议把乐城先行区作为未来推动服务业市场准入开放和贸易自由化的一个模式加以借鉴，在其他行业领域采取同样的方式逐步推进。

（二）加强和完善自由贸易港的治理体系建设

第十三届全国人大第二次全体会议已经批准启动海南自由贸易港法立法工作的议案。这意味着我国将通过国家立法的形式为海南自由贸易港建设提供法律保障，这既能凸显国家重大战略的重要性，又能充分保障自由贸易港的自主创新功能，突破现有管理体制机制和政策的局限性，避免出现自由贸易试验区改革过程中普遍存在的地方改革诉求与中央部门现有

政策法规之间相互冲突等突出问题，法治的权威性和实际效果明显优于以往自由贸易试验区的地方立法模式，也符合国际上的通常做法。

此外，从治理体系来说，建议探索自由贸易港立法或者地区立法使这个地区本身成为特殊的行政单元，这样就只需要对这个行政单元立法，明确这个行政单元实行全面的自由贸易港制度和政策，不需要再另外搞一套自由贸易港的运作体系。比如说海南省要设立自由贸易试验区办公室，将来还要设立自由贸易港办公室，那就不需要单独就自由贸易港建立一个管理的架构，因为海南自由贸易港是全域型的，完全可以做到一致和统一。

（三）加强和完善“境内关外”海关特殊监管区的硬件和软件环境建设

目的是提升现有海关特殊监管区的货物贸易自由化功能。这是服务贸易自由化制度建设的一个重要方面。调研发现，由于没有相应的海关监管区功能，在乐城可以使用一些在国际上已经经过临床认证、但在国内没有经过批准的药品，但是这些药品只能在先行区内使用。

（四）分阶段实施具有国际竞争优势的税收制度

应借鉴迪拜、新加坡经验，实施简税制、低税负政策，并建立与此相配套的财政收入制度。在企业所得税、个人所得税方面一定要有具备国际竞争力的税制安排，否则难以与国际上非常成功的国际旅游消费中心和自由贸易港竞争。过渡阶段，最重要的是逐步推进和落实相关政策，率先在先行区或者是重点行业对企业所得税进行逐步调整，关税也可以逐步调整，避免一步到位带来管理上的混乱，通过这种方式积累经验。但最终自由贸易港的税收安排一定要是具有竞争优势的。

（五）加大对海南基础设施建设的政策支持力度

在过渡期内，建议中央加大对海南有关基础设施，尤其是和自由贸易港建设密切相关的港口、机场、道路和铁路、能源等基础设施的支持力度。积极运用政府和社会资本合作（PPP）模式推进基础设施建设，形成与自由贸易港建设发展相适应的基础设施服务供给能力。通过这种方式，使其能够以具备高水平基础设施的姿态开启自由贸易港的政策。

海南自由贸易试验区服务贸易开放与创新

盛　斌
海南自由贸易试验区专家咨询委员会委员
南开大学经济学院院长
教育部“长江学者”特聘教授

中国的自由贸易试验区、自由贸易港建设的特殊性，主要体现在对内、对外两个层面的四个功能上。对外功能上，中国的自由贸易区跟其他高水平的自由贸易区相类似，以贸易作为基础的形态，但也包括了制造业、高新技术产业以及服务业，还具备离岸金融市场（中心）的功能。对内功能上，自由贸易试验区承担着作为改革创新的示范区和对接国家重大区域经济发展战略的重任。

通过比较研究和评估发现，目前自由贸易试验区在对内功能上取得了比较大的进展，特别是以“放管服”为重心的政府职能转变创造了一套制度创新的体系，包括现代商事登记制度、事中事后监管制度和以市场主体首负责任制为机制的综合监管制度。但是，在对外功能上，国内自由贸易试验区仍有进一步拓展和提升的空间。虽然自由贸易试验区在开放公平、安全高效的市场准入管理体制和以国际贸易“单一窗口”为核心的贸易便利化管理制度上取得了一定进展，但要真正地落实到“高标准、高质量”上还有很大的空间和余地，对外开放程度还有待提高，尤其是在投资和服务贸易领域。第一，在外资准入措施方面，禁止投资、股权限制和数量型经营限制等限制程度较高的措施占比偏高；第二，在外资准入领域方面，对制造业和一些服务业部门（如金融、交通运输、快递、教育、医疗、娱乐等）的限制较高；第三，在外资准入规制方面，当前负面清单中的各项特别管理措施缺乏明确的国家和地方层面的法律法规依据描述。开放力度不大和透明度不高使自由贸易试验区对外资企业吸引力不大，也令广大民众（作为消费者）没能体验充足的获得感。为此，笔者就海南自由贸易试验区的服务贸易开放与创新提几点想法。

一、服务经济对海南自由贸易港的重要意义

2018 年，海南服务业 GDP 为 2736 亿元，占 GDP 总量的 57%；2017 年，海南服务业就业 280 万人，占就业总量的 48%；服务业固定资产投资 3789 亿元，占固定资产投资总量的 92%；服务业实际利用外资 22 亿美元，占实际利用外资总量的 99%。从这些数字中可以看出，服务经济对海南十分重要。海南的产业优势主要是在消费类服务业，生产性服务业的基础和现状相对比较薄弱。所以，海南的产业重点应该放在消费服务业上。当然，像金融、信息、电信这些生产性服务业要更多地为消费型服务提供支撑和服务。

表 3.1　2018 年海南服务业分部门 GDP 及比重

服务业部门	GDP（亿元）	比重（%）
交通运输、仓储和邮政业	291.73	10.7
批发和零售业	523.02	19.1
旅游业	392.82	14.4
住宿和餐饮业	240.59	8.8
金融保险业	309.09	11.3
房地产业	389.66	14.2
其他服务业	589.24	21.5

二、海南自由贸易港服务经济发展的目标

海南自由贸易试验区发展的目标是建设“具有世界影响力的国际旅游消费中心”，这在国务院《中国（海南）自由贸易试验区总体方案》、国家发展和改革委员会《海南省建设国际旅游消费中心的实施方案》以及财政部《支持海南全面深化改革开放有关财税政策的实施方案》中都有提及。

三、海南自由贸易港服务经济发展的路径

（一）促进服务业产品的多元化

吸引游客到海南旅游，就跟吸引顾客到饭馆吃饭一样，要有丰富的菜单、合理的价格、优良的质量以及合适的性价比，否则游客可能就会去其他著名的国际旅游岛。建设海南国际旅游消费中心，中心必然是旅游，这也是海南的强项，其他行业的发展要围绕着旅游业。

具体的政策建议包括：第一，锁定细分市场和目标客户。以主题公园

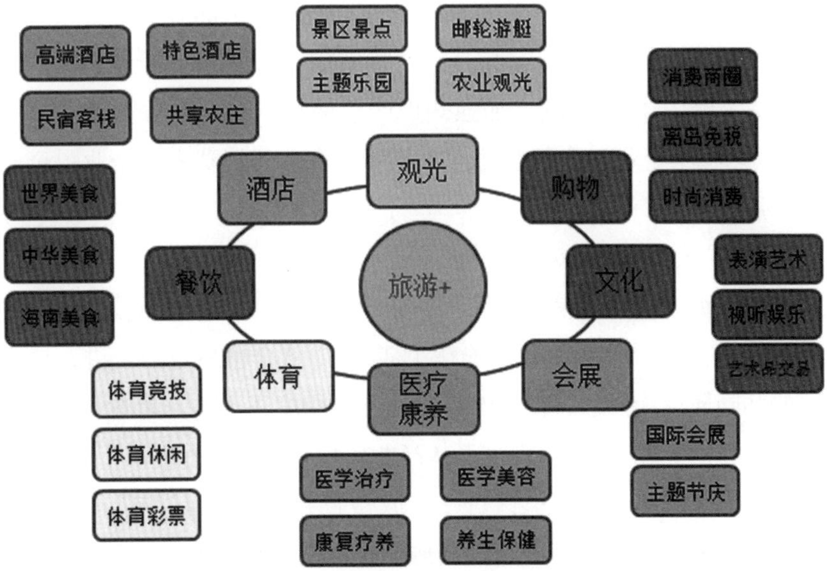

图 3.1 促进服务业产品多元化

为例，从经济学角度来说，主题公园是重规模的行业，在游客有限的情况下，一个岛不可能容纳很多的主题公园。要针对目标客户群体的细分需求确定产品定位，打造核心竞争力。第二，引进国内外龙头企业。这对于一些新业态、新行业的进入是很重要的。第三，要鼓励当地企业的创新、创业和创意。第四，改进离岛免税制度。建议逐年递增“离岛免税”人均总金额、废除对单品和每次购买的额度限制，大幅度增加商品种类，并引入免税店的竞争机制。

（二）提升服务业的营商环境

粤港澳大湾区研究院公布的《2018 年城市营商环境评价》数据显示，在直辖市、副省级城市、省会城市共 35 个大中城市中，海口市排在第 26 位，其中基础设施指数、市场环境指数和社会环境服务指数相对落后。除营商环境外，对于服务业发展，社会诚信建设至关重要。根据国家信息中心公布的 2017 年度城市综合信用指数，海口市在 36 个省会、直辖市、副省级城市中排第 20 位。2018 年公布的《海南省优化营商环境行动计划(2018—2019 年)》确立了海南营商环境的评估体系。客观讲，这个体系最后要收集数据，将海南各个市县进行比较，有相当大的难度。

为此建议：健全信用联动监督体系；强化消费者保护机制；成立国际专业仲裁调解机构或机制；加强知识产权保护；试行服务贸易“单一窗口”；鼓励中小企业和众创空间。由此解决企业和消费者、企业跟企业之间的矛盾。

（三）扩大服务业的对外开放

目前，海南自由贸易试验区服务业的实际利用外资比重较低，除房地产业以及批发和零售业之外，均在 1%以下。从全世界范围来讲，自由贸易区的共同属性为开放，很显然海南的开放程度还不够。为进一步实现服务业的“自由”和“开放”，笔者从产业放松管制方面提出以下政策建议：第一，对海南自由贸易试验区进一步放松服务业“负面清单”。《自由贸易试验区外商投资准入特别管理措施（负面清单） (2018 年版)》中，受限制的部门和措施已经与西方国家，包括美国趋近了，但是，还有一些特殊的保护部门和措施，建议对海南自由贸易试验区服务业放松“负面清单”。第二，扩大海南自由贸易试验区自主制定、执行准入后行业管理规定和经营行为规范准则的权限。第三，设立服务贸易自由化先行区。第四，探索建立跨境服务贸易“负面清单”管理制度。服务贸易最主要的形式是商业存在，而商业存在和投资负面清单是紧密联系在一起的。此外，资源流动和跨境交易也非常重要，在这方面可以借鉴其他国家的经验，为服务贸易制定负面清单。

笔者从放松人员入境方面提出以下建议。第一，扩大入境旅游免签覆盖国家和地区范围。第二，实行便捷高效的人才签证、入境工作许可和居留制度。对特殊人群实行落地签证、一签多次入境等。对于长期在自由贸易试验区工作的境外人员以电子化的形式简化其出入关手续。丰富一般性自然人入境的签证类型，延长签证有效期。建立外籍高端人才“一卡通”制度。支持外籍高层次人才创办科技型服务企业，给予与中国籍公民同等的待遇。给予特定商务人士配偶和子女临时入境的权利。第三，鼓励满足资质条件的境外人士（港澳台籍优先，实行备案制）提供专业服务。

（四）改造服务业的商业模式

新的服务贸易需要模式的创新，比如平台经济、共享经济、体验经济。新的服务贸易也需要技术的支持，比如建设“数字岛 + 数据岛 + 智慧岛”。积极开展“互联网 +”的试点工作。目前海南在旅游观光、文化娱乐、医疗健康等一些行业已经提出了试点“互联网 +”。这些新的商业模式将会促进自由贸易试验区服务业的发展。

自由贸易试验区服务业对外开放的探索和反思

王海峰
中国宏观经济研究院对外经济研究所
国际贸易和投资研究室主任

一、自由贸易试验区的历史使命

第一，三个层次。一是从国家层面看，建立自由贸易试验区是我国改革开放的重大举措，为全面深化改革和扩大开放探索新途径、积累新经验；二是从地方层面看，例如上海“国际经济、国际金融、国际航运和国际贸易”四个中心建设的需要等；三是从核心区域自身看，是适应海关特殊监管区改革的自身需要，也是适应自身发展转型的需要。

第二，三个阶段。近期，力争经过 2—3 年，建设具有国际水准的投资贸易便利、货币兑换自由、监管高效便捷、法制环境规范的自由贸易试验区；中期，形成各具特色又互相竞争的遍布东中西和东北的自由贸易试验区格局；远期，成为推进改革和提高开放型经济水平的试验田，形成可复制、可推广的经验，发挥示范带动、服务全国的积极作用。

第三，六大任务。一是完善法制领域的制度保障；二是扩大投资领域开放；三是推进贸易发展方式转变；四是深化金融领域开放创新；五是加快政府由管理向服务职能转变；六是实施监管和税收的保障措施。

第四，核心是服务业开放创新。主要包括：金融服务，航运服务，商

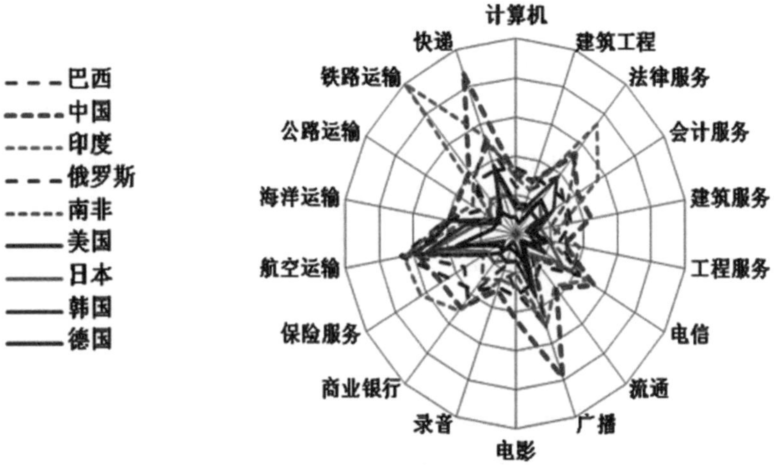

图 3.2　服务业对外开放政策限制国际比较

数据来源：OECD

贸服务，专业服务（会计审计、法律服务），文化服务，社会服务（教育、医疗、社会管理）等。

二、自由贸易试验区制度创新的视角

第一，自由贸易试验区总体方案视角。每一个自由贸易试验区都有一个总体方案。概括起来，总体方案中制度创新内容主要有以下几个方面：第一，政府职能转变；第二，准入前国民待遇；第三，负面清单管理；第四，金融改革，包括汇率和利率市场化、人民币国际化；第五，法制化营商环境；第六，转变监管方式，实行事中事后监管；第七，税收等优惠政策。

第二，党的十八届三中全会《中共中央关于全面深化改革若干重大问题的决定》视角。一是加快完善现代市场体系，使市场在资源配置中发挥决定性作用；二是加快转变政府职能，处理好政府与市场的关系；三是构建开放型经济新体制；四是推进文化体制机制创新；五是推进社会事业改革创新；六是建立健全法制、权力制约和监督体系。

第三，经济全球化新形势、新趋势的视角。自由贸易试验区制度创新必须有全球化视角，领衔建立全面开放、跟国际对标的经济体系，更好地参与国际规则的制定和谈判，包括中美双边投资协定（BIT）谈判、中国加入 WTO 政府采购协定（GPA）谈判、中国加入新的服务贸易协定（TI-SA）谈判，以及应对 CPTPP 等。目前，我国货物贸易关税下降幅度较大，服务贸易的开放将成为自由贸易试验区制度创新的核心。与国际一些国家比较，无论是金砖国家还是日本、德国、美国等发达国家，我国在很多服务业方面的开放水平还是比较低的。为此，无论是自由贸易试验区还是自由贸易港，制度创新的核心都是服务业的开放。

三、对自由贸易试验区建设的几点反思

第一，被动开放还是主动开放。自由贸易试验区建设是主动开放。但是，在主动开放的时候，地方的自由贸易试验区跟中央各个部门存在博弈，包括总体方案的不断协调策划。过去自由贸易试验区建设，需要中央统一制定方案，而海南自由贸易港的建设方案需要海南跟中央有关部门一起研究。

第二，负面清单还是负面清单后的普适性和针对性。负面清单是自由贸易试验区深化改革创新和扩大开放的一项核心内容。2019 年 6 月，《自由贸易试验区外商投资准入特别管理措施（负面清单）（2019 年版）》正式出台，这是我国颁布的第六版负面清单，内容由 2018 年的 45 条减至 37 条。随着自由贸易试验区负面清单内容的不断减少，相关措施落实阻力上升、难度加大。此外，在推进过程中，国家有关部门将改革创新重点放在负面清单管理措施上，对负面清单后的政策落实重视不够。

第三，中央政府（部门）授权问题。重大改革创新事权在中央，需要充分授权。近年来，各界已经注意到自由贸易试验区改革创新过程中普遍出现的授权问题，中央也在督促有关部门建立对重大改革创新的授权机制。从目前情况来看，对于重大改革创新事项，国家有关部门既要充分授权，又要做好部门间的全过程跟踪协调服务工作，绝不能一放了之。重大事项的改革创新一定要做到“自上而下”和“自下而上”的不断互动和有

机结合，这样才能形成共识，才能最大限度地发挥作用，进而真正形成可复制、可推广的经验。

第四，地方政府的创新。自由贸易试验区改革创新重点在地方，关键是要调动地方各级政府改革开放的积极性、能动性和创造力。自由贸易试验区要充分发挥自身对外开放优势和改革创新特点，厘清重大改革创新事项，切忌面面俱到、泛泛而谈，贻误改革创新时机。各自由贸易试验区一定要找准关系自身改革开放的重点环节和核心问题，在争取国家有关部门授权的基础上，将工作做细、做深，将精力用在刀刃上。

第五，政策效果评估，即有效性检验。自由贸易试验区建设以来，主要是关注负面清单的缩减。当前，全国版负面清单与自由贸易试验区负面清单的差距越来越小。在这样的情况之下，上海自由贸易试验区转向了所谓营商环境、贸易投资便利化、政府改革。过去 11 个自由贸易试验区形成了 300 多条可复制、可参考的推广经验，但从国际贸易、服务业市场开放，特别是服务贸易角度来看，能打动人心的、让大家信服的很少。

第六，一个问题和一堆问题。自由贸易试验区总体方案都是大而全的方案，每一个自由贸易试验区最核心的问题是什么？这一系列问题很难一次性解决。过去自由贸易试验区只是解决了一些皮毛，核心问题并没有解决，因此自由贸易试验区制度创新的效果非常有限。

四、海南自由贸易港的探索思考

第一，战略定位。海南自由贸易港的战略定位要有不同层次，如国际的、区域的、国内的定位等。

第二，要对标。中国特色自由贸易港，首先是学习，然后是探索。对海南来讲，最有学习意义的对象是爱尔兰。爱尔兰有人口 481 万，国土面积 7 万多平方千米，比海南大一倍，人口只相当于海南的一半，经济总量是海南的 6 倍，人均 GDP 是海南的 6 倍。过去 20 年，爱尔兰竞争力的提升路径是值得海南思考学习的。首先，爱尔兰实行欧盟国家最低的企业所得税税率（12.5%），海南要在税制方面率先突破对标。此外，海南作为旅游城市，需要有完善的生活配套。

第三，把服务业开放作为重点。海南服务业的重点对象既有海南 900 多万常住人口，还有国际和国内游客。

第四，营造重商亲商、具有国际吸引力的营商环境。自由贸易试验区改革创新是新一轮市场化的经济改革，重点是支撑金融、科技、公共服务等领域的对外开放发展，目的是与国际先进经贸规则接轨，充分激发市场活力。因此，必须重视和尊重市场和经济规律。同时，一些服务领域的对外开放与制造业对外开放存在很大差距，需要更大的空间、更好的营商环境、更加规范的法律制度、更加高效透明的政府服务。

第五，重视空港的带动作用。除旅游外，海南最大的亮点是两个空港，航空的带动力是非常强的。建议在未来一段时间两个空港通过超前的设计，对标迪拜国际机场。在目前珠三角航线比较饱和的情况下，建议海南申请加开加密航线。

第六，引进和壮大市场主体。在大力吸引外企的同时，从佛山、泉州、杭州等地吸引一批有实力、有创造力的民企，培育提升民营经济和中小企业。

第七，关键是中央对海南的充分授权。海南从自由贸易试验区向自由贸易港过渡，关键是中央对海南的充分授权。比如，离岸金融要求金融独立，但在信息、资金等未能实现自由流动的背景下，民营企业、外资企业会把钱放在海南吗？如果遇到金融纠纷，能不能适用香港或者是新加坡的法律？这个问题与仲裁紧密相连。这些方面均需要中央，尤其是全国人大对海南的法律授权。

以服务业为突破口
建设中国特色自由贸易港

曹　莉
博鳌亚洲论坛研究院副院长

当前世界经济服务化特征明显，服务贸易已成为全球贸易发展的重要动力，并成为全球贸易谈判的重点内容。2019 年 1 月底，76 个 WTO 成员同意启动电子商务谈判。海南应抓住这个契机实现跨越式发展，发展现代服务业、高端服务业。

一、海南自由贸易港建设应以发展服务业为突破口

一是服务贸易在海南发展空间广阔。大力发展服务业和服务贸易是我国新时期扩大开放、拓展发展空间的重要着力点。但目前我国服务业发展还不能满足老百姓的结构性需求，特别是医疗、教育、金融和旅游文化等领域存在较大供需缺口。例如：近些年大量境内居民赴欧美治病、赴日韩做整容手术，越来越多的境内学生赴欧美日韩留学；包括海南在内的境内旅游目的地与东南亚相比缺乏特色和竞争力，还有进一步提升的空间。未来随着我国居民收入的增长和人口结构的变化，对高质量服务的消费需求将持续、快速增长。

面对这些客观存在的需求，海南以服务业为突破口，重点发展医疗健康、教育、金融和旅游文化产业，是实现跨越式发展的现实选择。而要实现这一发展战略，重点在于实现市场准入和跨岛、跨境交付。同时，大力

推进服务业和高新技术产业的相互融合和促进，以高新技术产业发展带动现代服务业发展。

二是海南发展服务贸易不应脱离内地市场。我国改革开放的历史经验表明，一个区域要实现快速发展和弯道超车，离不开国内市场的支撑。香港作为我国的一个特别行政区，财政税收自由，货币发行实行联系汇率制，具有最好的“一线放开、二线管住”制度实践。从香港回归祖国以后的发展来看，从红筹股到大量内地企业赴港上市，到《内地与香港关于建立更紧密经贸关系的安排》及其补充协议等，都反映出广大的内地市场有力地支持了香港的发展。当然，海南发展现代服务业和服务贸易也可面向国际市场，尤其是东南亚和印度洋等南向通道地区。但从目前发展态势来看，海南拓展国际市场仍需要时间，而国内市场则联系较紧密且随时可以深化。因此，海南的服务贸易在发展初期可以面向内地的“跨岛交付”为主，面向国际的“跨境交付”为辅。

二、以服务业和服务贸易为突破口探索不同于货物贸易的开放重点、运行体系和监管模式

第一，与传统制造业不同，服务业开放重点在市场准入和“跨岛/跨境交付”。在“二线管住”和“跨岛交付”之间如何平衡，是必须探索解决的一个重要问题。海南的服务贸易“跨岛交付”到内地，如果“二线管住”像货物贸易那样管得太紧，就会影响服务贸易“跨岛交付”的发展，进而造成海南岛与国内其他地区的隔离。现代数字技术的发展可以突破现有制度障碍，有效解决“跨岛/跨境交付”的监管难题。近年来，利用原有的“二线管住”模式，对于跨境服务贸易基本管不住；外汇、反洗钱、交通运输等领域都开始转向通过数字技术来加强监管。海南建设自由贸易港，可以以“跨岛/跨境交付”为核心，依托数字技术，突破原有的“二线管住”观念。

第二，应加强运用电子监管技术对服务贸易的“可疑交易”进行监

控。电子技术的运用有两个重要方向：一是面向“边检”的电子监控技术；二是面向“可疑”交付的电子监控技术。这两类监控技术将根据不同行业和应用场景的需要有针对性地分别适用。例如：面向“边检”的电子监控技术可以重点应用于境外消费和自然人流动的服务贸易方式，以及与服务贸易相关的大宗货物暂时进口等；面向“可疑”的电子监控技术可以重点应用于“跨岛 / 跨境交付”等服务贸易方式。

第三，在管理对象上，主要涉及人员、货物、资金和信息 4 个方面。人员方面，目前通过人脸识别技术可以解决出入境监管问题。货物方面，可以利用数字技术，将监管重点放在大宗货物和高附加值产品上，如大型医疗设备和重点药品，设置识别号重点跟踪，实现“大宗可管、小额放开”。资金方面，基于现有银行账户管理系统和跨境支付管理系统，可以实现资金跨岛 / 跨境流动的信息采集和管理，未来结合我国银行账户体系改革，利用面向“可疑”的数字技术，可以实现在更高金融开放水平下的资金流动管理，并通过反洗钱等手段进行监控。信息方面，可采用负面清单模式管住内容，并对“可疑”信息加强监控。

三、重点争取市场准入和所得税方面的政策支持

第一，市场准入方面。考虑到海南现阶段的经济实力与产业结构，可重点在医疗健康产业、教育培训产业、金融业和旅游文化产业争取放宽市场准入，通过引进国外高端机构打造高水平服务供给，引导国内外优质资源聚集，形成既有本地特色又有国际竞争力的服务产业集群和发展模式。重点培育或引入一批以“4 × 10”为代表的、国内领先的、有影响力的机构和企业，包括开立 10 所研究型医药健康护理中心，10 所国外知名大学分校或合资大学，10 家旅游、会展、演出娱乐公司，10 家金融机构（包括商业银行、非银行金融机构和热带农产品期货或金融产品平台等）。

第二，税收支持方面。重点争取最具关键意义的企业所得税和个人所得税政策，淡化增值税和关税等要价。如争取企业所得税税率调降至 15%

的综合水平、个人所得税累进最高税率降到15%的水平，使得海南自由贸易港税负具有一定的国际竞争力。如果海南以服务业开放和发展为主，不把货物贸易当作重点优势，就不必过分在意在增值税、关税和消费税上的优惠安排。

四、服务业重点产业培育和风险防范

根据海南实际情况，医疗健康、教育培训、金融和旅游文化是自由贸易港建设中可以重点培育的服务业。在大力提升服务贸易开放水平，营造便利化的政策环境的同时利用电子监管等技术手段，对服务业开放后"跨岛/跨境交付"中的风险进行识别、隔离和防范。

一是医疗健康产业方面。针对境内居民赴欧美日韩开展医疗诊治和健康养生的需求，以建设健康岛、长寿岛为目标，推动医疗健康产业加快发展。重点防范药品特别是管制类进口药品的滥用和违规使用，做好进口药品管理，确保药品使用安全；防止数据泄露，加强信息安全和患者隐私保护；防范医疗纠纷，完善医疗责任认定体系。

二是教育培训产业方面。针对境内居民赴欧美日韩留学的情况，形成布局合理、结构优化、着眼长远的现代化教育体系，提高教育行业国际化开放程度和服务提供能力。做好意识形态重点领域建设管理，确保教育和培训内容符合社会主义核心价值观，体现文化自信。

三是金融业方面。针对海南金融基础薄弱和金融服务发展不足的问题，完善金融体系，夯实金融发展基础。大幅放宽市场准入，支持设立商业银行、非银行金融机构和热带农产品期货或金融产品平台等，发展有特色、电子化的金融市场板块。配合医疗保健行业，在保险行业上给予更宽松的准入和"跨岛/跨境交付"政策。构建适应自由贸易港建设的金融基础设施和超越自由贸易账户的账户体系。探索建立具有中国特色的自由贸易港金融制度，探索制定极简的金融业负面清单。对标国际最高标准的贸易投资规则，在建立健全"放得开、管得住"的风险监控体系基础上，大幅促进投资自由、贸易自由、金融自由和人员流动自由。重点防范金融违法违规行为和跨境资金流动风险，防范洗钱、恐怖融资和逃避税行为。同时，也要防范特定时期离岸市场人民币对冲基金潜在的冲击风险。

四是旅游文化产业方面。针对海南与东南亚旅游市场的竞争关系，突显海南发展旅游业的比较优势，进一步丰富旅游消费业态，提升旅游文化产品供给的多样性和国际化程度，与南海周边国家加强旅游资源的对接与共享。重点防范人员非法入境或滞留，防止利用旅游从事走私或携带非法物品出入境等风险。

服务贸易自由化便利化：海南自由贸易港建设的重要选项

张　湧
复旦大学上海自由贸易区综合研究院研究员

一、建设自由贸易试验区：十八届三中全会《中共中央关于全面深化改革若干重大问题的决定》的重要内容

党的十八届三中全会提出了涉及自由贸易试验区建设的一系列实质性改革举措。

第一，在推进现有试点基础上，选择若干具备条件的地方发展自由贸易园（港）区。目前我国已有 18 个自由贸易试验区，而且还要在海南探索建设自由贸易港。第二，实行统一的市场准入制度，在制定负面清单基础上，各类市场主体可依法平等进入清单之外的领域。第三，探索对外商投资实行准入前国民待遇加负面清单的管理模式。第四，推进工商注册制度便利化，削减资质认定项目，由先证后照改为先照后证。第五，统一内外资法律法规，保持外资政策稳定、透明、可预期。第六，推进金融、教育、文化、医疗等服务业领域有序开放，放开育幼养老、建筑设计、会计审计、商贸物流、电子商务等服务业领域外资准入限制，进一步放开一般制造业。

二、《中华人民共和国外商投资法》：自由贸易试验区改革的法律固化

建设自由贸易试验区 6 年来，最大的成就是十三届全国人大通过了

《中华人民共和国外商投资法》，从法律层面把自由贸易试验区的成果固化下来。《中华人民共和国外商投资法》提出，国家对外商投资实行准入前国民待遇加负面清单管理制度。国家对外商投资不实行征收；在特殊情况下征收的，给予公平、合理的补偿。地方政府应严格履行向外国投资者、外商投资企业依法做出的政策承诺以及依法订立的各类合同。外国投资者在中国境内的出资、利润、资本收益、知识产权使用费、依法获得的补偿或者赔偿等，可以依法以人民币或者外汇形式自由转出。国家保障外商投资企业公平参与政府采购活动。国家依法保护外国投资者和外商投资企业的知识产权，鼓励基于自愿原则和商业规则开展技术合作。外商投资过程中技术合作的条件由投资各方协商确定，行政机关及其工作人员不得利用行政手段强制转让技术。

三、中国特色自由贸易港：开放度、自由度、透明度、公平度最高

中国特色就是坚持党的领导，不搞“黄赌毒”，不涉及意识形态，不涉及走私，这是底线。中国特色自由贸易港应该是开放度、自由度、透明度、公平度最高的。

第一，双向投资和企业经营的自由化。各种所有制一视同仁，经营和竞争的自由化、证照分离特别重要。第二，金融自由化和人民币国际化需要低调缓行。人民币国际化的目标一定要实现，也一定会实现。但是，目前我们还没有这方面的实力，尤其是国内现在没有充分发育的在岸市场、离岸市场需要。第三，运输和货物贸易便利化自由化。第四，服务贸易和人员往来的自由化。服务贸易的核心是人。

四、服务贸易是中美贸易的重要基础

商务部数据显示，2014 年（目前能够找到的最新的官方数据），美国是服务贸易最大的顺差国，美国服务贸易顺差主要来自金融服务；中国则是服务贸易最大的逆差国。

表 3.2　2014 年世界主要国家服务贸易一览表

（单位：亿美元）

国家	出口	进口	顺差（逆差）
美国	6860	4540	2320
英国	3290	1890	1400
印度	1540	1240	300
法国	2630	2440	190
爱尔兰	1330	1420	−90
荷兰	1560	1650	−90
日本	1580	1900	−320
德国	2670	3270	−600
中国	2222	3820	−1598

李克强总理在 2018 年夏季达沃斯论坛上表示，即便服务贸易会继续出现更大的逆差，中国也要坚定不移地开放服务业。服务业是我国的“短板”，一个国家的服务贸易的发展，首先要求服务业高度发达。我国金融、电信、教育等服务业领域仍存在着相当程度的行政垄断，要靠外部的力量来倒逼相关改革。

没有发达的服务经济，发展服务贸易就是纸上谈兵。美国服务贸易规模和顺差之所以雄踞全球第一，原因有以下五点。第一，美国具有高度发达的服务经济。纽约之所以是全球之都，并非因为其是总部经济集聚区，而是因为纽约是现代服务业集聚区。第二，美国拥有大量重要的服务型跨国公司，如德勤、标普、彭博、星巴克等。第三，美国拥有良好的服务行业准入环境。第四，美国拥有大量的人才储备。第五，美国严格保护知识产权。

从我国现实看，我国缺乏高端有效的服务业供给。从 2017 年中国服务贸易分类统计数据看，中国服务贸易最大逆差是跨境消费，旅游、运输也是逆差。我们要对这些数据进行认真分析，以此确定海南服务贸易的具体指向。

表 3.3 2017 年中国服务贸易分类统计一览表

（单位：亿美元）

	进出口	出口	进口	顺（逆）差
总额	6957	2281	4676	−2395
运输	1300	371	929	−558
旅行	2936	388	2548	−2160
建筑	325	239	86	153
保险服务	145	40	104	−64
金融服务	53	37	16	21
电信、计算机和信息服务	469	278	192	86
知识产权使用费	333	48	286	−238
个人、文化和娱乐服务	35	8	28	−20
维护和维修服务	82	59	23	36
加工服务	182	181	2	179
其他商业服务	1044	615	429	186
政府服务	52	17	35	−18

数据来源：国家统计局．中国统计年鉴 2018［M］．北京：中国统计出版社，2018．

五、海南发展服务贸易要与现代工业、高端制造业互动共生

IT 和互联网的发展打破了第一、二、三产业的界限，使服务业制造化、制造业服务化。基于网络服务下的工业 4.0，众包生产、C2B（个人对企业）将极大发挥制造业的创新潜力。服务使全球价值链生产成为可能，没有跨境服务，就无法有效协调跨境生产。运输、物流、分销为货物贸易的发展提供了必要基础设施。

大力发展服务贸易已经成为海南上下的一个重要共识。吸引境外自然人跨境流动和执业是海南提升国际化水平、增加高质量服务业供给等的重

要改革内容；以跨境交付的方式向境外出口服务业，比如远程教育培训、跨境呼叫中心等，可以突破海南本地经济容量小带来的需求局限；以超一流的生态环境、旅游资源、医疗开放等条件，吸引俄罗斯等地区的境外游客以及病患人员来海南跨境消费或就医，可以为我国增加服务贸易收入；以离岛免税政策吸引国内游客来海南购物，可以减少我国居民出境消费产生的服务贸易逆差。

同时，也要看到海南如果没有高端制造业，没有现代工业，谈服务经济时仅仅做大健康产业是不够的。我认为，海南要重点研究“两山理论”，绿水青山怎么转化为金山银山，有了金山银山才能有更好的绿水青山。海南发展高新技术产业不是仅仅做研发，还要把上海很多研发的成果拿到海南，在不污染环境的前提下，使研发成果产业化。例如，推进大健康服务业与生物医药、医疗器械等高端研发制造业互动共生。

海南建设国际旅游消费中心的总体思路探讨

魏小安
中国旅游协会休闲度假分会会长

2018 年 10 月 11 日，国务院办公厅正式印发《完善促进消费体制机制实施方案（2018—2020 年)》，旅游作为六项重点任务中的首要任务被提出。2018 年 10 月 16 日，国务院发布《中国（海南）自由贸易试验区总体方案》。以开放为先，以创新为核心，全域突破，全业推进，海南迎来了最大的一次发展契机。其中，建设国际旅游消费中心成为重点之一，引发各个方面关注。对此，有两种解读：一是国际旅游消费中心，倾斜于国际市场；二是国际旅游消费中心，倾斜于国际化和制度创新。我倾向于后者，但我认为，也要积极推进前者。

目前，中国的经济格局发生了根本变化，投资、进出口和消费“三驾马车”并驾齐驱的时代已经过去，消费在发展中的作用越来越突出，消费领域中旅游消费又成为亮点。因此，海南国际旅游消费中心的建设具有全局性的示范意义和引领作用。

建设国际旅游消费中心，需要认识规律的普遍性和海南的特殊性，立足海南现状，放眼国际化机制。笔者认为，国际旅游消费中心建设的总体思路应当是改革权力落实，政策推进落地，国际机制深化，人才战略当先，存量挖掘赋能，增量结构优化，空间全面扩大，时间持续延长，新兴业态引领，全面拉动海南这 10 个方面。

第一，改革权力落实。改革必然是对现有格局的突破，中央下了大决心，海南要花大气力，但是难免存在中梗阻，尤其是法规性和程序性的事情不能违背。因此，抓住此次改革契机，寻求突破，其中的关键是海南自身要积极立法，尽快立法。法律法规体系可以不完善，但是不能有空白。

第二，政策推进落地。多年以来，海南的政策可谓不少，但是落地的不多，其原因在于宏观态度积极，但操作必须经过部门审批，使政策成为空话。自由意味着人员自由进出、资金自由流转、商品自由流通、信息自由流动，这涉及大量的具体政策。如果每一项政策都要上北京，跑部门，何时能够见到成效？现在一揽子政策意向已经出台，应当形成一个机制，由海南自己决策，报备各个部门。

第三，国际机制深化，形成体系。一是国际化视野，从地方到世界，在横向比较中看到差距。二是国际化理念，从传统到文明，尤其是强化高端生态文明。三是国际化思维，从自身到超越，具备前瞻性。四是国际化资本，从个别到全面，研究国际资本与国内资本的融合。五是国际化机制，从引进到创造，其中包含一系列国际化政策。机制是根本，政策是技术，要把握变化的主动权。六是国际化运作，从接轨到发展。七是国际化规则，从接受到介入。目前是发达国家制定规则，发展中国家接受规则，随着发展，中国也需要介入规则制定。八是国际化市场，从周边到世界。九是国际化分工，从垂直到水平。旅游运营中技术性因素不是主导因素，因此旅游可以直接进入国际水平分工系列。十是国际化组织，从创建到扩充。目前已有基础，可以在休闲、高尔夫、温泉、邮轮等方面介入和开拓相应组织。十一是国际化心态，从紧张到从容。需要从容建设，有落后的一面是正常的；从容运营，有投诉也是正常的，但需要通过国际化逐步缓解。十二是国际化人才，从单一到复合。旅游发展综合性强，复合型人才是目前最缺乏的人才。十三是国际化产品，从模仿到拓展，发挥优势，拓展新产品。十四是国际化设施，从豪华到文化。商务要求豪华，度假要求文化，主题性建筑应多多发展。十五是国际化管理，从孤立到全息。目前管理公司的状况还是孤岛式的，需要借助推广，形成全息化管理。十六是国际化服务，从环节到无缝，即创造无缝化服务模式，培育高端服务品牌。十七是国际化语言，从单向到中性。即从单方面的官方语言转向中性语言。十八是国际化方法，从单一到多元。在战略制定、政策研究、规划设计、建设运营等各个方面采用多元化方法，以谋求新突破。十九是国际化规划，包括设计、策划、咨询、营销、活动组织等，形成完善的服务系列，使休闲均质化，发展智能化。二十是国际化标准，文本形式与非文本形式。政府组织建设环境，企业组织创新产品，非政府组织提升品质。

第四，人才战略当先。这是海南发展最大的短板，要积极补足。另外，海南候鸟型人口比重过大，占据了资源，消费相应不足，也影响人才引进。需要研究“腾笼换鸟”，减少候鸟型人口，腾出资源，腾出中高端人口进入的余地。

第五，存量挖掘赋能。多年的房地产开发，产生了大规模的存量，海南自身的存量资源也多。对此，一要摸清家底；二要挖掘，用共享方式加以利用；三要赋能，产生经营功能。不必担心市场秩序，关键是建立规则，加以监管。

第六，增量结构优化。海南虽然不需要大建设，但是需要大发展。增量建设的关键是优化结构，补短板。一是海洋旅游发展需要突破；二是娱乐项目需要增加；三是旅游公共服务需要深化。

第七，空间全面扩大。海南作为中国海洋面积最大的省份，不能只把眼光局限在岛上，南海旅游的新格局应当是邮轮、飞机和岛屿的结合。

第八，时间持续延长。海南旅游业被各地羡慕的原因，其中一条就是没有淡季，这其实是个误区。如何形成 365 天的消费，形成四季产品，形成 24 小时产品，持续利用延长消费时间，是个大问题。

第九，新兴业态引领。建设自由贸易试验区和自由贸易港，一要发展低运量、高附加值的物流产业；二要发展保税、保值的港口经济区；三要发展生态产业，这是海南的最大优势；四要发展康养产业；五要发展创意产业，形成跨国公司的研发基地；六要发展文化产业，形成独特的文化优势；七要发展度假产业，这是海南的根基，可以超越全世界的度假概念，形成自然度假、文化度假、娱乐度假产业；八要发展海洋产业，海洋生态、海洋生产、海洋生物、海洋娱乐、海洋旅游要成为体系；九要发展金融产业，依托“双自由”，形成金融大本营，研究设立海南旅游交易所，主要从事旅游要素的交易，开创新局面；十要发展信息产业，信息自由化会引发一系列的集群，知识产权保护也会引发一系列的相关单位转移；十一要发展会展产业，如汽车会展、物流会展等。

第十，全面拉动海南。海南的旅游消费市场，涉及内生需求和外生需求，现在内生需求严重不足，所以需要研究人才的消费需求。海南国际旅游消费中心的形成，必然会全面拉动海南的发展。一是产品拉动；二是产业拉动；三是地区拉动，根本是市场拉动。外生需求首先在粤港澳大湾区，粤港澳大湾区有 7000 万人口，虽然是经济发达地区，但是缺少度假产品；其次在长三角，满足康养追求；最后在环渤海区域，这个区域有需求，但是海南想要进入比较困难。笔者认为，目前海南缺乏足够的竞争力。

以服务贸易创新发展为主导，研究设计海南负面清单的框架建议

中国（海南）改革发展研究院课题组

总的建议是：以建设中国特色自由贸易港为目标，以服务贸易创新发展为主导，研究形成既符合国际自由贸易港通行做法，又具有海南特色的负面清单总体框架。

一、总体考虑

海南负面清单框架设计，要抓住服务贸易创新发展的大趋势。这符合经济全球化的大趋势，符合我国开放转型的大趋势，符合海南自身特点和突出优势，是把海南打造成为新时代全面深化改革开放的新标杆、形成更高层次改革开放新格局的重要举措。

（一）以服务贸易创新发展为主导

第一，服务贸易创新发展是中央对海南提出的明确要求。习近平总书记在海南“4·13”讲话中明确提出“深化现代农业、高新技术产业、现代服务业对外开放，推动服务贸易加快发展”。海南服务业基础薄弱，需要以服务贸易创新发展为主导，推进海南服务业领域内的产业体系、市场体系、服务体系与全球其他国家，尤其是发达国家的对接与融合。

第二，服务贸易创新发展符合经济全球化大趋势。服务贸易快速增长已成为新一轮经济全球化的突出特征。2010—2017 年，全球服务贸易年均增速是全球货物贸易的 2 倍。随着服务贸易在全球贸易进程中的地位和作

用不断提升，服务贸易已成为影响全球自由贸易进程的重点，也成为全球双边、多边自由贸易的焦点。

第三，服务贸易创新发展符合我国开放转型的大趋势。目前，我国制造业领域已基本开放。但服务业领域仍面临着不同程度的市场垄断与准入限制。无论是消费结构升级还是产业结构升级，都蕴藏着对服务贸易的巨大需求。这就需要我国加快推进以货物贸易为主向以服务贸易为重点的开放转型。

第四，海南有条件在服务贸易创新发展上走在全国前列。海南岛作为一个独立地理单元，且经济总量小，加快服务贸易创新发展，全面放开服务业市场，风险可控、影响较小，海南有基础、有条件、有潜力在以服务贸易为重点的开放转型方面走在全国前列。同时，为建设海南自由贸易港奠定重要基础。

（二）以负面清单推动形成海南服务业市场开放新局面

第一，以负面清单打破服务业领域的行政垄断与市场垄断。负面清单的本质特征是法无禁止皆可为，同时推动从事前审批向事中事后监管的转变。加快形成以服务贸易为主导的负面清单，有利于使社会资本成为服务业发展的主导力量，有利于充分发挥市场在服务业领域资源配置中的决定性作用。

第二，以负面清单扩大海南服务业对外开放。扩大服务业对外开放是党的十九大报告提出的重大任务，也是海南推动服务贸易创新发展的重要途径。在海南构建对标国际的负面清单，执行统一的市场准入制度，将降低外商投资企业的准入门槛，有力推动海南服务业对外开放进程。

第三，以负面清单优化服务业企业发展环境。习近平主席在博鳌亚洲论坛 2018 年年会开幕式上的主旨演讲中提出，过去，中国吸引外资主要靠优惠政策，现在要更多靠改善投资环境。在服务业与服务贸易领域实行负面清单管理模式，大幅收缩政府审批范围与权限，提高投资准入条款的规范化和透明化水平，有助于海南加快打造一个便利化、法治化、国际化的营商环境。

(三) 借鉴先进经验、突出海南特色

第一，学习借鉴国内 11 个自由贸易试验区的经验。在外商投资管理、商事制度改革、国际贸易“单一窗口”、事中事后监管、自由贸易 FT 账户等方面尽快复制推广。

第二，学习借鉴国际自由贸易港的先进经验。不同经济体的负面清单内容不同，但其共同点是“极简、透明、非歧视、可预见”。

第三，突出海南特色。目前 11 个自由贸易试验区在金融、电信等服务业开放方面还面临比较大的挑战，海南在这方面可以加大突破力度，形成海南优势。

(四) 分阶段、分步骤调整与完善海南负面清单

第一，到 2020 年，以服务贸易为主导的负面清单框架基本建立，国际开放度显著提高，达到国内最高开放水平。

第二，到 2025 年，海南负面清单达到香港、新加坡的水平，营商环境达到国际先进水平。

第三，到 2035 年，以服务贸易为主导的负面清单管理制度模式更加成熟，营商环境达到全球领先水平。

二、基本框架

以服务贸易创新发展为主导构建海南负面清单框架，基本要求是大幅放宽服务业市场准入，提高负面清单可操作性、透明度和可预期性，由此形成海南的鲜明特点和突出优势。

(一) 大幅放宽服务业市场准入

除了以下几类投资项目外，海南其他服务业领域均对内外资全面开放。

第一，有可能影响国家安全的投资。例如：

——公共安全类。比如，在邮政领域禁止外资从事平信、公文等特定的寄递业务。

——基础数据类。这类主要包括禁止投资大地测量、海洋测绘、测绘

航空摄影、行政区域界线测绘，以及水文地质、环境地质、地质灾害、遥感地质等调查。

——生物安全类。例如：原产于我国的野生动植物资源开发；我国重点保护野生动植物和微生物资源采集与收购；等等。

——意识形态类。例如，通讯社、报刊社、出版社以及新闻机构等机构的设立等。

第二，公共利益和公共事业领域的投资。对提供公共健康、公共福利的企业，可以考虑限制外资总体持股比例、单一股份份额、保留优先股权利、明确高管和董事会任职资格等。比如：禁止在海南投资和经营拍卖文物的拍卖企业、文物购销企业；金融领域的投资在一定期限内有股比限制；电影院线投资在一定期限内有股比限制。

第三，有可能影响海南生态环境的投资。生态环境是海南的独特优势，保护生态环境需要改变投资结构，这对所有的资本都一视同仁。比如：禁止在海南投资燃油家用小汽车生产、组装、销售；禁止投资露天矿石开采。

第四，社会组织等投资。当前我国负面清单没有将公共管理、社会保障和社会组织及国际组织纳入其中。建议借鉴韩国等发达国家经验，将宗教团体、政治团体等列入海南负面清单框架，并明确限制措施。

（二）逐步完善负面清单管理体系

第一，拓宽负面清单管理方式，降低负面清单的行业限制强度。当前的负面清单中对列出的行业大都采用准入性限制，包括禁止进入、有条件进入和股权比例限制等。国际上仅对少数行业采用了准入性限制，更多采取了其他方式。海南负面清单管理需要借鉴这一做法，采取多种形式的负面清单管理。除了绝对禁止和比例限制外，还包括：

——岗位限制。在某些特殊的岗位，对任职人员提出特定的要求。比如，对金融等领域的董事会、高管等组成人员，明确其相应的任职条件。

——差别待遇。比如，在财政支持的教育、医疗等公共服务行业，可以不给予本国投资者以外的投资者以国民待遇。

第二，明确准入后国民待遇。只有准入前和准入后的要求都十分明确，才能提高企业对政策的预期。逐步降低准入后的要求，保障外资准入后的国民待遇，努力营造统一开放、竞争有序的市场环境，由此形成海南独特优势。

第三，为新业态或关键领域预留空间，保留负面清单权力。除了考虑现有的投资领域外，还需要考虑到未来可能出现的新业态。海南负面清单需要为一些关键的领域或未来可能出现的新兴行业与业态预留空间，保留制定负面清单的权力。特别是对于服务业的新业务、新业态，要用谨慎的方法制定特别管理措施。

（三）强化负面清单的可操作性

第一，同步推出相关附件，提高负面清单的可操作性。从国际经验看，负面清单附件分别列出现有的不符措施、未来的不符措施以及金融部门的具体措施。借鉴国际经验，海南负面清单需要同步推出相关附件，提高负面清单的可操作性。比如：附件 1 列出当前的负面清单；附件 2 列出未来可能出现的负面清单；附件 3 专门列出金融领域负面清单。

第二，规范表述，避免歧义。

——完整表述负面清单管理要素。海南负面清单需要明确包括部门、相关义务、政府级别、措施和描述 5 项基本要素，使得负面清单可执行。

——对负面清单的特别管理措施要有充分的描述，需要细化到具体业务。海南负面清单可以采用我国的产业分类方法，未必需要与国际通行的分类方法完全一致，但是分类要以准确、可操作为标准，可以细化到具体业务，并明确与国际通行分类间的转换关系。

——列明具体管理措施的基本要素。具体要包括部门或事项、国内或国际产业分类编码、保留类型、政府级别、法律依据、措施的简要描述及逐步自由化的承诺。

第三，特别管理措施的描述要清晰、可操作。对具体管理措施要进一步细化，使投资者一目了然，在实践中可落地、可操作。

（四）强化负面清单的透明度与可预期性

第一，提高负面清单的透明度。海南负面清单的措施与描述应当分别列明，措施是依据相关法律法规，描述是对措施的详细说明。对于无法明确限制条件的管理措施，可以取消的予以取消，尽可能减少模糊空间。

第二，明确只减不增的机制。建立“棘轮机制”，明确负面清单只减不增，以稳定投资者预期。

第三，加强企业与社会参与。负面清单制订过程中应当允许各种不同利益主体参与，并提供充分发表意见的时间和途径。

三、保障条件

为保证以服务贸易创新发展为主导的负面清单顺利实施，需要在加强顶层设计的条件下，推动相关法律法规的系统性调整，更需要加强与负面清单相适应的事中事后监管。

（一）加快负面清单立法进程

第一，将负面清单相关立法工作提上日程。例如，由全国人大或由全国人大授权常委会尽快制定形成负面清单相关的原则性条款，并明确其与现行其他法律相冲突时的使用情况。在此框架下，授权海南立法机关，制定符合自身功能定位和发展需要的地方法规、规章，为海南自由贸易试验区和自由贸易港实施更大力度的开放、推进更大程度的改革扫除制度障碍。

第二，短期内加强相关法律法规的顶层协调。以服务贸易创新发展为主导的负面清单，不可避免地会涉及全国人大及其常委会制定的相关法律的调整，也涉及国务院及各部委相关条例的调整。为此，需要统筹解决海南扩大开放涉及的相关法律法规问题。例如，短期内，在医疗健康、免税购物、邮轮旅游等服务业领域，采取暂停相关法律事实等方式，为海南尽快实现重点服务业突破提供法律支持。

（二）尽快建立适应负面清单管理的事中事后监管体制

海南实行负面清单，既要“放得开”，也要“管得住”。目前，我国货物贸易管理体制比较健全，但服务贸易的监管体制相对滞后。为此建议：要以创新严格而有效的金融监管为重点，在海南周密做好包括金融监管、资金监管、物资监管、安全监管等重要事项的准备工作。

第四章 海关制度创新

中央12号文件中要求："优化海关监管方式，强化进出境安全准入管理，完善对国家禁止和限制入境货物、物品的监管，高效精准打击走私活动。"海南自由贸易港海关制度创新，需要按照中央12号文件要求，服务于打造全球最高水平开放形态，借鉴香港、新加坡、迪拜等成功自由贸易港的先进经验与监管模式，率先在海南设立国家海关特殊监管区，实行"分线管理、分类监控"，并逐步过渡到单独关税区管理，由此在有效"防止走私"的前提下，有效防范全面开放带来的外部输入性风险。

海南对外开放的战略选择

龙永图
原国家外经贸部副部长

海南建省办经济特区以来，在历届海南省委、省政府的领导下，对发展海南、制定海南发展战略和对外开放战略进行了很多探索，也取得了很多成果。笔者对海南是很有感情的，有幸多次参与了海南探索对外开放的过程，其中有两次印象非常深刻。

第一次，在建省办经济特区之初，海南探讨对外开放战略的上、中、下三策。1991 年，笔者参加了海南对外开放战略研讨会。当时，在这个研讨会上有专家讲到海南发展战略的三个选择，也就是上、中、下三策。上策是在一个国家主权的框架下建立一个完全独立的经济贸易体制。中策是建立海南与周边内地地区的紧密联系。主要考虑是，从全球岛屿经济发展经验来看，海南不依靠外部因素实现发展起来的目标很困难，但如果能够和内地特别是广东建立紧密的经贸联系，就有可能依靠更大的市场需求与更多样化的资源取得快速发展。下策是海南既没有建立相对独立的经济贸易体制，又与邻近内地地区分属两个不同的行政区。在这种体制下，海南有可能成为经济发展的“孤岛”。

第二次，提出建立海南单独关税区的设想。1992 年 5 月，中国（海南）改革发展研究院在人民大会堂召开了《建立海南特别关税区可行性研究报告》咨询会。1992 年年初，根据联合国 2758 号决议（即联合国只承认一个中国，就是中华人民共和国）及关贸总协定（GATT，即后来的

WTO）的规定，中央同意台湾地区作为一个单独关税区加入世界贸易体系，这是一个前所未有的决定。在这个背景下，我们设想能不能同时把海南作为中国的单独关税区也申请加入 GATT，这样不仅对海南自身经济发展有利，更能产生积极的政治影响。海南申请成为一个单独关税区，只需要两个条件：一是让海南省政府主要领导到日内瓦承诺承认一个中国，承认海南是中国的一个省份；二是在中央政府加入 WTO 后，海南省加入关贸总协定。在当时的情况下，海南申请成为一个单独关税区是具有一定可行性的。但由于我国当时的入世谈判压力很大，中央没有精力考虑这些问题，而且海南省也没有做好充分的准备，海南作为单独关税区加入世界贸易体系的设想也就没能实现。这段历史说明，当时是有可能在海南建立相对独立的经济贸易政策体制的。过了这么多年，我们对这些事也慢慢淡忘了。直到 2018 年 4 月 13 日，习近平总书记在海南建省办经济特区 30 周年大会上宣布在海南探索建设中国特色自由贸易港的重大决策，才使笔者感到，我们要重新考虑这一战略选择的可能性。

在此，笔者提出新时期海南发展战略和对外开放战略的三种设想，供大家参考。

一、第一种设想：参照 WTO 单独关税区的安排，把海南建成中国特色自由贸易港

笔者理解，随着关税在全球经贸合作中的作用日益降低，单独关税区的内涵也发生了一定变化。从现在的情况看，单独关税区更应该是单独经济贸易制度区。例如，20 多年前，包括中国开始 WTO 谈判的时候，关税在全球经济中起着很重要的作用，所以当时关税和贸易总协定是最重要的多边国际贸易协定，那时全球的平均关税水平是 22%。但目前，全球平均关税水平已经降到 6%，发达国家是 3%，我国也已降至 7.5%，关税在全球贸易中的作用已经大大下降。因此，现在谈单独关税区，只讲关税已经没有多大意义了。如果要参照世界贸易组织关于单独关税区的标准，就要建一个单独经济贸易制度区，它应该有以下几个特点。

第一，有相对独立的金融财政体系。具有相对独立的金融财政体系的核心是必须有可自由兑换和流动的货币。解决自由兑换货币问题可以采取两种方式：一是发行完全可自由兑换的海南币，如果做起来有困难，就可在岛内实行人民币自由兑换；二是在海南使用港币，货币具有主权性质，香港是中国主权管辖下的一个部分，在海南使用港币没有大的政治问题。同时，建立相对独立的金融财政管理机构。

第二，全面开放资本市场，实现资金自由流动。在我国入世谈判时有两条底线：一是人民币汇率决定权必须掌握在自己手里；二是资本市场不能全面放开，要逐步放开。从目前情况看，我国资本市场开放取得了重大进展，各领域对外开放的广度与深度不断拓展。在此背景下，笔者认为可以在海南全面放开资本市场，实行资本项下人民币可自由兑换。这样海南会实现资本的自由流动，带来大量的投资。海南也可以在这样的框架下建立自己的股票市场、证券市场。更重要的是，如果能够在海南这块试验田里，在具有中国特色的自由贸易港里成功试验人民币自由兑换，那么我们就可以逐步放开资本市场，逐步把人民币变成可兑换的国际货币。我认为这是海南服务国家发展战略最重要的贡献。

第三，建立相对独立的关税体制。目前，在讲到自由贸易港的时候，专家、学者、政府官员一般都强调“零关税”。在我看来，并不一定是这样。例如，可以在中央的授权下，海南作为单独关税区和其他国家进行双边或多边贸易协议的谈判，确定关税水平。当然，这一关税水平肯定要比我国现行的平均关税水平低，可以制定符合海南作为最大自由贸易港这一目标的关税结构。

第四，建立相对独立的财税体制。我认为海南要建成具有中国特色的自由贸易港，一定要在财政、金融、税收等方面取得突破，这些领域的实质性突破对加快推进海南自由贸易港建设具有决定性意义。

二、第二种设想：把海南自由贸易港建设纳入粤港澳大湾区发展规划中，建设粤港澳琼大湾区

第一，把粤港澳大湾区作为海南自由贸易港建设的经济腹地。党的十八大以来，中央充分利用区域协调发展机制，从长江经济带、京津冀一体化到粤港澳大湾区，已成为中国经济发展的重要动力源。从国际经验看，岛屿经济必须依靠具有强大经济实力的腹地。例如，联合国的资金和优惠政策一般都是给三种国家和地区：一是最不发达的国家；二是内陆国家；三是岛屿国家。从实际情况看，不管是经济总量、面积，还是人口，海南自身资源都不足以支撑建设一个经济上具有国际竞争力的自由贸易港，只有外来资金和特殊体制才能使这个岛屿发展起来。当前，无论从经济总量，还是人口规模及市场规模来看，广东都处于全国前列，且港澳拥有对外开放、国际经贸合作网络及金融等产业发展的突出优势。在无法取得单独关税区重要突破的前提下，海南自由贸易港建设不能孤立地考虑海南本身，而是要纳入粤港澳大湾区发展规划中，实现岛内外资金、技术、人才和其他生产要素的自由流动，使岛屿经济变成真正的具有活力的经济。

第二，关键是打破区域间行政壁垒。为了使海南真正融入粤港澳大湾区，加快实现区域内资本、技术、人才的自由便捷高效流动，必须在打破区域间行政壁垒方面实现重要突破，并实现行政体制的重大突破。只有这样，才能尽快实现中央赋予海南的“全面深化改革开放试验区、国家生态文明试验区、国际旅游消费中心、国家重大战略服务保障区”等战略定位与使命，也只有这样才能从根本上解决海南的发展问题，并以自由贸易港建设推动粤港澳大湾区的发展。

第三，建议将海南纳入粤港澳大湾区规划。可以考虑向中央申请，修改粤港澳大湾区的相关规划，把海南纳入，变成粤港澳琼大湾区规划。笔者认为这对海南的发展至关重要。

三、第三种设想：加强与粤港澳大湾区的联动

促进海南更好融入粤港澳大湾区，在区域间行政壁垒未能完全打破的背景下，率先在资金、产业、人才等各方面使海南积极向粤港澳大湾区靠拢，实现和大湾区的全面对接。这一举措虽然对海南自身发展有积极的促进作用，但对加快推进自由贸易港建设的驱动效应有限。

习近平总书记在庆祝海南建省办经济特区 30 周年大会上的讲话中提出，没有思想大解放，就不会有改革大突破。笔者认为，中国的改革开放大势不可阻挡。海南要继续发扬敢闯敢试、敢为人先、埋头苦干的特区精神，不辜负中央和人民的期望。

自由贸易港海关监管制度的创新探索

黄胜强
上海海关学院海关与公共管理学院院长
海关总署原党组成员

从海关监管角度来看，海南探索建立的自由贸易港，是海关特殊监管区域的功能和开放水平的提升，是我国各种区域开放形态的功能整合和政策叠加的最高形态。从实际情况看，海南自由贸易港与目前我国所有种类的海关特殊监管区域相比，一方面是面积大，海南全岛面积达 3.38 万平方千米，而目前我国各地所有海关特殊监管区域的总面积还不足 1000 平方千米；另一方面，更重要的是海南自由贸易港作为海关特殊监管区域还有生活设施、居民生活、社会管理和市场运行，我国其他所有海关特殊监管区域都不存在这种情况。因此，需要解放思想，创新海关监管制度，建立一套适应建设海南自由贸易港需要的海关特殊监管制度。

一、适应海南自由贸易港建设推进海关监管理念与重点的更新

一是充分认识设立自由贸易港促进自由贸易的初衷。设立自由贸易港是新时代推动我国形成更高水平对外开放格局的重大战略举措。从海关监管的货物贸易的角度来讲，自由贸易港的要义是自由贸易，自由贸易的内核不仅是货物进出口和区内流动“自由”，还包括零关税制度。因此，考虑所有的问题都要从“自由”这个角度出发。

二是更新理念，转变主导思想，改变对政策洼地的认识。中央曾强调不要把自由贸易试验区作为政策洼地，但自由贸易港与自由贸易试验区具

有不同的开放功能，它们之间的主要区别在于：自由贸易试验区是全国意义上的，它的各项改革和开放政策的参照标准是国际上高标准的自由贸易协定，应满足可复制和可推广的要求；而自由贸易港是地区性的，它的参照标准是香港、新加坡和迪拜等自由贸易港，关键不在复制或推广。

三是海关监管制度创新的重点是管住和放开。制定在管得住的前提下放开的海关监管制度是建立自由贸易港的基本规定和国际通行规则。海关监管制度创新首先要树立服务于更高水平对外开放的目标理念，用这个目标来统一对管住和放开的认识和把握。“管住”不是管死，而是“放管服”，高效监管、物畅其流、人便于行；“放开”不是不管，而是要对进出境有其他监管要求，例如禁限管制、检验检疫等，这些在世界上所有的自由贸易区都是有海关监管的，但要最大限度地简化手续，达到便利化的要求。

二、海南自由贸易港海关监管制度创新需要区分自由贸易港与境外和岛外（内地）的关系

不能简单地把海南自由贸易港定性为“境内关外”，而是要界定好人员、货物、服务和资金的进出境、进出岛、进境出岛、进岛出境 4 个流向各自的海关监管状态，按此实行分类监管。不是一概以“一线放开，二线管住”而论，而是根据 4 种流向分别实行进出境都放开、进出岛都要管，进境出岛和进岛出境实行管住与放开相结合的监管方式。为此，海关监管重心必须实现以下主要转变：一是从进出境监管向进出岛监管转变；二是以海关监管为主向以企业自管为主转变；三是从事先监管向事中事后监管转变；四是从货物的单一进出口监管状态向货物多种监管状态转变；五是从海关一家单打独斗向中央与地方各部门协同监管转变。

三、海关监管制度创新的重点是服务海南与内地建立更紧密的经贸关系

海南自由贸易港发展需要以强大的内地作为依托。因此，建立和发展海南自由贸易港与内地的紧密经贸关系始终非常重要。如果把海南自由贸

易港与香港的特殊地位相提并论，那么建立适应海南自由贸易港的海关特殊监管制度，必须考虑香港与内地之间货物与往来的以下三条原则。第一，香港与内地的货物往来是进出口贸易，应办理通关手续并征收关税及其他进口税；第二，香港与内地的人员往来是进出境流动，跨境人员携带的行李应受海关监管；第三，香港进口到内地的货物可以享受《内地与香港关于建立更紧密经贸关系的安排》规定的优惠。对此，海关要解放思想，创新监管制度，做好服务，考虑能否借鉴香港与内地的经贸安排，加快推进海南自由贸易港海关监管制度创新探索，从而服务于建立更紧密的海南与内地经贸关系这个重点任务。

四、海关特殊监管制度要为自由贸易港的建设和发展做出贡献

一方面，海关可以通过制定特殊的监管制度，帮助海南发展国际上具有特殊海关监管地位的地区通常发展的产业和加工装配业，比如可以在海关监管下对免税进境的外国产品和进岛的本国产品开展一些可以改变其原产地或者税则分类的加工装配业务，然后通过自由贸易港与内地的紧密经贸关系的减免税安排，发展跨岛贸易。海关要解放思想，创新监管制度，做好服务。另一方面，自由贸易港的“零关税”不是绝对的，而是指对绝大多数进口货物不征关税，香港要对香烟、酒、化妆品、汽油这 4 种商品征收关税，新加坡也有十几种商品需要征税，这对海南自由贸易港也是适用的。海南希望关税收入与中央分成，如获中央批准，可以通过对少数进口产品征收进境关税或者对少数出岛产品征收出岛关税来增加地方财政收入，这是许多国家对领土内实行特殊关税政策的岛屿通常采取的一项支持政策。例如，法国海关法就规定对科西嘉岛的出岛货物征收出岛关税。

五、制定有利于自由贸易港发展国际货物和服务贸易的关税征管措施

为了促进海南自由贸易港发展国际货物和服务贸易，需要利用国际和国内两个市场，特别是国内市场，这在海南自由贸易港发展初期乃至很长一个时期内都是非常重要的。参照国际惯例，有以下建议。

第一，制定适用于海南自由贸易港的特殊原产地规则。例如，对岛内原产物资和进口后在岛内获得原产地的货物出岛到内地不征收关税，借鉴内地与香港原产地规则，即对增值30%的货物视为原产货物。

第二，对享受“零关税”的物资暂时出岛到内地接受加工处理或使用仍可继续享受“零关税”。随着海南贸易的快速发展，尤其是服务贸易的快速发展，将会遇到更多、更复杂的问题。比如：有些医疗设备可能要带出岛外治病；病人到岛内治病，享受的药品是免税的，离岛后把药寄给他怎么办？这都是具体的问题，但涉及税收征管措施，需要认真研究。

第三，进口后出岛到内地的商品，海关征收关税时对在岛内经过加工处理后的增值部分不计入海关估价。比如说某件物品进入海南时价值40美元，岛内增值后达到60美元，海关可以规定按40美元征收关税。

第四，进口后出岛到内地的商品，如果其税则归类发生变化（但没有获得原产地），允许企业自主选择可以适用的税则归类。

第五，对内地出口到海南的货物参照出口货物享受出口退税政策，内地使用进口原材料和零部件加工制造的货物出口到海南的，如果在海南使用或消费，海关按加工贸易监管。

六、海关监管制度的创新探索需要封关运作

实行“零关税”政策是自由贸易港的基石，但“零关税”政策的适用范围只能限于在自由贸易港内使用和消费的物资。也就是说在岛外使用和消费的物资，尽管是自由贸易港进口的也不能适用“零关税”政策。海南自由贸易港实行封关运作，目的在于保证“零关税”政策真正落实到在岛内使用和消费这个范围内，防止享受“零关税”政策的物资流向内地造成国家税收流失，在国际上这项职能通常交由海关来履行。自由贸易港需要与内地建立紧密的经济联系，必然会带动享受“零关税”的物资流向内地。因此，管住、管好享受“零关税”的物资出岛流动是保障海南自由贸易港“零关税”政策有效实施的关键。管不好这些物资，海南发展将受到很大限制，自由贸易港的战略意义也会被削弱。

海南自由贸易港首先要解决法外治权的问题①

符正平
中山大学自由贸易区综合研究院常务副院长

在自由贸易试验区建设取得初步成效的背景下，再提设立自由贸易港，并不是简单的自由贸易试验区升级版。中国特色自由贸易港可以定义为，设在一国（地区）境内关外、货物资金人员进出自由、绝大多数商品免征关税的特定区域，是开放层次最高、营商环境最优、辐射作用最强的特殊经济功能区。自由贸易港作为我国开放新高地，要承担国家发展更大的战略任务，即构建对外开放经济新体制，服务国家战略，尤其是实现“两种资源、两个市场”的联动。

一、法外治权是国际自由贸易港的关键特征之一

岛屿经济体大都享有某种程度的自主权，或称为辖内治权，或称为法外治权。所谓辖内是指国家主权管辖之内，所谓治权是指地方自治权。岛屿经济体，无论是属于一国统一管辖的地方政府，还是拥有高度自治权的因历史遗留问题所产生的单独关税区，大都通过中央政府的授权并通过创设专门的法律来获取地方政府管辖范围内的经济社会和治理方面的权力，

①本文为国家社会科学基金专项“中国特色自由贸易港建设‘1+N’模式的制度创新及实现路径研究”（18VSJ075）成果。经合组织国家2012年GDP数据按36个国家计算。

实行与中央政府管辖的其他区域不同的政策和制度体系。比如作为自由港的迪拜，其国际金融中心实行的是英国的法律和监管制度，这是比较典型的法外治权。

海南探索建设中国特色自由贸易港，也应该在中央授权下通过制定专门的海南自由贸易港法，实行一套符合中国特色自由贸易港建设要求的政策和制度体系。在庆祝海南建省办经济特区30周年大会上，习近平总书记提出，支持海南逐步探索、稳步推进中国特色自由贸易港建设，分步骤、分阶段建立自由贸易港政策和制度体系。加快制定海南自由贸易港法，是贯彻落实习近平总书记重要讲话精神的必然要求。海南作为岛屿经济体和中国特色自由贸易港，需要在海关监管、财政税收、金融外汇管理、人员出入境管理、行政管理、城市管理与空间规划、国际船舶登记、岛屿资源开发、国际航空权开放、竞争中性等方面探索制度创新和政策创新。

法外治权是指自由贸易港可以实行不同于国家整体的法律和监管规章。这个法外治权不单单是指海关监管的领域，航空、教育、医疗，尤其是服务行业，都有治权的问题。很多的服务业开放都涉及主权和治权的问题，如果这个问题没有好好地解决，服务业开放难度会非常大。纵观世界各国，全球有越来越多的自由港就是因为随着经济全球化，人员和数据跨国流动的需求多了、高了。因此中国要坚决拥护全球化，支持全球化。海南如果有单独关税区的定位，中国应对国际贸易摩擦时，除了香港、澳门，还有海南岛，中国的经济稳定性就会更强。有了海南岛这么一个单独关税区，法律的稳定性提高，对中国整体而言风险是减少的。综合来看，探索建设中国特色自由贸易港，是适应经济全球化大背景下对资本流动性、人员流动性、技术服务流动性需求的重大举措。

二、进一步明确开放对象，形成自身经济腹地

岛屿经济体是一个独立的海岛或一群海岛，行政上是独立国家或属于一个国家的省、市或县，或是一个独立关税区。由于远离内陆，与内陆腹

地交通联系不便，加上运输物流成本高，导致岛屿经济体的封闭性和经济结构的单一性。规模小，是岛屿经济体的典型经济特征。因本地市场狭小、缺乏规模经济性，小型岛屿经济体难以发展多样化的配套齐全的产业体系。要克服这些经济发展障碍，岛屿经济体需要获取外部资源和收入，关键是要进一步明确开放对象，形成自身外部经济腹地。

从国际经验看，外部腹地有两个方向，一个是境外的腹地，一般是地理邻近地区，如新加坡主要以东南亚国家作为自己的腹地，英属马恩岛、海峡群岛之所以能发展成为著名的离岸金融中心，与其属于英国管辖以及英国拥有伦敦这样的国际金融中心密切相关；另一个就是国内的腹地。

海南作为面向太平洋和印度洋开放的自由贸易港，其开放对象或经济腹地有两个区域。一是泛南海区域。应加强与环南海地区的旅游业合作，积极利用海外华侨华人资源，大力发展友好城市、友好省份；利用海南的资源和政策优势，吸引世界各国人才来海南创业、就业；借鉴塞浦路斯等成功岛屿经济体发展经验，充分利用法外治权同世界其他国家和地区签订双重避税协定、投资协定及自由贸易的协定，尤其是探索与东盟十国签署自由贸易协定。二是国内的腹地。从地理邻近性、经济发展水平、历史渊源等方面来看，粤港澳大湾区应该是海南优先考虑的国内腹地。《粤港澳大湾区发展规划纲要》已经正式颁布，大湾区建设作为国家战略进入实施阶段。海南应从发展自己的腹地角度大力加强与粤港澳大湾区的多层次、多领域合作，尤其是在跨区域合作的体制机制上大胆探索，持续推进制度创新。

三、加快建设关键性基础设施

在广州亚运会期间，广州从化区建成了赛马场。在此基础上，随着《粤港澳大湾区发展规划纲要》公布，香港赛马会非常积极，与广州联合形成了对马匹的检验检疫等相配套的规章制度。目前，这已成为粤港澳大湾区的特色产业品牌。再比如，毛里求斯建设了世界级的鱼类烘干设施之后，改变了世界鱼类贸易的路线，成为全球鱼类贸易中心。

为此，建议海南要加快建设一批关键性、在全球有一定技术含金量的基础设施，而不仅仅是简单地开放，这样才会吸引相关的高价值链业务活动在自由贸易港聚集。

四、实行包容审慎的监管政策

岛屿经济体在经济社会领域普遍实行包容审慎的监管政策。所谓包容性监管，是指自由贸易港面临多样化的经济、社会、文化环境，需要采用平等对待和非歧视的监管原则。所谓审慎，是指监管部门对法定权力的使用要保持敬畏之心。自由贸易港建设需要吸引世界各国的企业和个人参与，面临的不仅是新的业态引入，还包括新的生活方式、沟通交流方式和新的文化引入，甚至还包括不同的社群语言。如地处印度洋的毛里求斯，对岛上生活的印度人、法国人、英国人以及中国人等多种族裔平等对待，极大地加强了其作为非洲、欧洲和亚洲经济贸易与投资联系的中间角色的作用。再如地处地中海的塞浦路斯，吸引了 5 万多名俄罗斯人居住养老，并成为俄罗斯最重要的离岸投资平台。塞浦路斯在外国人购置房产、外国人居留就业和入境欧盟国家、设立外国人子女学校等方面均实现平等对待。

包容审慎监管，还体现为监管的诚信原则。对经济主体和自然人假定他们都是诚实可信的，采取事前承诺的方式进行审批事项的审核和批准，一旦他们的事后行为违背了当初的承诺，则采取终身追责的方式进行高成本的处罚。包容审慎监管，也体现为便利性。便利性，就是把监管变成一种服务，通过提高信息透明度来大幅降低监管成本，不存在大门开、小门不开的现象。包容审慎监管，在服务业对外开放中也是非常重要的原则。因为服务业开放涉及不同国家或地区的规章制度和标准的联通、贯通和融通。联通，指不同国家或地区的标准、规则的相互认可，如职业资质的互认；贯通，指一个统一的共同标准，包括国际经贸投资规则或国际惯例等；融通，指不同制度、规则的嫁接、移植或相互学习借鉴。标准的“融通”实际上是依据最高标准做加法，不断向国际标准靠拢的过程，其实质是一种基于制度的信任机制。建设中国特色自由贸易港，海南应该在包容审慎监管方面先行先试，真正发挥国家赋予的全面深化改革和扩大开放试验田的作用。

突出海南海关监管优势，实现零关税的突破

王振华
国家税务总局货物和劳务税司原巡视员

2018年4月13日，习近平总书记重要讲话赋予了海南新的历史使命和责任，提出支持海南全岛建设自由贸易试验区，支持海南逐步探索、稳步推进中国特色自由贸易港建设，分步骤、分阶段建立自由贸易港政策和制度体系。在日益激烈的国际竞争和新一轮的开放格局中，海南建设自由贸易试验区和探索建设中国特色自由贸易港凸显了海南的区位优势。在此背景下，迫切需要发挥海南海关的监管优势，以“零关税”的重要突破加快推进海南自由贸易港建设进程。

一、加快探索中国特色自由贸易港建设进程

《中共中央 国务院关于支持海南全面深化改革开放的指导意见》明确提出，“高标准高质量建设自由贸易试验区”“探索建设中国特色自由贸易港”，这就要求海南要尽早研究自由贸易港建设的具体措施，想方设法尽早探索建设中国特色自由贸易港。

从海南的优劣势看，一是区位优势明显，并具备成为自由贸易港的基本条件。例如：新加坡位于太平洋和印度洋国际海运的枢纽，辐射远东，乃至整个亚太；迪拜地处欧亚非三大陆的交会点，是中东石油的必经之路。海南尽管有独特的地理位置，但是在探索建设中国特色自由贸易港的

过程中，要在世界一流的自由贸易港中突围还很艰难。二是有政治优势。三是基础设施与广州、福建相比较为落后，更比不上香港和新加坡。四是从综合情况看，从上海自由贸易试验区建设开始，国家先后批准了 4 批 12 个自由贸易试验区。尽管海南具有自身的独特优势，但随着试验改革的深度和内容全面升级，海南既需要全面快速地复制、推广其他自由贸易试验区的建设经验，也需要结合省情，在优势领域寻求突破，与其他自由贸易试验区竞争。同时，在海南的北面（粤港澳大湾区）是我国又一改革开放高地，粤港澳大湾区由香港和澳门两个特别行政区和广东省九个市县形成，总面积 5.6 万平方千米，2018 年人口达到 7000 多万，城市群生产总值超过 10 万亿元人民币，在国家发展大局中具有重要战略地位。反观海南省，无论是地区面积，还是人口总量、经济总量都与粤港澳大湾区相差甚远。所以，海南自由贸易港建设要尽早探索。

二、突出强调海南在海关监管方面的相对优势

第一，零关税是自由贸易港的基本特征。海南建立自由贸易港首先需要"零关税"政策。

第二，需要进一步强调海南监管的相对优势。虽然海南没办法保证百分之百管住，但是就走私而言，海南海关监管的有效性至少比香港有优势，香港夹带走私的形势一定比海南严重。例如：在免税购物方面，海南离岛免税是机场提货，可以被有效监控；而国人圣诞节到香港采购平均货物金额通常都超过 5000 元，按照目前相关规定，超过 5000 元入关必须纳税，但是海关不可能一个个开箱查验。又如，每次新款苹果手机上市，都有大量人从香港私带手机入境，但海关也不可能天天每个人都查，有一段时间放行很多人。所以，如果海南想向部委争取政策，就要将海南岛的地理位置和管理条件分析透。另外，海南建立自由贸易港，大量国人进出海南岛不可能限制得比香港严，虽然这样走私的可能性会很大，但由于海南是一个相对独立的地理单元，其海关管理难度会低于香港到内地各口岸的管理难度。

三、着眼开放，实现更高水平的自由

无论是自由贸易试验区还是自由贸易港，最突出的特征是自由，主要体现在人员、物流、资金流的自由进出上，这需要实行一系列的开放措施。2018 年以来，海南省在这些方面已经取得了一些进展。例如，实施入境旅游 59 国免签政策，获得自由贸易账户体系，对外资实行准入前国民待遇加负面清单管理制度等。

未来海南需要进一步在“要素流动自由”上做文章。第一，不仅要让境外人员出入自由，更要通过财政措施的倾斜，让本地的人才、资金等要素在法律允许的范围内有充分的施展空间。第二，进一步扩大金融开放，实现资本自由流动。金融开放是海南建设中国特色自由贸易港的必然要求，中国香港、新加坡、鹿特丹、迪拜无一不是通过金融业和金融市场的开放实现跨境资本的自由流动。海南建设中国特色自由贸易港需要在金融市场开放、跨境投融资国际结算、外汇交易、金融监管等制度安排上有重大的突破。第三，进一步推动人员流动自由。经济发展最关键、最重要的因素是人。对海南而言，人员的自由流动不限于对外开放。目前海南入境免签是 59 个国家，香港有 169 个国家，澳门则对 60 个国家和地区的国民实行免签，台湾地区是 164 个国家。海南显然还有很大的空间。

四、以降低企业税率为重点吸引大量企业前往海南开展业务

第一，海南作为自由贸易港，可以通过低税率、简税制及优惠地价等多种方式吸引中小企业落户海南。第二，率先实施服务出口免税政策。《深化服务贸易创新发展试点任务及政策保障措施》提出，鼓励新兴服务出口和重点服务进口，对服务出口实行免税，符合条件的可实行零税率。如果海南能够在某些服务出口领域实行免税或者零税率，那么将吸引大量服务业企业到海南经营。第三，建议海南加强以仓储仓库为重点的基础设施建设，充分发挥开放优势吸引外资投资，加快形成国际大型超市货物配

送中心。第四，主动融入大湾区的发展，不拘一格，主动作为，避免在未来的发展中被边缘化。第五，面对国际国内的竞争，海南应立足于自由贸易试验区、自由贸易港的战略定位，在自由、贸易、市场三个方面下功夫，以制度创新为核心打造新一轮全面改革开放的新高地，以充分激发内生动力，实现海南加快推进自由贸易港建设的重要突破。

关于海南自由贸易港海关制度的思考

刘恩专
天津市自由贸易区研究院执行院长

探索建设自由贸易港，要从助推全面开放新格局的战略高度，按照“体现中国特色、符合中国国情”的要求，充分借鉴国际经验，以“四大自由、四种便利”为参照系，逐渐形成自由贸易港的制度体系和运作模式，在内外贸、投融资、财政税务、金融创新、出入境等方面，探索更加灵活的政策体系、监管模式和管理体制，构建人流、物流、资金流自由进出的开放新高地。

一、世界范围内自由贸易港或自由贸易区的特征

(一) 特定区域的隔离性

所谓特定区域的隔离性，即自由贸易港属于“境内关外”性质的海关特殊监管区域，区内实行封闭式管理，创造一个“虚拟境外”（境内关外）商务环境。以我国为例，全国是一个大的经济体，若在特定的港口、港区或者特定的地点划出一块地方，它是以贸易自由或者豁免关税为主，实际上是作为更开放的经济体，这是特定区域的隔离性。这些区域包括海关特殊监管区、自由贸易试验区、中国特色自由贸易港等。目前的自由贸易试验区既包括海关特殊监管区，也包括非海关特殊监管区，本身不具备全面转型成为“境内关外”型自由贸易港的目标定位。而我国自由贸易试验区独特的“双二线”机制（海关特殊监管区为“传统二线”，自由

贸易试验区为“准二线”）和“深化经济改革试验区”（自由贸易试验区内非海关特殊监管区域）的存在，为制度外溢和渗透提供了更大的空间。

笔者认为，未来海南自由贸易港也存在“双二线”的问题。一方面，海南自由贸易港要形成贸易、投资、金融开放的政策，包括政府机制改革的一些试验；另一方面，未来海南的自由贸易港一定是海关特殊监管区。在此背景下，“双二线”机制首先考验的是监管能力。没有海关特殊监管区域“二线”的“管住”，就没有货物流通、资金流动的充分自由、便利；没有非海关特殊监管区域“二线”的“管好”和“有限渗透”，就难以进行贸易、投资、服务业开放和政府变革等全方位制度试验及其周期性的复制推广。“二线”的监管体系的改革、创新决定着“一线”的改革开放政策的维度、内容和力度。“二线”的“管住”主要考验贸易（自由便利）监管能力；“二线”的“管好”和“有限渗透”主要考验金融开放的事中事后监管能力。

（二）政策体系的特殊性

所谓政策体系的特殊性，就是自由贸易港实施有别于港区外的、特殊的、开放的体制、机制和政策，即应具备高标准的贸易、投资（准入）开放政策，并保障人员、货物、资金流动自由和便利。从我国来看，中央反复强调自由贸易试验区不是政策洼地，不是花盆，而是苗圃。事实上它要保持它的魅力，尤其对企业的吸引力，必然是一种特殊政策的实施区域。实际上，世界上的自由贸易港和自由贸易区都有政策体系的特殊性。以美国为例，截至 2017 年，美国有 263 个对外贸易区，它们的运作模式完全符合美国海关的 Free Zone 的运作，所谓的开放政策就是围绕一线货物的关税以及一、二线货物出入境的贸易便利化。这些特殊安排在我国的各种海关特殊监管区域内均已实施。

当前形势下探索建设中国特色自由贸易港，既需要以中国自身的制度特征为基础进行探讨，也需要扩展到投资自由便利、国民待遇加负面清单管理制度。我认为，在全国统一的负面清单基础上，在某些产业发展过程中，尤其是临港产业和服务业发展过程中，某些地区（尤其是海南）可以超前对改革开放进行制度试验。例如，海南在全国统一负面清单基础上根据自身的定位和国家战略实施极简负面清单。

（三）管理体制和机制的权威性

所谓管理机制的权威性，就是自由贸易港要具有高度集中的管理机构和优质高效的服务体系，实现自由贸易港的自主决策和自主管理，做到“自由贸易港的事，自由贸易港办”。从世界范围来看，凡是自由贸易港或者类似制造业的自由区，其管理体制在纵向、横向上都有事权非常集中的特点，形成了一套建立在授权基础之上的事权大、非常集中的高效管理机制。以美国为例，1934 年美国搞自由区，首先就在联邦层面出台了《对外贸易区法》，随后不断根据形势的需要进行修正。台湾自由贸易港和自由贸易区的法律规范是全世界最健全的，2013 年台湾建设“四海一空”的自由贸易港和自由贸易区，当时通过了许多具有可操作性的法律。而美国没有可操作层面的法律，只有联邦层面的法案，它的法律是统一执行海关的程序。海南在自由贸易港的管理机制创新方面有较大探索空间，这主要需要在法律制度保障的前提下中央充分授权。

表 4.1　台湾自由贸易港区相关法规

具体措施	法规名称	发布日期
制定专法	“自由贸易港区设置管理条例”	2003-07-23
自由港区申设规范	“自由贸易港区申请设置办法”	2003-09-19
成立自由港区协调委员会	“自由港区协调委员会设置作业要点”	2003-11-27
自由港区货物流通规范	“自由贸易港区货物通关管理办法”	2003-12-08

续表

具体措施	法规名称	发布日期
自由港区营运管理规范	“自由港区事业之营运许可及废止办法”	2004-09-10
	“自由贸易港区管理费规费及服务费收费标准”	基隆港 2004-10-01 高雄港 2005-01-19
	“自由贸易港区人员车辆与物品入出及居住管理办法”	基隆港 2004-10-01 高雄港 2005-01-19
便利境外商务人士进出	“跨国企业自由港区事业台湾地区营业达一定规模之企业邀请大陆地区人民来台从事商务相关活动许可办法”	2003-12-25
	“大陆地区人民来台从事商务相关活动许可办法”	2005-02-01

二、海南自由贸易港建设的现实问题和挑战

（一）海南自由贸易港与内地的制度联系和产业关联联系

第一，海南如何扩展和内地的经济联系。自由贸易港建设背靠广大的内地，已经深度嵌入了全球价值链，参与了国际分工。离海南最近的广东，2017 年货物进出口总额达到 6.8 万亿元，而海南对外贸易进出口总值仅为 702 亿元。在此背景下，海南如何扩展和内地的经济联系，而不是把海南通过制度安排割裂开来，形成“飞地经济”，是设计政策与制度时需要首先考虑的问题。

第二，海南和内地的制度联系。当前，海南在借鉴香港和新加坡的经验时，需要清醒地认识到我国自由贸易试验区和自由贸易港是建立在大政府的基础上的，而我国香港、新加坡作为经济自由度最高的经济体是建立在小政府的基础上的。大政府就需要更多资源，需要对社会经济各层面进行治理和管理，这是考虑政策与制度设计时需要认识到的一个现实的问题。

第三，一线放开与二线监管能力建设的问题。到目前为止，海南对贸易开放、金融开放、服务业开放等方面进行了重要探索实践，但与政策需求相比，其质量和绝对量仍有较大提升空间，因为只有庞大的基于企业的政策需求才能进行更广泛的制度政策试验。在此背景下，如何在“双二线”机制下大幅提升二线监管能力成为一个突出挑战。对于海南来说，加强和内地的经济联系，有助于创造更多的政策需求。例如，目前海南探索实施自由贸易账户，由此也带来跨境资金使用、外汇监管、各企业境内外资金池建立等需求。从实际看，短期内海南并没有这么庞大的金融开放政策需求，这是一个挑战，也是一个现实问题。

第四，海南面临财政政策约束。中央对海南自由贸易港建设设定了近期、中期、远期目标，其中重要内容之一就是要在营商环境上给全国树立一个最佳样板，这需要庞大的硬件建设条件。从现实情况看，海南营商环境的硬件建设相对滞后，存在大量的资金需求，但海南面临财政政策约束是一个现实问题。因此在财税政策安排上，海南第一步应该基于海南的财政约束和自由贸易港建设的国家使命，首先在中央与地方的财政体制上做文章、做努力，这是很重要的。

（二）海南要在关税和与关税相关的国内税（如增值税）改革上做一个超前改革的试验区

这有助于推进海关特殊监管区域的政策，同时也有助于解决海南面临的人才资源约束问题。因此个人所得税改革政策的推出不仅有利于吸引各类人才，也有助于在全国形成可以复制推广的政策经验。

三、“双二线”机制下自由贸易港政策要实现的几个突破

（一）“双二线”机制下“一线”放开要有新突破

我国自由贸易试验区独特的“双二线”机制和“监督缓冲区”的存在，为制度外溢和渗透提供了更大的空间。自由贸易港要保持吸引力，就要实现“境内关外”充分放开机制下的“一线充分放开”，可以率先与国际高标准 FTA 对接，探索实行自由贸易港的货物“极简负面清单”制度。

"一线"放开是自由贸易港的根本特征，关系到各种货物能否自由进出港区，除了列入"负面清单"的国际贸易管制类（包括禁止类、限制类）项目，对于负面清单之外的货物进出，"一线"应实施关税及进出口环节税豁免政策。同时自由贸易港应做到通关完全电子化、信息化的运用和普及，极大提高通关效率。在自由贸易港形成独特的监管体系、体现开放最前沿的体制机制，实现通关"五不"：不申报、不征税、不查验、不统计、不设账册。

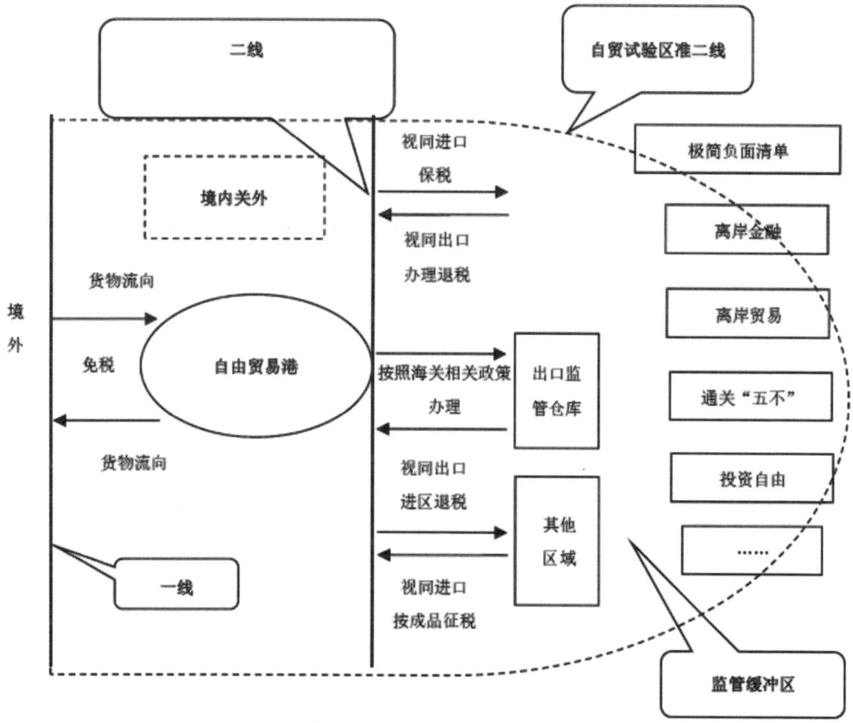

图 4.1 中国自由贸易港"双二线"机制

（二）"双二线"机制下"二线"监督机制要有新突破

探索建设中国特色自由贸易港，并保持其改革开放政策的超前性、逻辑性和相对稳定性，关键在"二线"而不是"一线"。世界典型自由区区内特殊政策均不可突破"二线"，是自由贸易区保持吸引力的关键。因此，自由贸易港（海关特殊监管区域）"一线"充分放开的措施，需要保持一段时期的稳定性（如 3—5 年），即 3—5 年内或更长时期不实行“二线的有效渗透”，在企业经营的正常周期内，不向区外复制推广，从而增加自由贸易港对企业的吸引力，使其成为真正的开放高地。此外，为了使自由贸易试验区和自由贸易港经验的复制推广保持“透明度”，应当在“二线”实行“复制推广清单制”，并规划出清晰的时间表。

（三）建成基于高水平“单一窗口”的统一信息平台

借鉴联合国的国际贸易“单一窗口”标准，实施贸易数据协同、简化和标准化。将外贸企业资质备案、贸易许可和原产地证办理、货物进出口和船舶出入境申报、出口退税申报等国际贸易主要环节纳入国际贸易“单一窗口”。同时整合归集通关、物流、金融等口岸、贸易数据信息，实现物流和监管等信息的交换共享，为进出口货物质量安全追溯信息的管理和查询提供便利，打造统一的口岸公共信息服务平台，加强数据衔接和协同监管，推进企业信用等级信息跨部门共享。同时推进“单一窗口”与“一带一路”沿线国家和地区口岸信息互换和服务共享，促进跨区域通关合作、数据互换和协同监管。

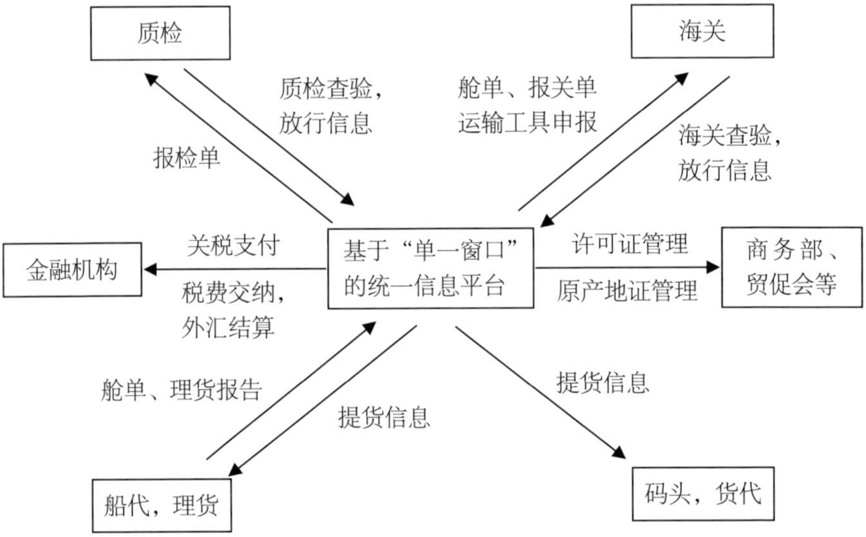

图 4.2　基于“单一窗口”的统一信息平台

(四) 自由贸易港管理体制要有新突破

一是借鉴国外成功经验，建议构建中央和地方“双层级”管理体制模式。中央层面要专设机构，如自由贸易港（含自由贸易试验区）国家管理委员会，负责宏观管理与协调。在地方层面，自由贸易港须单独成立具有行政权力的管理委员会，作为国家管理委员会的直接派出机构。

二是自由贸易港建设需要解决改革决策与立法决策如何同步协调的问题。建议国务院在其权限范围内，授权自由贸易港所在地区通过地方立法，建立与建设要求相适应的自由贸易港管理制度。在中央充分授权的前提下，实现自由贸易港的自主决策、自主管理。

三是应遵循国际上通行的“先立法、后设区”惯例，完善基本立法，加强和创新地方立法，为自由贸易港的改革创新和可持续发展提供合法性依据，也为区内活动主体的合法权益提供保障。

从国家海关特殊监管区走向单独关税区

中国（海南）改革发展研究院课题组

加快推进海南自由贸易港建设是新时期我国面对国内外环境复杂多变形势下做出的重大战略决策。海南凭借其独特的地理优势和区位优势，承担着中央赋予的这一重大历史新使命。把海南打造成为全球最高水平开放平台，前提是建立一套与之相适应的海关监管体制，在确保各类要素实现自由便利流动的同时，有效防范各类风险，由此为加快推进海南自由贸易港建设提供重要保障。

一、加快推进海南自由贸易港建设对海关监管提出新要求

海南要打造全球最高水平的开放平台，要形成以服务贸易为主导的产业特色，要高效防范各种因开放带来的风险，需要解放思想，打破常规体制弊端，大胆创新海关特殊监管体制。

（一）打造全球最高水平开放平台对海关监管制度提出新要求

海南自由贸易港海关监管体制创新要以打造全球最高水平开放平台为总体目标和基本原则。与国内的海关特殊监管区和自由贸易试验区相比，海南自由贸易港有其特殊性。自由贸易港是“境内关外”，而海关特殊监管区和自由贸易试验区都属于“境内关内”的范畴。“境内关外”中的“境内”是指国境内，“境内关外”中的“关外”是指“关境外”。自由贸易港的“关外”主要指“关税征收的例外”和“常规海关监管的例外”。简言之，“关外”实际上是指关税法的基本不适用而不是海关法的不存在。这就需要适应“一线全面放开”的要求重新考虑和设计海南自由贸

易港的海关监管体制，保障海南与境外市场高度开放、高度自由、高度便利。

（二）以服务贸易为主导的产业定位对海关监管制度提出新要求

服务贸易与货物贸易最大的不同，就是更加注重强调服务、资金、人员、信息等要素的跨境自由流动，这对海关监管体制创新提出新要求。

（三）高效防范、管控各类风险对海关监管制度提出新要求

海南虽然不以货物贸易为重点，但并不代表不能发展货物贸易，海关监管制度的设计需要防范货物贸易带来的检验检疫、走私等风险；海南发展服务贸易，海关监管制度的设计需要防范人员自由流动、信息自由流动、资金自由流动带来的各类风险；海南的发展不能与内地隔离，而是要依托国内大市场，这就需要通过海关监管制度的重新设计来有效防止海南的货物、服务进入内地市场可能产生的各类风险。

二、海南实行特殊海关监管体制的现实条件

（一）与内地天然隔离，总体风险可控

海南岛四面环海，又是在全岛范围内建设自由贸易港，这种自然封隔的地理条件决定它拥有全国其他自由贸易试验区所没有的对外开放优势。此外，海南的经济总量小，产业基础薄弱，就算出现风险，对全国的影响也不大。

（二）全岛建设自由贸易港监管的综合成本较低

海南岛独特的地理优势，决定其不需要采取传统的物理围网的方式。只要采取有效措施，海南有条件在原有的“一线放开、二线管住”的管理理念下建立符合现代监管模式的“分线管理、分类监管”海关监管体制，有助于优化海关监管的资金、人员的合理配置，降低监管成本。

（三）海南积累了海关特殊监管区的建设经验

到目前为止，海南有洋浦保税港区和海口综合保税区两个海关特殊监管区。多年来，两个海关特殊监管区的建设和管理为海南自由贸易港实行特殊的海关监管体制积累了重要经验。

三、海南自由贸易港海关特殊监管体制设计

研究设计海南自由贸易港的海关特殊监管体制，一要对标国际知名自由贸易港创新海关监管制度；二要适应国际经贸变革的大趋势创新海关监管制度。为此，建议海南按照从国家海关特殊监管区走向单独关税区的步骤创新海关特殊监管体制。

（一）设立国家海关特殊监管区

第一，在海南全岛设立国家海关特殊监管区，处理全岛与区域的关系。按涵盖的地理范围分，国际自由贸易港主要分为三种类型：港区模式、港产模式、港城模式。从中央对海南的发展要求看，海南是全岛建设自由贸易港。因此，海南自由贸易港作为海关特殊监管区域还有生活设施、居民生活、社会管理和市场运行。

适应海南全岛建设自由贸易港的特点和要求，在全岛设立国家海关特殊监管区，处理好全域与局部监管的关系，不宜搞区中区。这个海关特殊监管区，虽然不是一个完整的单独关税区的概念，但又执行国家赋予的类似于香港、澳门“单独关税区”的海关监管职能，由此保障海南自由贸易港的开放政策得以全面贯彻实施，并有效防范各类风险。

第二，以实现“双自由、双便利”为目标，处理好与境外和岛外（内地）的关系。“一线放开”不是不管，对于国家对进出境的其他监管要求，如禁限管制、检验检疫等，这些在世界上所有自由贸易区都是有海关监管的，海南自由贸易港对此同样需要加强监管，但是需要最大限度地简化监管手续，保证通关便利化；“二线高效管住”并不是管死，而是要加快推进“放管服”改革，实现高效监管、物畅其流、人便于行。

海南自由贸易港以服务贸易为主导，需要以强大的内地市场作为依托。建设适应海南自由贸易港需要的海关特殊监管制度，要把重心放在为海南自由贸易港与内地建立紧密经贸关系服务上。为此建议，海南海关特殊监管体制的设计在有效防范风险的前提下，既要面向国际市场又要服务国内 14 亿多人的内需大市场；既要保证海南与境外市场在各要素流动上的自由和便利，也要保证海南与内地市场在各要素流动上的自由和便利。

第三，探索实行“分线管理、分类监管”的新模式。以服务贸易为主导的海南自由贸易港，难以严格划定“境内关外”的物理边界，但必须有清晰的“境内关外”制度边界。为保证海南与内地市场的自由、便利流通不受影响，创新自由贸易港“一线放开，二线管住”的传统监管模式，需要在“境内关外”的基础上界定好人员、货物、服务和资金的“进出境、进出岛、进境出岛、进岛出境”4个流向各自的海关监管状态，按此实行分类监管。根据4个流向分别实行进出境都放开、进出岛都要管，进境出岛和进岛出境实行管住与放开相结合的监管方式。

第四，建立与自由贸易港通行规则接轨的货物贸易监管模式。一是对不进入海南境内消费市场的转口和过境货物实行“不申报、不征税、不统计、不检验”制度。对以联运提单付运、转运外地的过境货物，实行“不申报、不征税、不统计、不检验”制度。利用现代信息技术，全程实行无纸化、电子化通关作业，提高通关效率，免于实施国内惯常的海关监管制度，实现报关通关高度自由化、便利化、智能化。二是对绝大多数进出岛的货物实行“企业自主申明 + 规定期限备案 + 抽检”的管理模式。除法律法规明确规定禁止、限制的少数货品外，绝大多数货品可自由进入、自由装卸。依托现代化信息手段，采用舱单自动传输方式进行数据采集。三是对少数禁止、限制的货物实行进出口管制制度。四是在海南自由贸易港内“自由中转、自由存放、自由加工、自由转让”。

第五，尽快建设全岛一体化、智能化、信息化、现代化管控体系。以国际贸易“单一窗口”为基础，借助大数据、云计算、物联网等，在海南全岛设立环岛电子围网，建立自由贸易综合信息化监管服务平台，实现人流、物流、资金流、信息流的交换共享；利用现代科技手段，推进智能化监管。

（二）适时设立海南单独关税区

适应经济全球化的大趋势，服务于国家对海南自由贸易港提出的“打造两洋重要开放门户”的战略定位，积极争取中央的支持，适时在海南建立单独关税区。

第一，在海南设立单独关税区的战略意义重大。单独关税区具有几个基本性质：一是属于“非国家实体”，执行该地区政府颁布的海关法规；二是必须有主权国家即母国的授权；三是可以同其他国家和地区签订协议，最终责任仍然是由其母国来承担；四是符合国家主权原则等。目前我国的台湾、香港、澳门地区都是资本主义制度的单独关税区，在海南设立我国第一个社会主义制度的单独关税区，有利于向国际社会彰显我国社会主义制度的优越性，政治意义重大。此外，若中央能授权海南以“单独关税区”的形式，以“中国海南”的名义同世界各国、各地区及有关国际组织，尤其是泛南海周边国家和地区签订经贸协议，就能务实推动与“一带一路”国家和地区的经贸合作，战略意义重大。

第二，在国家特殊海关监管区的基础上适时设立海南单独关税区相对稳妥可行。无论从现行的中央与海南的经济行政关系还是从海南的现实基础看，短期内设立海南单独关税区条件尚不具备，难度很大。但从海南自由贸易港的长远发展目标看，在国家特殊海关监管区的基础上适时设立海南单独关税区是可行的。因为国家特殊海关监管区的本质就是适应海南自由贸易港的发展需求重新设计一套海关监管体制，确保在高度开放的同时，有效防范各类风险。

第三，建议由中央明确设立海南单独关税区。从海南建省办经济特区30多年的实践看，如果没有单独关税区的特殊安排，仍然实行全国统一的关税制度，就难以有效发挥海南的区位地理优势。对标世界最高水平开放形态，结合海南建设全域型自由贸易港的目标和相对独立经济地理单元的突出特点，建议中央明确设立海南单独关税区，使其成为我国第4个单独关税区。

（三）关键是要中央对海南充分授权。

第一，授权海南实行相对独立的海关制度和海关体系。在《中华人民共和国海关法》授权的领域内实施法定的海关监管权；充分借鉴香港、澳门等单独关税区的海关监管制度的经验，明确赋予海南自由贸易港“单独关税区”的海关特殊监管职能。

第二，赋予海南在处理对外经贸关系上的高度自主权。建议中央授权海南以“单独关税区”的形式，以“中国海南”的名义同世界各国、各地区及有关国际组织保持和发展经贸关系，签订和履行有关经贸协议，由此全面对接国际市场，发挥其在构建泛南海自由贸易区网络中的特殊作用。

第三，海南在处理内部经贸事务方面具有相对独立性。独立处理内部经贸事务，享有对域内经济法人、个人的经济行为的管辖权，包括制定内部经济政策的权力。

专栏 4.1：单独关税区
一、单独关税区的确立 根据关税及贸易总协定第 26 条第 5 款（c）项的规定：“原由某缔约国代表接受本协定的任何关税领土，如现在在处理对外贸易关系和本协定规定的其他事务方面享有或取得完全自主权，这一领土经负责的缔约国发表声明证实上述事实后，应视为本协定的一个缔约国。”① 二、单独关税区的基本内涵② 第一，单独关税区是一个海关法意义上的海关领土，可以实行独立的海关制度和海关体系，在海关法授权的领域内实施法定的海关监管权。 第二，在处理内部经贸事务方面具有独立性，对域内的经济法人、个人的经济行为具有管辖权，包括制定内部经济政策的权力。 第三，单独关税区在处理 WTO 事务中具有充分自主权，这一特征保证了单独关税区在多边贸易体制中具备一定行为能力，进而保证了在处理 WTO 事务中与主权国家成员地位的平等，比如在投票权上和主权国家没有区别。 第四，在处理对外经贸关系上具有自主权，在经贸领域具有对外交往的权力。 三、现有的单独关税区 目前在世贸组织中存在 4 个单独关税区，即欧洲共同体、中国香港、中国澳门和中国台北。单独关税区不享有主权，但是，在世贸组织内根据多边贸易协议，享有与国家同样的权利，承担同样的义务。

资料来源：中改院课题组整理

①肖平，曾丽凌. 论《海峡两岸经济合作框架协议》之法律性质与效果 [J]. 海峡法学，2011（1）：33.

②王帅，李霞. 论 WTO 体制下单独关税区的法律人格 [J]. 知识经济，2013（1）：41.

（四）创新关税管理制度

第一，实行“零关税”政策作为自由贸易港的基础。“零关税”政策的适用范围只能限于在自由贸易港内使用和消费的物资。海南自由贸易港实行封关运作，目的在于保证享受“零关税”政策的物资真正落实到在岛内使用和消费这个范围内，防止享受“零关税”政策的物资流向内地造成国家税收流失，在国际上这项职能通常交由海关来履行。

建设适应海南自由贸易港需要的海关特殊监管制度，可以通过关税征管为自由贸易港的建设和发展做出贡献。自由贸易港的“零关税”不是绝对的，而是指对绝大多数货物进口不征关税。明确海南实行零关税商品目录负面清单，对绝大多数货物进口不征关税；对原产于海南的产品进入内地免征关税；对国外进口到海南的货物和服务在海南增值达到特定标准，再转销到内地视同海南原产，免征关税。

第二，制定有利于自由贸易港发展国际货物和服务贸易的关税征管措施。为了促进海南自由贸易港发展国际货物和服务贸易，需要利用国际和国内两个市场。特别是利用国内这个市场，在海南自由贸易港发展初期及至很长一个时期内都是非常重要的。为此，必须制定有利于海南利用国内市场发展国际货物和服务贸易的关税征管措施，参照国际惯例，制定适用于海南自由贸易港的特殊原产地规则。

四、建立海南自由贸易港海关监管体制的法律保障

海关事务属于中央立法事权，立法者为全国人大及其常委会以及国务院。建立与海南自由贸易港建设相适应的海关监管体制，必然与现行的海关法律法规相抵触，这就需要建立海南自由贸易港海关监管体制的法律保障。

（一）授权海南制定《海南自由贸易港海关监管条例》

在海南自由贸易港法制定出台前，参考《香港海关条例》《澳门海关行政法例》的相关条文，授权海南制定《海南自由贸易港海关监管条例》，报全国人大和海关总署备案实施。在《海南自由贸易港海关监管条

例》中明确海南为特殊监管区，明确海南自由贸易港国家海关特殊监管区由国家海关总署派出机构，代表国家对海南实行特殊的海关管理，保障海南自由贸易港的“高度自由、高度便利、高度法治”，促进中央赋予海南的各项开放政策落地实施。

（二）赋予海南单独关税区的法律地位

建议通过修订《中华人民共和国海关法》或在海南自由贸易港法中明确提出“海南自由贸易港为单独的关税地区”，明确海南单独关税区的法律地位、性质、职能、管理体制、运作模式等，赋予海南对域内的经济法人、个人的经济行为更大管辖权，包括自主制定内部经济政策的权力。

（三）制定《海南自由贸易港关税条例》，在海南全面实行零关税制度

明确海南实行零关税商品目录负面清单，对绝大多数货物进口不征关税；对原产于海南的产品进入内地免征关税；对国外进口到海南的货物和服务在海南增值达到特定标准，再转销到内地视同海南原产，免征关税。

（四）近期，暂停实施《中华人民共和国海关法》部分条款

为加快推进海南自由贸易港建设，尽快在海关特殊监管体制上有重要突破，建议近期研究提出暂停实施《中华人民共和国海关法》部分条款的清单。如：率先对海南重点服务业发展所需原材料、设备的进口实施“零关税”；率先实现日用消费品“零关税”，并免除进口环节增值税。

第五章

财税制度创新

零关税、低税率、简税制是自由贸易港的突出特点。海南要对标国际自由贸易港，重要的是对标先进的、优惠的税收制度。加快推进海南自由贸易港建设，财税制度创新是关键。尽快建立一套有别于内地的、特殊的财税体制，由此形成具有国际竞争力的营商环境。

以中国特色自由贸易港为目标，实现海南财税体制改革的重大突破

迟福林
中国（海南）改革发展研究院院长
中国特色自由贸易港研究院院长

按照中央的要求，到 2020 年自由贸易试验区建设要取得重要进展，到 2025 年自由贸易港制度初步建立，到 2035 年自由贸易港的制度体系和运作模式更加成熟。在此背景下，研讨海南财税体制改革，就是要研讨构建中国特色自由贸易港的制度框架中最重要、最基础的一项制度。

一、海南财税改革是不是要把自由贸易港的营商环境建设作为重要目标？

中国特色自由贸易港建设，重点在于通过打造一个好的财税制度来优化营商环境。

第一，海南自由贸易港的财税体制设计要有利于吸引企业、吸引各类人才创新创业。习近平总书记在“4·13”讲话中明确指出，吸引人才、留住人才、用好人才，最好的环境是良好体制机制。这个体制机制，关键之一在于通过财税制度改革营造一流的营商环境。中央 12 号文件对海南也提出了要求：2025 年营商环境达到国内一流水平，2035 年营商环境跻身全球前列。

从海南的情况看，客观地说，与这个要求还有比较大的距离。比如，

根据海南省统计局最近推出的《海南营商环境满意度调查报告》显示，海南“营改增”后税负减轻满意度仅为36.3%，税负较重仍然是企业发展面临的主要问题，不利于人才的吸引与集聚。如果这个财税制度不改革，海南的营商环境就很难优化；如果只是在现有财税制度下对税率做某些优惠性的调整，就很难实现中央赋予海南全面深化改革开放试验区的战略意图。

第二，海南自由贸易港财税制度改革，不是对标国内自由贸易试验区，而是要对标香港和新加坡等国际自由贸易港。比如，目前前海自由贸易试验区的企业所得税税率为15%，全国最低。又比如香港于2018年4月1日开始实行两级税率，将利润200万元港币以下的法人企业利得税税率由16.5%降低到8.25%，独资或者合伙的非法人企业利得税税率由15%降低到7.5%[①]，这个幅度远大于国内其他地区。从建设海南自由贸易港的战略目标出发，海南在财税体制的改革上要立足内地、眼睛向外，以香港、新加坡等自由贸易港税制作为重要参考，尽快形成有国际竞争力的财税制度安排。

第三，海南实行自由贸易港的财税制度安排，不会形成“虹吸效应”。首先，海南发展的不是所谓的注册地经济，而是要以服务贸易为重点，以旅游业、现代服务业、高新技术产业为主导，实现跨越式发展。其次，海南的财税改革，不是为了单纯地增加企业数量，而是为了吸引企业在海南实实在在地开展业务，为企业提供对标国际的营商环境。最后，海南本身税源不大，减免幅度有限；实行境内关外的制度后，内地货物进入海南视同出口，不会带来类似注册地登记的税收流失，也就是所谓的“虹吸效应”。

海南实行自由贸易港的财税制度安排，是海南建设中国特色自由贸易港中的一个重大任务，是率先完善社会主义市场经济体制的一项重大探索。

---

①香港利得税两级制4月1日起实施［N/OL］. 新华网，2018-03-30。

二、海南自由贸易港财税体制是不是要突出简税制、低税率、零关税?

当前，包括企业在内的各方对海南自由贸易港建设的制度安排高度关注。因此，从稳定并明显增强各方预期出发，海南需要在财税制度上做出安排。

第一，推进税制转型，加快形成以直接税为主体的简税制。税制越复杂，企业的制度性成本就越高。国际自由贸易港的税制一般都比较简单。比如，香港只需缴纳三种直接税：利得税（企业所得税）、薪俸税（个人所得税）和物业税；新加坡主要税种有公司所得税、个人所得税、消费税、房产税、印花税等。我国现有的税制相对复杂，而且间接税占大头。比如，2016 年我国增值税、消费税以及进口环节的增值税和消费税、关税占全部税收收入超过五成。

建设海南自由贸易港，需要对标国际自由贸易港，率先推进税制改革，推动税收结构转型。比如，借鉴国际自由港的某些经验，取消进口商品在流通环节的消费税和增值税。适时开征财产税，培育地方新税源；形成以企业所得税、个人所得税、财产税、环境保护税为主体的税制。

第二，加快实行法定低税率。这个法定低税率，不是现有国内自由贸易试验区以及某些地方实行的税收优惠，而是法律层面确定的海南自由贸易港的制度安排。新加坡的公司所得税税率为 17%，且所有企业可享受前 30 万新元应税所得部分免税待遇；个人所得税税率不超过 22%①。建设海南自由贸易港，可以考虑大胆突破，将企业所得税率由现在的 25%降至 15%左右；为吸引各类人才投身自由贸易港建设，可以考虑将个人所得税的边际税率由最高的 45%降到 15%左右；提高劳务费的费用扣除额，大幅降低劳务费税率。在产业上，对旅游业、现代服务业以及高新技术产业等

①商务部国际贸易经济合作研究院，中国驻新加坡大使馆经济商务参赞处，商务部对外投资和经济合作司. 对外投资合作国别（地区）指南 新加坡 2017 年版 [R]. 2017-12.

海南重点产业给予税收减免和财政专项补贴支持。

第三，全面实行“绝大多数商品免征关税”制度，即零关税。自由贸易港的一个基本要求是“绝大多数商品免征关税”。在香港，除酒类、烟草、碳氢油类及甲醇这四类商品须缴关税外，其他进口货物无须缴付关税。在新加坡，除石油、酒类、烟类和机动车辆等四大类商品外，其他进口货物都实行零关税。借鉴国际经验，对进入海南的进口货物实行负面清单管理，除负面清单内的货物外，其他进口货物均免征进口关税。

三、海南建设国际旅游消费中心的突破点是不是免税购物政策的重大调整？

建设“国际旅游消费中心”，是中央对海南国际旅游岛建设提出的更高要求，是新时期海南全面深化改革开放的重大任务，是海南从自由贸易试验区尽快走向自由贸易港的重要突破口。吸取国际购物中心建设的经验和某些教训，需要加快海南免税购物政策的重大调整。

（一）实现全岛免税政策的突破，所有符合条件的企业都可以经营免税业务。

第一，争取中央下放免税特许经营权给海南。海南可以根据实际需求，自主布局和设立免税店；积极引入国际知名免税集团如 DFS 等；将免税区域由现有的三亚、海口两家免税店扩展到全岛。

第二，扩大市场准入，所有符合条件的企业都可以成为免税商品的经营主体，以促进市场竞争。例如，一定星级以上的酒店就可以在大堂区域开设免税柜台，供入住的海内外游客选购，形成星级酒店“楼上是客房、楼下是免税店”的全区域、全产品免税新格局。

第三，充分学习借鉴香港免税购物的管理和标准，提高海南免税购物相关服务的国际化标准。比如，海南可以国际旅游消费为重心，和香港联手建设免税购物链，尽快把面向 14 亿多人的消费市场做起来。

（二）大幅提升免税购物限额，实行离岛免税商品负面清单管理。

目前单价 8000 元以上的离岛免税品缴纳行邮税后与有税市场相比不

具有价格优势，导致海南免税领域的手表、珠宝、皮包等高端商品销售受到影响；此外，免税进口商品品种仅有 38 种，游客普遍反映吸引力不足。对标国际自由贸易港，尤其是对标香港，可以考虑外来游客在岛内免税消费不限额，离岛免税限额明显提升；除特殊商品外，全面放开免税品品种限制，将离岛免税商品正面清单改为负面清单管理。考虑将国内名优产品在海南销售享受出口退税待遇。

（三）岛内居民享受免税政策红利，营造良好社会环境。

海南建设自由贸易试验区和中国特色自由贸易港要妥善处理好岛外游客与本岛居民的关系，尤其要妥善解决好本岛居民关切的物价等民生问题。目前海南居民只有离岛时才能享受每年 30000 元的免税购物限额待遇。建议借鉴香港经验，在确保自用的前提下，全面放开对本岛居民购买免税产品的限制，让海南居民不出岛也可以购买物美价廉的免税进口商品，由此破解海南城乡居民收入低、物价高的突出矛盾，真正让开放政策惠及当地老百姓，为自由贸易港建设营造一个良好的社会环境。

海南探索中国特色自由贸易港财税体制，是一项重大的探索。这需要中央的顶层设计，需要全国人大的立法保障。为此，建议按照中央 12 号文件中提出的“中央统筹、部门支持、省抓落实”要求，加快推进海南自由贸易港的立法工作，以特别法的形式明确海南自由贸易港的法律定位，完善海南自由贸易港的财税金融等配套法律，加快海南地方性法律体系建设，以此实现海南自由贸易港建设的重大突破。

海南自由贸易港建设的财税制度与政策设计

贾 康
华夏新供给经济学研究院首席经济学家

海南自由贸易港建设需要得到财税改革的配套支持。通过一系列相关财税改革措施，不仅能够较好保障、健全海南自由贸易港相关公共基础设施的建设，还能够更好发挥财税政策的调控作用，引导和促进各方面形成支持合力，为海南自由贸易港建设保驾护航。

一、海南自由贸易港中财税改革与政策优化的作用和导向

（一）构建合理优惠支持机制，提供资金、政策支撑

海南自由贸易港作为中国内地国际自由贸易港，势必将展开一轮公共基础设施的大规模建设和其他配套条件的建设，需要在财政改革中以制度和政策的优化来理顺财政体制关系，促进海南自由贸易港的战略规划顺利落实。在海南自由贸易港建设过程中，一方面财政体制需要在中央地方事权和支出责任划分、一般性转移支付和专项转移支付制度、地方税体系建设、税收优惠政策体系等方面进行必要的优化设计，合理、适当地提高中央对海南的支持力度；另一方面也需要赋予海南自由贸易港更大的决策权限，提高海南地方政府的主动性、积极性，以促进经济发展、社会公平、国际交流和对外开放。

（二）提高投资自由化水平，促进要素流动

在进出口方面，可以通过免关税、零关税以及出口退税等方式降低贸易壁垒，吸引外资外商，营造良好外贸环境促进贸易大发展；以转变海关

管理方式，实施“一线放开、二线管住，区内自由、入港退（报）税”监管原则，简化自由贸易港报关报税流程等方式，提升海南自由贸易港进出口的自由化水平，构建先进、宽松、合理的体制，从而最大限度地释放要素流动的自由空间，吸引全球货物、资本、服务等资源，实现资源的优化配置，促进产业结构转型升级。

在企业自身发展方面，通过企业所得税、房产税等方面的税收优惠政策，降低投资交易成本和企业负担，促进企业创新，吸引更多海内外投资，提升投资自由化水平。在财税改革中进一步对接完善符合国际惯例的税收管理制度，有利于提升海南自由贸易港的国际接受度和认可度，促进海南自由贸易港快速走向国际化，扩大全球影响力。

（三）营造良好营商环境，吸引企业资金投入

通过降低政府税收和行政事业性收费、提供适当财政扶持来降低企业成本，可以营造良好的创新创业环境，助力企业在发展中提升竞争力及创新活力。以财政制度优化创新配合行政管理方式转变，有利于理顺政府和企业之间的关系，让市场在资源配置中发挥决定性作用，进一步实现管理型政府向服务型政府的转变。

（四）吸引人才流入，引导企业、产业升级发展

人才是发展的关键，大力实施人才引进战略，在个人所得税、财政补贴等方面实行有力的优惠政策，可以吸引全国各行业高端人才以及新生代的创客群体奔赴海南自由贸易港，聚天下英才而用之，引得进、留得住、用得好。在引领企业发展方面，政府可以通过政府和社会资本合作（PPP）模式、ABS 融资模式、政府引导基金等多种方式与社会资本合作，引导社会资本进入自由贸易港基础设施建设等领域，加快海南自由贸易港急需的项目建设，并提高资金使用效率，降低风险；同时还可以运用政策性产业基金、创新发展基金、产业引导基金等模式，增强财税政策导向作用，准确定位，把握方向，引导社会资金流向自由贸易港建设最需要的地方。

（五）防范风险，规范完善相关制度建设

在财税改革中进一步完善税收等方面的监管制度，合理掌握和规范自贸港税收征管制度，有利于提高经济社会安全的服务保障能力，在维护税制公平、统一、规范的前提下形成公开透明的监管制度，防范对外开放过程中可能出现的投融资违法行为和走私、疫情等方面的风险。财税改革还将助力提升海南自由贸易港的现代化治理水平和治理能力，完善公共服务体系，加强社会组织制度建设，形成良好的社会秩序，使人民获得感、幸福感、安全感更为充实、更有保障。

二、海南自由贸易港财税具体政策设计与改革步骤

（一）海南自由贸易港建设中的财政支出、补贴、奖励政策

第一，基础设施、公共工程的财政支持机制创新与政策优化。一是加大中央预算对海南自由贸易港的公共投资力度，支持公益性以及以公益性为主的基础设施、生态环保、社会事业等项目建设。二是积极扩大 PPP 模式在基础设施、公共工程建设领域的运用，于创新发展中完善 PPP 规章制度和完善基础设施领域公共服务价格形成机制，合理制定 PPP 项目多元化投资回报机制的配套政策。三是构建“引导基金、母基金、子基金”三层架构，并结合产业资本专业团队管理，用产业基金来引导和撬动社会资本。四是积极运用财政贴息、政策性信用担保等政府信贷支持机制，引导金融机构优化信贷结构，加大对自由贸易港的信贷支持。五是建立相关科学决策、多重监督审计机制。

第二，企业成长的奖励政策。通过财政资金对符合政策目标导向的企业及其投资行为给予一定的补贴，激励企业加大投入。例如，对高新技术企业、营业收入增幅超过一定速度的重点企业、企业上市等一次性给予奖励。

第三，吸引人才、鼓励人才落户的财政支出、补贴。一是按级奖励，吸引不同层次人才，针对外籍高层次、高端、紧缺人才的政策，可在国内人才补贴政策之上给予一定上浮。二是创新、多层次补贴，留住高层次人才、高端人才和紧缺人才。三是形成科技成果转化补贴，激励人才。四是以专项财政预算，搭建全球高层次人才、高端人才和紧缺人才吸引专业平台。

（二）海南自由贸易港税收制度与政策设计

税收制度和政策是自由贸易港政策体系的核心内容。基于海南自由贸易港建设的前景需要，借鉴国际先进经验，我们认为，相比于现行国内已有的自由贸易实验区税收政策，建设海南自由贸易港应在税收制度上有更大突破，从而满足自由贸易港超常规发展的需要。具体而言，海南自由贸易港税收制度和政策体系应着眼于以下三方面的重点领域进行突破性设计：一是普惠性的关税和增值税免除；二是对重点产业、行业、企业和高级引进人才的所得税优惠；三是对离岸贸易和离岸金融等新型产业的税收政策创新。具体制度和政策设计简要概括于下表。

表 5.1 海南自由贸易港税收制度和政策设计建议

税种	制度和政策设计
关税	除少数特殊商品外，对从外国进口入海南自由贸易港的商品免税。 自由贸易港内企业对外出口货物免征出口关税。
增值税	海南自由贸易港内企业进口国外设备和商品免征进口环节增值税。 国内其他地区运进自由贸易港的货物，自由贸易港内企业加工、制造的产品，及港区内企业之间的交易适用零税率。 对离岸金融服务免税或实行零税率。
企业所得税	对需要重点扶持的现代服务业企业实行 15%的企业所得税优惠税率。 加大对科研企业所得税优惠力度，包括提高研发费用加计扣除比例，加大投资抵免力度等。 对自由贸易港内企业不是发生在中国境内的交易收入不征税或实行 15%的企业所得税税率。 适度降低离岸金融服务收入企业所得税税负。通过税率降低、税基抵扣或税额抵免等合适的方式，将离岸金融服务收入的企业所得税税负降低至 15%。
个人所得税	对海南自由贸易港内居民取得的劳务所得、特许权使用费所得，在计算应纳税所得时加计一定比例的减免。 对接客观标准认定的专家，可比照粤港澳大湾区已明确的外籍专家个税“补贴”政策，把实际税负控制在 15%以下。 优化股权奖励的个人所得税递延纳税政策。海南自由贸易港内企业以股权形式奖励高端人才和紧缺人才需缴纳的个人所得税可经主管税务机关审核，以 5 年为期分期缴纳。
房产税、城镇土地使用税	对属于国家重点扶持的高新企业、环保产业的创新型公司等对其新建的经营场所从经营之日起免征 5 年房产税、城镇土地使用税。

（三）海南自由贸易港的税收服务创新优化

一是充分利用地理区位优势，以海南自由贸易港为中心，搭建“一带一路”专项税收征管平台。二是结合构建海南自由贸易港金融管理中心建立专项税源档案库，对企业信息进行分类管理，充分了解企业产出构成、经营变化、纳税情况等。三是建设税收抵免调节平台，提高税收征管效率。例如，可进一步完善间接抵免方法，积极与“一带一路”沿线各国签订相应的税收抵免文件，为海南自由贸易港的“走出去”企业争取更优抵免要求，同时为“引进来”的企业提供优惠。四是信息技术产业、人工智能、海洋经济等自由贸易港重点发展行业率先调整亏损结转制度。五是建设税收饶让协定平台，增强税收激励效果。六是建设跨国税收协作平台。

三、海南自由贸易港财税改革重大问题与配套条件

（一）与中央的财政体制：在分税制规范化框架下的合理优惠支持机制

海南自由贸易港建设是服务于完善与创新性地健全社会主义市场经济全局的重大举措，与之相匹配的财税制度建设必须服从于深化财税体制改革这一大前提，即在维护分税制框架的规范性下进行设计。具体而言，一是分税制框架的规范性需得到维护（共享税收入分享等体制安排应“一视同仁”）；二是一般性转移支付计算公式中可加入“自由贸易港”因子，体现适当优惠；三是专项转移支付应有积极支持的具体安排（特别是在初创与“爬坡”阶段）；四是“离岛免税”“医药贸易”等特殊政策酌情优化和提高支持力度；五是中央对海南自由贸易港财政资金支持方式应做专项具体安排。

表 5.2　中央对海南资金支持方式选择

中央资金支持方式	资金使用方向	具体做法
中央一般性转移支付	海南基础设施建设、生态环境保护、经济结构转型等支出，提高基本公共服务水平	在一般性转移支付计算公式中加入“自由贸易港”因子，提高补助标准
中央专项转移支付	自由贸易港基础设施建设	增加对自由贸易试验区和自由贸易港建设的专项拨款，制定合理分配办法

续表

中央资金支持方式	资金使用方向	具体做法
中央预算内投资	公益性以及以公益性为主的基础设施、生态环保、社会事业等领域的项目建设	增加投资项目和金额，减少海南配套资金比例
中央级产业基金	自由贸易港基础设施建设、特色优势产业项目	增加项目投资数量，提高基金投入比例，优化基金运作机制

（二）海南地方税费体系建设：在创新发展中领跑

一是房地产税制与收费的“一揽子改革”可先行，住房保有环节税收加快“从无到有”。二是消费税改革或可先行，把一些品目的纳税环节推到销售环节，成为地方收入。比如贵重首饰及珠宝玉石、鞭炮和烟花焰火、燃油、摩托车、小汽车、游艇等，改为在销售环节征收消费税；对于完全不适合在零售环节征收消费税或征管成本过大的商品，可仍坚持在生产环节征收。三是研究开征旅馆业特别税（属于流转税的地方设税权）。

（三）自由贸易港建设中的若干重点配套改革事项与条件建设

一是 PPP 创新支持基金，通过海南自由贸易港政策性产业基金，以母基金带动各种各样非政府主体资金的加入，设立一系列的子基金，由子基金直接选择符合政策导向的可支持项目，有效地设立风险防范机制，并匹配合理的激励机制。二是海南“省直管县”体制应积极从财政扩展到行政，乡镇转向“派出机构”的扁平化模式，解决财权与事权在基层的优化匹配问题。三是按“最大特区”授权，先行扩展“大部制”机构改革。四是建立与中央部委层面的“联席协调”特别机制，这对于及时协调海南与中央部委间关系，促进跨部门、跨省市协同联动将具有重要作用。五是明确宣示海南自由贸易港制度和政策设计的“一揽子”性质（部分内容可分步实施）以及海南自由贸易港与国内其他区域相比的特殊性，排除其他地区的简单攀比。

海南自由贸易港要实行独特的财税体制

倪红日
国务院发展研究中心研究员

海南自由贸易港财税制度设立的最大限制条件是自身财力比较薄弱。与自由贸易试验区不同，海南自由贸易港建设可以考虑在一段时间内形成财税体制上的“一国两制”，在建立现代财税体制上先行一步。海南省的财税体制创新如果能够成功，不仅会为海南自由贸易港建设做出贡献，也会对全国财税体制改革和创新提供先行先试的样板。

一、实行独特财税体制对海南自由贸易港建设具有决定性影响

简税制、低税率，形成“税收负担洼地”是世界成功自由贸易港财税政策的共性经验。然而我国现有的 18 个自由贸易试验区，中央明确基本上不给税收优惠，而是通过改革制度来优化营商环境。

自由贸易港与自由贸易试验区不同。从国际范围上看，自由贸易港采取的是“简税制、低税率”的税制。2017 年，香港宏观税负 23.3%、新加坡不到 20%，都低于海南的 27.4%。从税制结构看，香港、新加坡等以所得税为主体，新加坡货物和劳务税（GST）税率为 7%，阿联酋从 2018 年 1 月 1 日开征增值税（VAT），税率为 5%。

目前海南财税政策的突破仍面临多方面条件约束。第一，海南仍属于全国统一税制框架内，税制自主权限非常有限。第二，税权属于中央事权，税权的调整需要中央确定，目前中央事权（部委管理）对海南放权滞

后。第三，国内多数自由贸易试验区位于财力强大的地区，与之相比，海南财力基础薄弱。例如，目前海南政府债务率超过 90%，人均财政支出与全国平均水平持平。第四，现代服务业的税收政策问题。例如，2018 年国务院出台了《关于同意深化服务贸易创新发展试点的批复》，明确提出“结合全面实施营改增改革，对服务出口实行免税，符合条件的可实行零税率，鼓励扩大服务出口”。但问题在于，目前海南还没有形成服务出口优势。此外，在金融、医疗健康等服务业领域的税收政策与国际仍有较大差距。

因此，没有海南自由贸易港财税制度的创新，就很难建成自由贸易港。换言之，海南自由贸易港必须有自己独特的财税体制。第一，现行海南财税制度与全国是统一的，没有自由贸易港的特色。第二，海南目前税费负担明显高于香港，还高于迪拜、新加坡等一些国际自由贸易港，显然没有税收营商环境上的竞争性。第三，海南省级财政和税收自主权非常有限，无法根据本省特点进行自主性调节。因此，海南如果没有财税体制和制度上的创新，根本无法建立自由贸易港。

二、海南自由贸易港财税体制和制度创新的路径选择

(一) 路径选择的两种方案

第一种方案：完全由中央政府制定海南自由贸易港的独特财税制度方案以及行动规划，由海南省执行和落实。这种方案的优点在于制度设计的主要责任主体是中央政府，地方政府的责任是落实和实施；缺点在于地方政府本身的积极性和主动性几乎很难发挥，只能被动地执行，不利于地方政府发挥创新性。

第二种方案：由中央政府制定海南自由贸易港财税体制和制度的总体框架和原则，充分赋权给海南省政府，由海南省政府制定分阶段推进的方案和行动计划，由中央政府认可和备案。这种方案的特点是，中央政府制定的海南自由贸易港建设方案是框架性和原则性的、约束性的意见；具体性的方案，包括实施行动计划等，充分授权海南省政府进行制定，报中央

政府认可和备案，中央政府监督海南省政府的实施。这种方案的优点是在中央政府的原则指导和约束下，充分调动地方政府的积极性，有利于地方政府结合本地区实际情况，因地制宜地制定有操作性的实施行动方案。但是地方政府可能会出于局部利益的考虑，欠缺对全局性问题的把握，这就需要中央政府进行校正和约束。

（二）建议选择方案二

我国改革开放 40 多年的经验证明，许多制度和体制创新往往先由地方政府突破。如果中央的相关制度设计做得比较详细，将会成为束缚整个海南制度创新的因素，反而不利于海南自由贸易港的建设和制度创新。整个自由贸易港的建设要与国际一流的自由贸易港接轨，中央充分赋权给海南自由贸易港是一个关键的因素，不仅是财税体制。如果中央全包全揽甚至做得很细，由各部委限制地方政府的各种行为或者是地方政府的创新行为都要受到中央各部委的约束，我认为这个自由贸易港可能不太理想。

三、海南自由贸易港财税体制创新的限制条件

海南自由贸易港的财税体制创新不可能简单对标香港的财税制度，只能借鉴国际上自由贸易港财税制度的基本经验，从中国现行财税制度和体制出发，进行制度和体制创新。

第一，“中国特色自由贸易港”的提法，决定了海南建立自由贸易港财税体制的限制条件就是与国内财税制度一定是相关联的。海南自由贸易港的财税制度，既立足于国内的基本制度，又会在一定程度上有别于整体制度，有一定的国际自由贸易港的特色。

第二，对标香港的难度明显大于争取中央对海南省调整和扩大自治权。在香港实行“一国两制”，是符合国情的。香港的财税制度独立于内地统一的财税制度，香港的财政支出中也不承担国防和外交支出。海南是在中国内地社会主义制度基础上建立有中国特色的自由贸易港，它的财税制度是既有别于香港，又有别于内地其他地区的独特财税体制。

第三，内地的财税体制，尤其是税制与香港相差太远。香港没有增值

税，与美国税制结构基本类似，在全球属于极少数的税制模式。世界上170多个国家都有增值税，国内增值税制度没有取消的可能。这是对标香港税制的最大障碍。

四、海南自由贸易港财税体制与制度创新的行动建议

首先，要明确海南自由贸易港财税体制与制度创新的目标和基本要求，即在海南自由贸易港打造和形成具有国际竞争力的财税制度。在此基础上，向中央申请赋予海南更大的改革和先行先试自主权。

总的建议是，从中央与地方财政体制入手，调整中央财政与海南省财政关系。赋予海南省更大的财税自主权，形成在一定时期内有别于全国现行统一体制的、具有独特自由贸易港特色的中央与地方财政体制。

主要理由有三。首先，“营改增”以后，“分税制”的中央和地方财政体制已经名存实亡，中央和地方财政税收关系是一种过渡性的“分成制”。过渡性体制就说明还需要改革和完善。其次，根据改革开放历程中的一些做法，曾经有过中央与地方财政税收关系根据各地区的不同情况实行分类的管理体制。海南自由贸易港具有独特性，提出中央与海南省制定和实施单独一套财政管理体制是可行的。最后，在中央各类文件和决议中，都有给予和扩大地方政府财税权力的说法。财政部2018年10月份出台的《支持海南全面深化改革开放有关财税政策的实施方案》等一系列重要文件中，有扩大海南省级税收管理权的承诺。同时，根据海南的财力变化情况，相应调整中央对海南的转移支付。

具体提出以下七点建议：

第一，中央财政对海南省财政实行“总额包干”体制。将海南省的增值税、企业所得税、个人所得税全部直接留给海南省财政，即不再实行三个税种的中央与地方分成体制。重新核定中央对海南的转移支付规模，可以考虑拟定几年不变。

第二，赋予海南省政府较大的税权。省政府有权在海南实行有针对性的单项税收优惠。例如，进口药品和高科技医疗器械免征增值税。2018年

5 月 1 日起，生产销售和批发零售抗癌药品的增值税由原来的 17%降到 3%。建议海南对相关产品可以实行增值税零税率。

第三，探索地方税体系的建设。一是分拆消费税，将部分消费税税目作为地方税收；二是做好房地产税制改革海南实施方案以及相关管理准备，待全国立法后立即实行，降低房地产行业投资和流转环节税收，对拥有多套住宅者开征累计税制的房地产税。

第四，升级海南旅游行业。建议借鉴俄罗斯的索契模式——“疗养+保健 + 旅游”，对升级版的旅游项目给予所得税优惠政策，实行先征后返。

第五，服务贸易税收政策。从点突破、就事论事有针对性地探索采取税收优惠政策。

第六，研究解决税收之外的海南财政财力支撑来源问题。建议借鉴新加坡淡马锡、中国香港土地基金以及迪拜的石油基金等做法。

第七，在财税管理上下大功夫，及时学习广东深圳等地区的创新经验。海南财税部门在营商环境和财税绩效方面要走在全国前列。

海南自由贸易港财税体制改革思考

王志刚
中国财政科学研究院宏观经济研究中心副主任

党中央支持海南全岛建设自由贸易试验区，逐步探索、稳步推进中国特色自由贸易港建设，分步骤、分阶段建立自由贸易港政策和制度体系。回顾习近平总书记的讲话，从战略的核心要素来看，海南建设中国特色自由贸易港战略的目标有“中国特色”和“自由贸易港”，路径为“分阶段、分步骤、动态优化”，手段包括相关的体制创新与政策优化。其中，财政作为国家治理基础与重要支柱，无疑将在自由贸易港建设中发挥独特作用，财政制度与政策创新有助于推动海南实现中国特色自由贸易港的战略目标。

一、海南建设中国特色自由贸易港仍面临多种挑战

首先，从海南与其他自由贸易试验区的对比看。第一，海南港口基础设施落后，港口货物年吞吐量与四川、陕西、河南、湖北、重庆等内地省份相当。第二，海南旅游资源潜力尚未充分发挥。目前海南年接待国内外旅客人数不仅低于重庆、福建，而且更远低于四川、陕西、河南、湖北等省份。第三，人均财政收入与中部地区相当，但人均财政支出介于东部与中部之间，财政压力较大。

其次，从海南经济发展现状看。第一，工业基础较弱，旅游强省特点不突出。海南工业化程度不高，导致难以有更多的本地税源，要发展旅游也无法进行大规模工业化。第二，科教资源投入不足，不利于人力资本、

知识资本提升，从而使创新驱动发展受到制约。2016 年，海南教育支出占一般预算支出比重为 15.56%，科技支出占一般预算支出比重为 1.14%，均处于全国靠后位置。第三，贸易开放度有待提高。进出口贸易规模排在全国倒数第 6 位，贸易依存度排名第 11 位。第四，房地产业对地方经济贡献度不低，新兴产业有待持续培育。

最后，从海南财税体制现状看。

第一，地方一般公共预算财政自给度较低。2011—2018 年，海南财政收入自给比重由 43.67%上升到 50.64%。但 2016 年开始下降，2017 年约为 46.67%。也就是说，一半以上的收入源于中央转移支付。

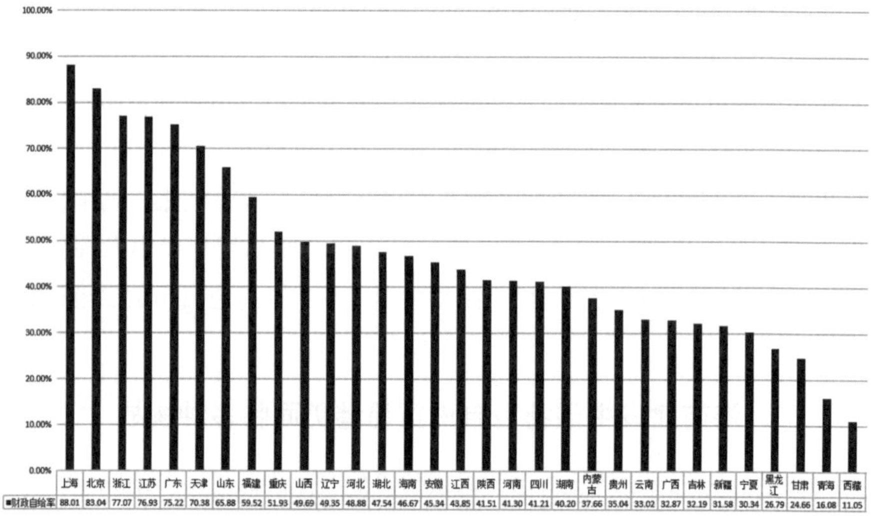

图 5.1　2017 年各省份财政自给率（单位：%）

第二，反映财政收入质量的税收占比持续下降，由 2011 年的86.94%下降至 2016 年的 79.21%。

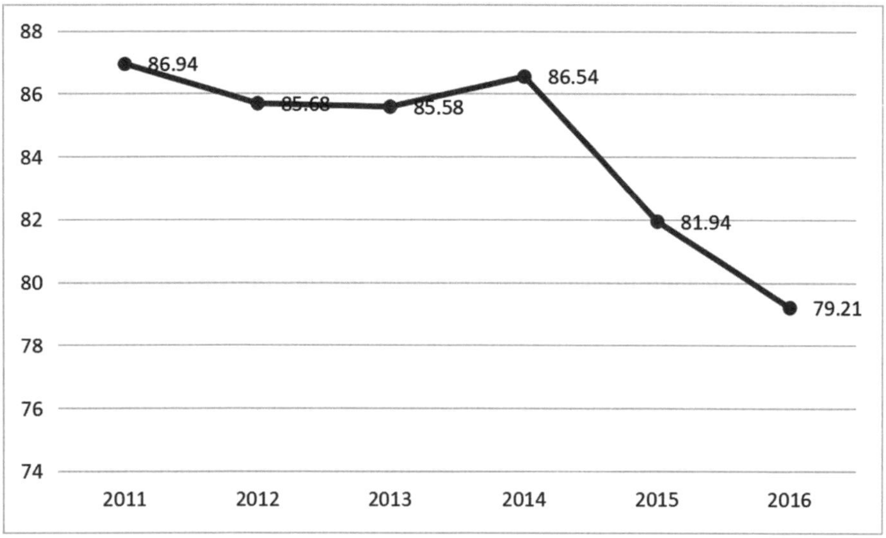

图 5.2 2011—2016 年海南省税收占比（单位：%）

第三，共享税变化对地方收入影响大。以 2016 年数据为例，“营改增”后的增值税、所得税（企业、个人）、资源税、城市维护建设税等共享税仍然是地方税的主体部分，在未来一段时间内地方税体系仍将呈现以共享税为主的态势。但共享税调整权限在中央，地方空间有限。

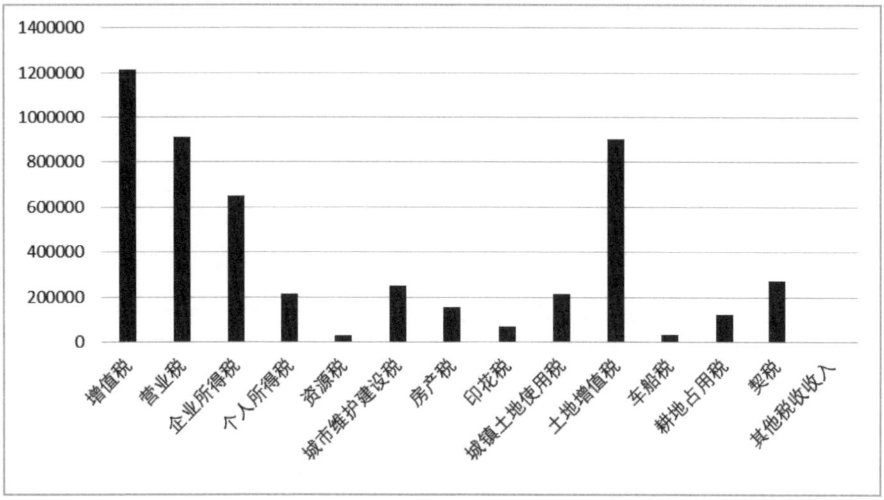

图 5.3 2016 年海南省部分税种金额（单位：万元）

第四，政府性基金预算基本平衡，支出略大于收入。

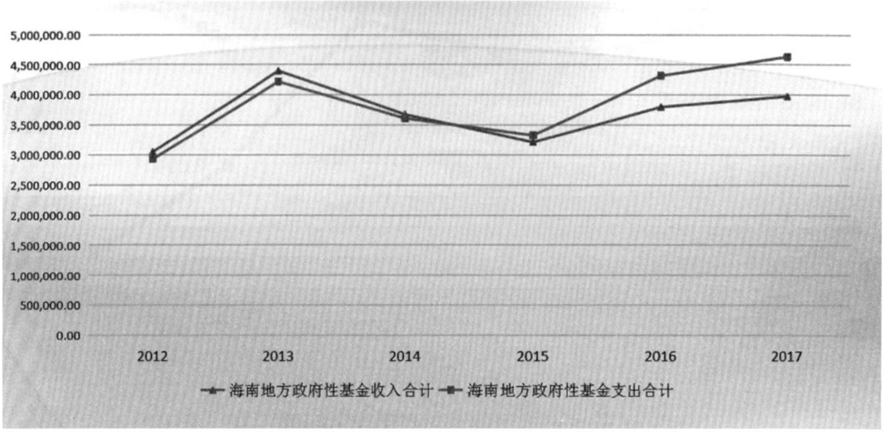

图 5.4 2012—2017 年海南省地方政府性基金收支情况（单位：万元）

第五，国有资本经营预算收支基本平衡，但 2016 年开始出现较大缺口。

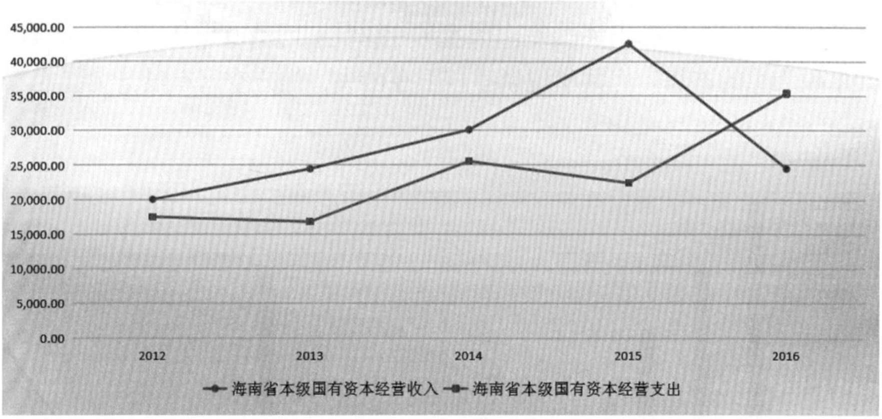

图 5.5 2012—2016 年海南省国有资本经营预算收支情况（单位：万元）

第六，债务收入占地方一般公共预算收入比例持续上升，由 2011 年的 8.53%上升至 2016 年的 52.96%。尽管海南债务规模不大，但相对其他省份而言，债务付息支出占 GDP 比例较高，无形中挤占了地方支出调整的政策空间。

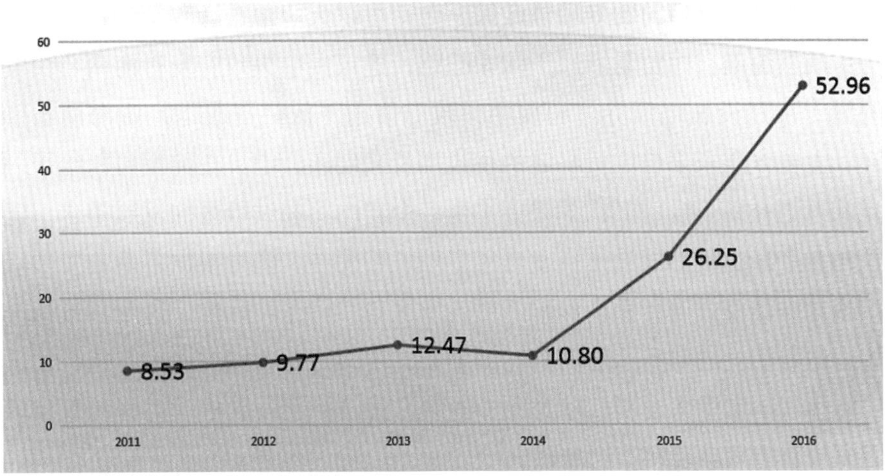

图 5.6　2011—2016 年海南省债务收入占地方一般公共预算收入比例变化情况（单位：%）

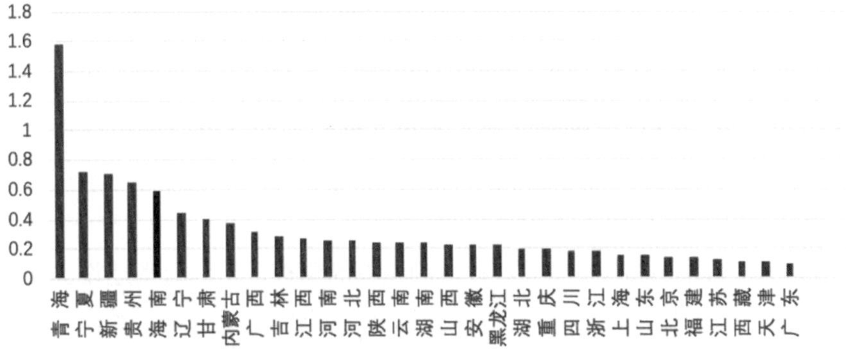

图 5.7　2016 年各省份债务付息支出占 GDP 比重（单位：%）

二、多措并举支持财政政策创新

除了落实已有的财税优惠政策外，在现有的财政状况下进行相应的政策创新并非易事。自由贸易港建设是一个长期系统工程，按照税收平滑的原则，未来应通过在发展中积累财政收入并逐步消化债务，因此发债是一个较好的融资选择。

首先，结合目前的专项债政策，海南可以大胆地进行政策创新。设想一：既然海南自由贸易港属于国家战略，建议由中央政府发行海南自由贸易港专项建设长期债券。利用中央政府信用降低融资成本，由海南省偿还，主要依靠未来自由贸易港的税收增长来偿还，中央在前期可以给予一定的财力补助。设想二：如果要平衡各个自由贸易试验区的发展需求，建议由各个自由贸易试验区自发自还专项长期债券，同时根据各地的发展状况设计一套公式进行额度分配，由各地区自行偿还。此外，这两种设想一定要做好相关的债务风险防范，因地制宜地做好专项债的项目筛选，优选一些体现国家重大发展战略意图，对地方经济社会发展推动力强的重点项目来设计专项债品种。

其次，自由贸易港具体财税政策设计需要考虑以下八个方面内容：一是要有利于促进总部经济的发展；二是要有利于促进当地产业的发展，尤其是目前确定的十二大重点产业发展；三是要有利于促进金融业发展；四是要有利于促进旅游产业发展；五是要有利于促进海运业的发展，并做出特殊安排；六是要有利于促进跨境电商发展；七是要有利于吸引更多创新创业人才，在专利申请授权和自主知识产权奖励的政策方面形成税收激励；八是要有利于引进中高层人才，主要是通过个人所得税的政策优惠设计来提升海南对高层次人才的吸引力。

最后，可以根据中央相关财政体制改革的精神，结合海南建设实际进行相应的财政体制调整。海南也可以对部分试点地区进行相关的体制优化调整。

前海、横琴自由贸易试验区税收政策对海南的启示①

符正平
中山大学自由贸易区综合研究院常务副院长

一、前海、南沙财税优惠政策及实施情况

（一）前海、南沙财税优惠政策介绍

1. 国家给予前海、横琴的相关税收政策

2012年，《国务院关于支持深圳前海深港现代服务业合作区开发开放有关政策的批复》中指出，支持深圳前海深港现代服务业合作区实行比经济特区更加特殊的先行先试政策，打造现代服务业体制机制创新区、现代服务业发展集聚区、香港与内地紧密合作的先导区、珠三角地区产业升级的引领区。文件明确提出，“支持前海在金融改革创新方面先行先试，建设我国金融业对外开放试验示范窗口”“在国家税制改革框架下，支持前海在探索现代服务业税收体制改革中发挥先行先试作用”。

2014年、2015年，《财政部 国家税务总局关于深圳前海深港现代服务业合作区个人所得税优惠政策的通知》（财税〔2014〕25号）、《财政

①本文系国家社会科学基金专项“中国特色自由贸易港建设‘1+N’模式的制度创新及实现路径研究”（18VSJ075）调研成果，感谢深圳市前海税务局、珠海横琴新区税务局以及横琴自由贸易试验区管委会的大力支持。

部 国家税务总局关于广东横琴新区、福建平潭综合实验区、深圳前海深港现代化服务业合作区企业所得税优惠政策及优惠目录的通知》（财税〔2014〕26 号）、《深圳市前海深港现代服务业合作区管理局关于发布深圳前海深港现代服务业合作区企业所得税优惠产业认定操作指引（试行）的通告》（深前海〔2015〕152 号），对相关税收优惠政策进行了规定。

2. 前海自由贸易片区所得税优惠政策

在前海自由贸易片区，现代物流业、信息服务业、科技服务业和文化创意产业四大类 21 个门类企业可以享受 15%的企业所得税优惠，但政策优惠比较有分量的主要集中在新兴业态，也符合前海发展需要。

3. 前海自由贸易片区金融优惠政策

分别为：支持前海构建跨境人民币业务创新试验区；探索试点跨境贷款；支持前海企业赴港发行人民币债券；支持设立前海股权投资母基金；支持外资股权投资基金在前海创新发展；支持在《内地与香港关于建立更紧密经贸关系的安排》框架下，适当降低香港金融企业的准入条件；支持前海试点设立创新型金融机构和要素交易平台；支持境内外金融机构在前海设立国际性或全国性管理总部、业务运营总部；等等。其实，这 8 条政策是金融可以先行先试的产业准入政策，对于前海金融业的聚集起了巨大的促进作用。

4. 横琴自由贸易片区优惠政策

横琴自由贸易片区的优惠政策主要有三个方面。

第一，企业所得税优惠。高新技术、医药卫生、科教研发、文化创意、商贸服务五大类 72 项鼓励类产业企业减按 15%的税率征收企业所得税。

第二，港人港税，澳人澳税。为吸引港澳高端人才到横琴创业和发展，进一步促进内地与港澳的经贸交流和人员往来，对在横琴、前海工作的香港、澳门居民个人所得税的差额进行补贴（港人 15%，澳人 13%）。

第三，财政补贴。包括促进融资租赁业、促进外贸发展、促进科技创新、促进金融教育培训产业发展、促进股权投资基金、促进人才引进等扶持政策。

（二）政策实施情况

1. 前海税收减免具体实施情况

2015—2016 年，累计减免税额 47.12 亿元。其中，增值税减免税额 35.75 亿元，占减免总税额的 75.87%；居民企业所得税减免税额 11.37 亿元，占减免总税额的 24.13%。

享受到具体税收优惠政策的情况：第一，在企业所得税优惠方面，享受前海 15%企业所得税优惠减免的企业有 511 户，减免所得税额 6.72 亿元。尽管这个政策的受益面不是太宽，实际受惠的企业也不是太多，但是其促进产业集聚的功能是非常明显的。第二，在小微企业增值税优惠方面，纳税人累计 28925 户，减免税额 4559.15 万元。第三，在小微企业所得税优惠方面，纳税人累计 5230 户，减免税额 7.51 亿元。两个税种的小微企业享受优惠面均为 100%。第四，在创新驱动方面，符合减免税条件的软件企业累计 79 户，减免税额 4.1 亿元；享受研发费用加计扣除优惠的企业累计 458 户，研发费用加计扣除额合计 7.7 亿元。

关于前海的税收情况，2015 年前海自由贸易片区税收为 93 亿元，2016 年达到 184 亿元，2017 年增长到 275 亿元。前海面积仅为 14.95 平方千米，而实际登记的纳税户数达到 15.5 万户，目前是中国税源密度最高的区域，每平方千米税收产出达到 18.4 亿元。

不仅如此，前海还是新兴经济业态的聚集地。目前，前海共有微众银行、菜鸟等 7 家独角兽企业，占深圳市的 50%，贡献税收 14 亿元；有商业保理 6000 家，占全国的 80%，贡献税收 6 亿元；有供应链企业 3500 家，贡献税收 6 亿元；有股权投资企业 1.1 万户，贡献税收 20 亿元。

2. 横琴税收减免具体实施情况

截至 2016 年，累计 54 户企业享受 15%税收优惠，享受金额 4.25 亿元。其中，2016 年有 38 户企业享受金额 1.87 亿元。珠海人才奖励政策，累计奖励 1.5 万人，发放 12 亿元。

从企业分类来看，高新技术 11 户，0.8 亿元；科教研发类 7 户，1.06 亿元；文化创意类 23 户，1.93 亿元；商贸服务类 10 户，539 万元；医药卫生类 3 户，1723 亿元。

内地经“二线”海关销往横琴、平潭与生产有关的货物，视同出口，实行增值税和消费税退税政策，目前办理了唯一一笔——中电投珠海横琴热电有限公司从区外企业购进液化天然气，涉及金额 3963 万元，实际没有给企业带来多大好处。

区内企业之间销售在本区内的货物免征增值税和消费税，目前没有一家企业享受这一优惠政策。

二、存在的问题及障碍

第一，所得税税收优惠政策与实际产业发展需求不匹配。以横琴为例，税收优惠的门槛相对较高，并且横琴自由贸易片区内没有工厂，很多税收优惠政策不适用，反而是前海的各项所得税优惠政策，都会给企业带来实打实的好处，并且能够推动一些新兴产业的发展。

第二，在离境退税的便利性上还存在较多的问题，并且税率相对于日本、韩国和中国香港等国家与地区也存在一定的差距，国内商品价格较高。

第三，各地财政补贴吸引企业注册，“虚拟注册”的情况较为严重，这类政策不具有持续性，对当地经济和产业的可持续发展不利。

三、对海南自由贸易港的税收政策建议

第一，税收优惠政策一定是做增量，而不是挖其他地方的税源。税收政策创新要配合国家战略引导特色产业发展。

第二，当前各项政策都更讲究精准性，切不可贪大求全。要以“小切口”为突破，带动大的产业发展，税收优惠政策要细化到五、六级细分产业目录。

第三，尽量少用财政补贴，可以适当的税收政策作为突破。

第四，对各类投资主体一视同仁，真正做到国民待遇。对国企、民营和外资企业各类投资主体，在税收财政和人才补贴优惠政策上一视同仁，真正做到无差别国民待遇。

第五，探索自由贸易港税收政策，发展离岸业务。离岸业务是自由贸易港重要的功能性业务，需要相配套的、具有国际竞争力的离岸业务税收政策的支持。具体包括：从中央顶层谋划自由贸易港税收立法，到逐步形成完整的自由贸易港税收优惠政策体系；尝试建立单一直接税种，即所得税；建立多级分类所得税率，保证离岸业务税率不高于在岸公司的税率；采用预约定价协议机制，加强国际合作，打击国际避税行为。

自由贸易试验区（港）税收制度体系的国际借鉴

靳东升
中国国际税收研究会副秘书长

一、国内外自由贸易园区发展现状

自由贸易区是一个国家或地区为促进经济贸易活动发展而设立的特殊区域，并通过给予这一区域特殊的政策优惠来促进发展。由于自由贸易区有良好的促进经济发展的作用，所以受到许多国家的青睐。我国为了进一步扩大改革开放，也进行了建立自由贸易区的探索。

（一）世界典型自由贸易园区发展现状

截至20世纪90年代，世界自由贸易园区数量已超过900个，范围遍及各大洲。自由贸易园区成为新型经济体国家（地区）发展对外贸易、引进外资、扩大就业的重要途径，发展中国家和美国的自由贸易园区数量远远超过欧洲。其中，美国的对外贸易出口加工区发展最为迅猛。截至1994年年末，美国自由贸易区数量就达199个，再加上分区285个，总数达到484个。1999年，世界自由贸易区呈现爆发性增长，已有116个国家设立了超过3000个自由贸易区，提供了4300万个就业岗位。

（二）中国自由贸易试验区发展现状

2011年，上海在“第11届世界自由贸易园区大会”上明确向外界传达了转型的信号。2013年8月22日，国务院正式批准设立中国（上海）

自由贸易试验区，标志着我国第一个自由贸易试验区的成立。2015 年 4 月 21 日，广东、天津、福建自由贸易试验区同天挂牌成立；2017 年 3 月 31 日，国务院批复设立辽宁、浙江、河南、湖北、重庆、四川、陕西 7 个自由贸易试验区；2018 年 4 月 13 日，习近平在庆祝海南建省办经济特区 30 周年大会上郑重宣布，党中央决定支持海南全岛建设中国（海南）自由贸易试验区；2019 年 8 月 26 日，国务院批复同意新设山东、江苏、广西、河北、云南、黑龙江 6 个自由贸易试验区。至此，中国自由贸易试验区的建设布局逐步完善，形成了覆盖东西南北中的改革开放创新格局。

（三）自由贸易园区特征

从全球自由贸易区的基本特征来看，其核心是三大“自由”，即货物进出自由、区内投资自由和金融自由。此外，自由贸易区还具备功能独特、监管便捷、管理高效、政策优惠、法制完备等基本特征。

（四）自由贸易园区类型

自由贸易区的功能定位、管理模式、优惠政策等方面各具特色，按照功能划分，其运行总体表现出如下主要类型：自由港、转口集散型自由贸易区、出口加工型自由贸易区、贸易型自由贸易区、工贸结合型自由贸易区、保税仓库型自由贸易区和综合发展型自由贸易区。

二、世界各国自由贸易区税收比较与借鉴

税收政策是支持自由贸易区发展的重要经济手段，许多国家在设立自由贸易区的同时都相应制定一些税收优惠政策，支持自由贸易区的发展壮大。我国各个自由贸易区也设立了各具特色的税收政策。

（一）世界各国自由贸易园区税收比较

发达国家制定的税收优惠政策具有引领和示范作用，往往被许多发展中国家引进和效仿。税收是资源配置的重要手段，与经济发展密切相关。一国自由贸易区的税收制度尤其是税收优惠直接影响到本国、外国企业的资源流向。各国自由贸易园区的税收优惠政策大致取决于如下相关因素。

一是税收优惠政策制度的设计取决于一国自身的投资环境以及对外来

资本的依赖程度。发达国家投资软硬环境好，税收透明度高，行政管理水平高效，具有很强的吸引外资的竞争力；同时其国内资本相对充足，对外资依赖程度相对较弱。所以，其自由贸易园区的实体税收优惠政策就相对较少，一般以关税和货物税优惠为主体，并侧重采取投资补贴、信息服务、咨询服务等措施鼓励自由贸易园区的发展。发展中国家一般国内投资软硬环境相对较差，税收透明度不高，行政管理水平较为低效，且国内资本缺乏，对外资依赖性高，吸引外资的目的性较强。因此，发展中国家自由贸易园区的税收优惠政策较多，除了关税和其他进口流转税的豁免，一般还采取在企业所得税和个人所得税方面的税收优惠。

二是不同功能定位的自由贸易区，其税收优惠政策也有很大差异。传统以贸易自由化和投资自由化为导向的税收制度，基本上以关税和进口环节货物税豁免为基础。以美国为例，美国早期自由贸易园区的税收优惠政策体现在两个税种上：关税和货物税。对进入自由贸易区的货物，或给予免征关税优惠，或给予退税优惠。同时，针对部分州级税收，例如房产税，也予以免税。但是，自由贸易区内的所得税优惠较少，例如资本红利、版税、利息等收入都不能免税。

现代自由贸易园区制度的多功能定位，意味着以传统关税和货物税为主体的税收优惠政策还无法充分吸引外资，实现自由贸易区除贸易以外的政策功能，特别是产业政策导向功能。后者往往配套了企业所得税乃至个人所得税方面的优惠。

一些具备消费功能的自由贸易园区，不仅针对企业的关税和货物税减免，往往还对区内自然人消费也实行免税或低税政策，对非本地居民则采取离境退税政策。实际上许多这类自由贸易区一般不开征一般消费税。例如，作为自由港，香港没有开征一般消费税，消费品价格低廉，成为深受众人喜爱的“购物天堂”。

三是以离岸业务中心为定位的自由贸易园区，往往为了辅佐离岸业务的发展而采取更为全面、力度更大的税收优惠政策。例如，许多离岸业务中心性质的自由贸易园区，在税收结构上以所得税为主，一般不征收一般消费税，或者对出口货物、跨境服务和大部分金融服务在一般消费税（货物与劳务税）上都采取零税率。在企业所得税上，往往对营业利润所得实行低税率，并且为了方便资本和利润的自由进出，对股息、利息和资本利得等免征预提税或给予优惠的低税率。一些自由贸易区甚至仅采取属地税收管辖权，且对本国居民的境外所得不予征税。

四是自由贸易园区的税收政策还可以结合双边乃至多边税收协定的利用。例如，自由贸易园区的所得税优惠要让境外投资企业得到实惠而不仅仅为达到延期纳税的效果，所在国家或地区与投资企业母国签订的税收政策中应当纳入税收饶让条款。自由贸易园区对股息、利息预提税的豁免，如果能通过税收协议从投资者母国获得对等待遇，对区内离岸业务的发展无疑具有巨大的吸引力。荷属安的列斯群岛的离岸金融中心业务，就得益于荷兰无预提税且税收协议中要求对方缔约国提供类似的待遇的规定。

不过，税收特惠制度因为与普惠原则冲突，在国际税收领域也受到较多的限制。如果没有互免股息预提税的规定，还应当充分利用税收协定的间接抵免制度或者免税制度解决股息的双重征税问题；也就是说，自由贸易区内的企业从境外获得的股息等，应当给予免税待遇或者允许将境外已缴纳的所得税予以抵免。

五是自由贸易园区的税制和税收优惠应当加以简化，不宜过于复杂。例如，新加坡税收征管的高效性主要体现在优惠税制的体系化以及税率的简单化，其实施的效果相当于实行了一种档次少、级距小的超额累进税率，降低了征税机关的征管难度，具有很强的实际操作性。

纵观各国自由贸易园区税制，无论是发达国家还是发展中国家都更倾向于用税收中性较大的关税、增值税及营业税来实行税收减免，而在税收中性较小的所得税、消费税领域，虽然种类繁多但优惠力度较小。相较而言，发展中国家市场经济尚不成熟，资金实力弱，吸引外资的目的性较强，因而对自由贸易园区的税收优惠较多。

（二）我国自由贸易试验区税收比较

我国自由贸易试验区之间税收政策的相同点有以下四个方面。一是未出现税收洼地。二是注重实际。我国各个自由贸易试验区提出的税收政策都结合了本地发展的特色。三是注重借鉴。我国各个自由贸易试验区不仅借鉴了国际经验，而且互相参考了各地的做法。四是注重试验。我国各个自由贸易试验区提出的税收政策都注重实效，采取先行先试，规定税收政策期限的做法。

我国自由贸易试验区之间税收政策的区别：一是政策定位不同，二是优惠重点不同，三是辐射效应不同，四是改革方向不同。

三、海南自由贸易港建设税收制度思考

自由贸易港是新时代我国更高层次开放的重要平台。海南自由贸易港的建设，将会推动实施新一轮高水平对外开放：在金融等服务业领域开放力度更大，形成更高层次的资源优化配置，对接国际贸易投资新规则。

（一）海南自由贸易港建设目标

海南自由贸易港建设将逐步探索，稳步推进。预计通过一定时期的探索，摸索经验，逐步扩大自由贸易港的面积范围，最终在全域建立自由贸易港。作为港口开放的先行者，海南有望推进一系列先行先试措施，这些都需要税收制度的配套建设。

（二）海南自由贸易港建设税收制度设计的指导思想

习近平主席在博鳌亚洲论坛 2018 年年会开幕式上郑重地向世界宣布，在扩大开放方面，中国将采取 4 项重大举措，即大幅度放宽市场准入、创造更有吸引力的投资环境、加强知识产权保护、主动扩大进口。海南自由贸易港建设是对 4 项举措的贯彻落实和生动体现，需要税制改革的进一步配套。税收政策是海南免税港能否具有国际竞争力的重要因素，在税收制度体系设计上要有国际大视野，至少要考虑与中国香港、新加坡等地区或国家税收政策比较是否具有竞争优势，才有可能吸引内外资机构来海南投资，才能增强海南自由贸易港在全球资源配置中的国际竞争力。

（三）海南自由贸易港建设税收制度设计的思路

根据海南建设自由贸易港的目标和指导思想，海南自由港建设税收制

度设计的基本思路应该是具有较强的针对性、实用性、可操作和有效性。

一是支持绿色会展及国际旅游业的税收政策。大力发展会展业，打造绿色会展及国际旅游业。治税建设方面如何鼓励绿色会展业及国际旅游业值得探讨，如对绿色会展给予哪些税收优惠；又如国际旅游业对境外游客的服务可否享受增值税零税率，可否视同出口给予退税优惠或享受其他更加广泛和便捷的税收优惠政策。

二是完善金融改革的税收配套政策。支持海南设立大宗商品、产权、股权、碳排放权等交易场所。在中央支持海南逐步探索、稳步推进中国特色自由贸易港建设这一重大战略决策中，金融服务、金融创新无疑是不可或缺的重要内容，而海南交易所的建设又是海南金融服务、金融创新的一个重要项目。“一行两会”等金融监管部门支持海南自由贸易区（港）建设系列配套政策落地在即。税收政策如何配套落地是当前亟待解决的重要课题。

三是创新股票交易的税收政策。在区内个人可投资港股、美股。中国内地有沪港通、深港通两个渠道投资港股，还没有直接投资美股的渠道。在海南自由贸易港开通琼港通、琼美通，无疑增加了股票投资便利，进一步开放了证券投资市场。如何创新琼港通、琼美通股票交易的税收配套政策，是刻不容缓的治税创新要求。

四是促进高成长性的行业。对大健康、医药、旅游、新能源和文化等在中国具有高成长性的行业，可鼓励发展，开拓其在海南的广阔发展前景。形成海南高成长性行业优势，需要人才、资本、技术等资源竞争优势，这些都依赖海南的营商环境国际化竞争优势。各个高成长性行业都可产生一批高成长性企业。

（四）海南自由贸易港税收制度设计需要考虑的四个问题

根据世界各国建立自由贸易区（港）的历史经验，以及我国自由贸易区的实践，给予海南自由贸易区（港）一定的税收优惠政策支持很有必要。但是，在制定税收优惠政策时，需要考虑如下问题。

第一，通过人大立法确定海南省税收自主权。国际上所有的自由贸易港都有税收自主权，但这与我国的统一税法有矛盾。海南要实行更加自由灵活的税收政策，就需要全国人大授权，通过全国人大的立法解决政策的自由度问题。

第二，要处理好税收政策与税收收入的矛盾。例如，如果实行税收减免政策，如何保证海南财政收入？

第三，要加强税收管理和税收征缴的便利化。

第四，要处理好税收政策和国际税收规则的矛盾。现在国际上关于划拨资金的管理规定非常多，海南的税收政策既要有吸引力，又要与国际税收规则相一致。

从上海自由贸易试验区税收看海南自由贸易港税收

胡怡建
上海财经大学公共政策与治理研究院院长

一、中国（上海）自由贸易试验区发展三个阶段

第一阶段，2013 年 9 月 29 日，中国（上海）自由贸易试验区正式成立，面积 28.78 平方千米，涵盖上海市外高桥保税区、外高桥保税物流园区、洋山保税港区和上海浦东机场综合保税区等 4 个海关特殊监管区域。

第二阶段，2014 年 12 月 28 日，全国人大常务委员会授权国务院扩展中国（上海）自由贸易试验区区域，将面积扩展到 120.72 平方千米，包括金桥出口加工区、张江高科技园区和陆家嘴金融贸易区，把出口加工、高科技产业和金融这三个重要的产业加了进去。

第三阶段，2017 年 3 月 30 日，国务院《全面深化中国（上海）自由贸易试验区改革开放方案》在洋山保税港区和外高桥综合保税区等海关特殊监管区内，进行自由贸易港的探索和建设。

二、中国（上海）自由贸易试验区政策导向

中央要求上海成为改革开放的排头兵、创新发展的先行者，为此上海自由贸易试验区更多是创新试点区，是要建制度创新高地，而不是政策洼地，主要通过先行先试，制度上创新突破，形成在全国可复制、可推广的经验。所以，上海在政策上突破不多，尤其是财税政策上基本没有突破，

但确实形成了一批制度创新经验，在全国自由贸易试验区和非自由贸易试验区复制、推广。

第一，政策导向上，主要是扩大开放和深化改革，适应和促进贸易、投资、金融开放，建设制度创新高地，形成可复制、可推广的经验，服务全国的发展，不搞特殊政策洼地。

第二，领域开放方面，包括贸易、金融、投资三大领域开放；通过三大领域开放，促进经济转型升级，发展方式转变。

第三，在制度创新上，主要包括法制、管制、税制三大制度；通过制度创新促进政府职能、管理方式、发展方式转变。

三、中国（上海）自由贸易试验区制度创新

主要反映在四个方面。

第一，投资制度创新。给予外商投资“准入前国民待遇”，以负面清单管理模式为特征的投资准入制度。一是制定和完善负面清单，负面清单由2013年的190项缩减为2017年的95项，进一步提高了开放度和透明度；二是除负面清单以外领域的外商投资项目核准制和审批制全部改为备案制。

第二，贸易制度创新。形成以贸易便利化为重点的贸易监管制度：一是实施“一线放开、二线安全高效管住”的贸易监管制度，构建自主申报、自助通关、自动审放、重点稽核监管新模式；二是实施以信息化和智能化为核心的贸易便利化改革和货物状态分类监管制度，建立了以信息化监管为主、现场监管为辅的监管方式，建成上海国际贸易“单一窗口”，实现“一个平台、一次提交、结果反馈、数据共享”；三是实现口岸监管部门“信息互换、监管互认、执法互助”。

第三，金融制度创新。形成以服务实体经济发展为核心的金融制度，在自由贸易账户体系、投融资汇兑便利、人民币跨境使用、利率市场化、外汇管理改革等5个方面形成了“一线放开、二线严格管理”的宏观审慎的金融制度框架和监管模式。设立上海国际能源交易中心，推出原油期货交易、上海黄金交易所国际交易平台和上海国际金融资产交易平台，发挥跨境双向人民币资金池结算功能。

第四，管理制度创新。形成由注重事先审批转为事中事后监管的政府管理制度。海关推出先进区后报关、批次进出、集中申报，建立贸易、运输、加工、仓储等业务的跨部门综合管理服务平台，推进“证照分离”“三证合一”“一照一码”等商事制度改革举措，降低了企业准入门槛和经营成本，实施了企业准入“单一窗口”制度，企业准入由“多个部门多头受理”改为“一个部门、一个窗口集中受理”，企业年检制改为年度报告公示制度。

四、中国（上海）自由贸易试验区税收政策

（一）综合保税区税收政策

1. 免税缓税

货物可以在保税区与境外之间自由出入，免征关税和进口环节税。区内企业进口自用设备、办公用品、生产用原材料、零部件等免关税、进口环节增值税；进口产品进境备案，内销产品进关完税；对注册在洋山保税港区内的企业从事国际航运、货物运输、仓储、装卸搬运、国际航运保险业务取得的收入，免征营业税。

2. 出口退税

在外高桥保税区国内货物装船离岸出口，办理退税；在洋山保税港区、外高桥保税物流园区、浦东机场综合保税区货物入区视同出口，办理退税；从国内其他港口启运经洋山保税港区中转的货物，在离开启运地时即可办理退税。

3. 保税加工

对境外运入区内的企业加工出口所需的原材料、零部件、元器件、包装物件、转口货物以及区内存储货物实行保税；加工产品内销按照进口原材料、零部件征收关税和进口环节增值税。

（二）贸易和投资税收政策

1. 贸易税收政策

将试验区内注册的融资租赁企业或金融租赁公司在试验区内设立的项目子公司纳入融资租赁出口退税试点范围。对试验区内注册的国内租赁公司或租赁公司设立的项目子公司，经国家有关部门批准从境外购买空载重

量在 25 吨以上并租赁给国内航空公司使用的飞机，享受进口环节增值税优惠政策（对国内航空公司进口空载重量在 25 吨以上的客货运飞机，减按 5%征收进口环节增值税，一般为 17%。2012 年天津东疆保税港区先行试点）。

2. 投资税收政策

注册在试验区内的企业或个人股东，因非货币性资产对外投资等资产重组行为而产生的资产评估增值部分，可在不超过 5 年期限内，分期缴纳所得税。对试验区内企业以股份或出资比例等股权形式给予企业高端人才和紧缺人才的奖励，实行已在中关村等地区试点股权激励个人所得税分期纳税政策。

3. 探索税收政策

在符合税制改革方向和国际惯例，以及不导致利润转移和税基侵蚀的前提下，积极研究完善适应境外股权投资和离岸业务发展的税收政策。

（三）上海自由贸易试验区税务管理创新

上海自由贸易试验区在税收政策上没有新的政策落地，所以中央要求在管理创新上有一些新措施。比如上海税务部门推出 7 项创新服务措施，分别是：实行专业化集中审批；试行窗口“一站式”审批；取消部分前置核查；拓展区域通办；推行网上办税；建立无障碍沟通平台；探索试行电子发票。国家税务总局也推出 10 项便民措施，并在上海自由贸易试验区先行先试，分别是网上自动赋码、网上发票应用、网上区域通办、网上自主办税、网上审批备案、网上资格认定、网上非贸管理、网上按季申报、网上信用评价、网上服务体验。这些措施在进一步深化管理中被普遍使用。

五、中国（上海）自由贸易试验区财政政策

地方为促进经济发展，在财政上把重点由税收优惠支持转向财政支出扶持。在财政支持政策上主要采取财政退税、补贴、奖励，以及基金等方式和措施，发挥财政重点支持和政策导向作用。上海浦东财政主要采取促进产业结构优化、经济转型升级，区内区外一视同仁平行支持的模式。上海浦东财政支出扶持政策分为自由贸易区财政专项和地方财政扶持政策两

种类型，前者只用于提升自由贸易区管理水平，后者同时适用于自由贸易区和非自由贸易区产业转型升级。

（一）地方自由贸易区财政专项

对于自由贸易区的财政政策主要是 2014—2016 年财政专项，数额不大，3 年 24 亿元，主要由自由贸易区管委会 3 个内设局和 5 个管理局使用，用于综合管理、贸易便利化和服务平台，提升自由贸易区管理水平和服务能力。

（二）地方财政扶持政策

“十二五”期间，浦东支持和奖励企业和个人，支持规模每年 200 亿元，5 年高达 1000 亿元。2017 年，浦东又推出系列财政扶持政策，涉及专业服务业、商贸服务业、航运业、金融业、楼宇经济、总部经济、战略新兴产业发展、创新型人才等 8 项支持政策。支持规模由每年 200 亿元改为不高于浦东预算支出的 20%。

（三）上海自由贸易试验区未来着力点

落实《全面深化中国（上海）自由贸易试验区改革开放方案》的各项试点任务，着力在“三区一堡”“双自驱动”和“三个联动”上体现新作为。“三区一堡”即建设开放和创新融为一体的综合改革试验区、开放型经济体系的风险压力测试区、提升政府治理能力的先行区、服务国家“一带一路”建设和推动市场主体走出去的桥头堡；“双自驱动”即自由贸易试验区与张江国家自主创新区实行“双自驱动”；“三个联动”即区内改革同全市改革的联动、同上海国际金融中心和科技创新中心的联动。

六、海南自由贸易港税收政策探讨

根据海南在全岛“分两步”建立自由贸易试验区和自由贸易港全岛建设战略部署，海南以旅游业、现代服务业和高科技产业为建设发展重点，积极探索符合海南特点的税收政策：第一步，在海南全境建设自由贸易试验区，赋予其现行自由贸易试验区试点政策；第二步，探索实行符合海南发展定位的自由贸易港政策。

现行的政策，凡是自由贸易试验区适用的，海南也可以适用。现行政策可以分为两个部分。一是海南自由贸易试验区核心区，实施境内关外免征关税和增值税政策。二是海南自由贸易试验区非核心区，从上海和其他自由贸易试验区的实施情况来看，赋予现行自由贸易试验区可能的政策主要有：主营业务收入占企业收入总额 70%以上的鼓励类产业企业减按 15%的税率征收企业所得税；试验区内注册的融资租赁企业或金融租赁公司在试验区内设立的项目子公司纳入融资租赁出口退税试点范围；试验区内注册的国内租赁公司或租赁公司设立的项目子公司，经国家有关部门批准从境外购买空载重量在 25 吨以上并租赁给国内航空公司使用的飞机，享受进口环节增值税优惠政策。注册在试验区内的企业或个人股东，因非货币性资产对外投资等资产重组行为而产生的资产评估增值部分，可在不超过 5 年期限内，分期缴纳所得税。对试验区内企业以股份或出资比例等股权形式给予企业高端人才和紧缺人才的奖励，实行股权激励个人所得税分期纳税政策。

根据海南自由贸易试验区和自由港全岛建设以旅游业、现代服务业和高科技制造业为建设发展重点的特点，以及分步实施推行自由港建设总体规划，可分步实施探索符合海南特点的税收政策。

第一步：其一，海南全岛进口自用设备免征进口关税和增值税。其二，海南将来成为旅游和服务业相对比较发达的地区，由于产品是可以流动的，而服务是无法流动的，如果我们对服务业特别是消费性服务业实行产品“地产地消”和服务免征增值税的话，也是比较可行的。其三，海南全岛符合产业发展要求的实体企业，实施按 15%的税率征收企业所得税。其四，海南全岛先行实施所得税属地征税，仅对在海南所得征税。其五，在上海提出但是没有实施的落地境外股权投资和离岸金融业务免税政策。

第二步：一是探索海南行政、财政、税政“三政合一”相对自主独立的政策体系。二是如何在全境推进自由贸易港建设，实施境内关外免征关税和增值税政策。三是探索海南全岛实施 15%企业所得税政策。

加快海南自由贸易港建设的财税政策建议

刘 桓
中央财经大学税务学院原副院长

一、海南自由贸易港建设中的优势与差距

（一）海南自由贸易港建设的优势

第一，宏观经济优势。我国经济发展速度很快，这是海南自由贸易港发展的底气，有一些指标可以说明，比如：我国国民经济持续增长；经济增长贡献率全球第一；货物贸易总量全球第一；2018 年进出境达到 6.5 亿人次。从 2011—2017 年世界主要国家和地区 GDP 增长情况来看，虽然我

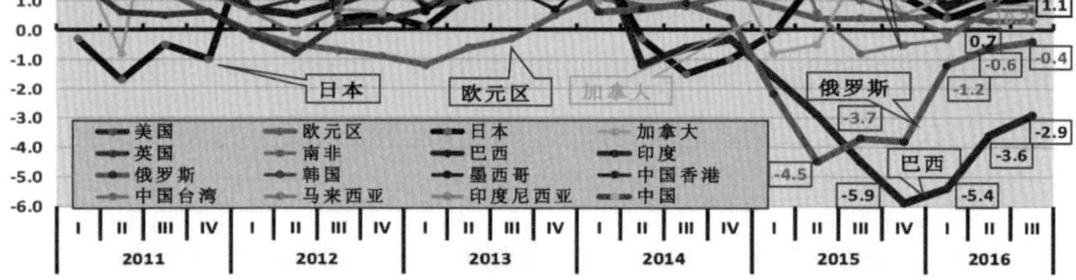

图 5.8 2011—2017 年世界主要国家和地区 GDP 增长情况

国发展受影响，但增长仍保持在6%左右。因此，只要我们自己一心一意谋发展，不折腾，我国经济和海南发展一定会有光明的前程。

第二，区位优势。首先，目前海南集自由贸易试验区、国际旅游岛、无重化工业污染等先天优势于一身。其次，香港、高雄、釜山等港口发展滞后，客观上为海南自由贸易港的发展创造了有利的时机。

第三，政策优势。未来，要把优势转化为胜势，还需要做很多工作。

（二）海南自由贸易港建设中的差距

1. 选取国际几大自由贸易港为样本

一是新加坡，它是世界上规模最大的货物中转站；二是香港，它是拥有国际最高开放标准的自由港；三是巴拿马科隆，它是仅次于香港的世界第二大免税贸易港和西半球最大的自由贸易区；四是纽约自由贸易区，它是美国最重要的自由贸易区。

2. 自由贸易港的最主要制度政策特征

第一，公司设立和注册流程简化。香港特区企业注册和登记手续简单快捷，只要在网上经过3个步骤就可以拿到公司执照，一般1小时内就可获发有关证书。如以纸质方式提交申请，获发证书也只需要4个工作日。香港特区法律对公司注册资本的金额也没有限制，不用验资，到位资金不限，公司成立后还可以任意增加注册资本。

第二，行业准入方面基本不受限制。新加坡在外资的行业准入上极少限制。除了国防相关的行业和个别特殊行业外，新加坡对外资进入没有行业限制，商业、外贸、租赁、营销、电信等市场完全开放，但外资进入金融、保险、证券等特殊领域需向主管部门备案。

第三，外汇管理制度宽松便利。在香港特区的企业可使用任何货币进行贸易结算。香港对货币买卖和国际资金流动，包括外来投资者把股息或资金调回本国都无限制。巴拿马的本国货币巴波亚仅作为辅币，其合法货币为美元，是世界上少有的无本国货币的国家之一。因此，贸易结算一般使用美元。在巴拿马的银行存款无须纳税，无外汇管制，利润汇出汇入自由。

第四，货物通关及监管程序简便。纽约港自由贸易区为美国最重要自由贸易区之一。自由贸易区内的企业相对于外部企业而言，可以享受24小时无限制的通关福利，享受每周只用申报一次过关记录和缴纳一次货物处理费。每个企业每周需要缴纳的货物处理费最多为485美元。货物处理费也没有上限。需要美国配额的商品可以先存在自由贸易区，不受到配额的限制。一旦配额开放，商品就可以第一时间通过海关运入美国。

第五，实行最大限度的税收优惠政策。

——香港。香港作为自由贸易港实施典型的零关税政策，一般进口或出口货物均无须缴付任何关税，除了酒类、烟草、碳氢油类及甲醇这4类商品。同时，香港实行简单低税率政策，税种少且税率低。香港不设增值税和营业税，境外所得利润也不纳税。即使是经营业务，个人也无须就利息、股息、红利、股票等投资所得纳税。香港主要征收3种直接税：利得税、薪俸税和物业税。从主体税种看，利得税的税率分别为16.5%（适用于有限公司）和15%（适用于非有限公司）。

——新加坡。新加坡对内外资企业实行统一的企业所得税政策。自2010年起，新加坡公司税税率为17%，且所有企业可享受前30万新元应税所得部分免税待遇：一般企业前1万新元所得免征75%，后29万新元所得免征50%；符合条件的企业前10万新元所得全部免税，后20万新元所得免征50%。除了酒类、烟草（含卷烟）、石油、机动车以外，新加坡对所有进口商品免征关税。国际运输服务和与进出口相关的运输服务以及与进出口有关的货物装卸、搬运、保险等服务则均适用零税率。

——巴拿马科隆自由贸易区。巴拿马当地公司所得税平均为30%—40%，但在科隆自由贸易区内，企业经营只需要缴纳税率为2%—5%的所得税（实际执行可能稍有出入）；资本税为每年年底按资本（资产—负债）1%的费用缴纳；若向股东分红派息，则须由公司代扣5%的股息税。

——纽约自由贸易区。运进区内的货物不需要缴纳进口关税，只有当货物通过海关运入美国时才需要支付关税。该区还施行倒置关税政策，即原料关税高于成品关税。由于原料进口关税比成品进口关税高，因此需要大量进口原料的企业会倾向于在自由贸易区内投资建厂，把原料加工成成品后再进入美国市场。除此之外，在区内设厂的企业不用缴纳任何进出口关税就可以完成出口，还可享受废品关税免征以及自由贸易区之间转移的产品、区内加工消耗的商品以及展览品等免税的优惠。

3. 海南在自由贸易港建设中的差距

总体来看，对照上面的四个标准，除了在公司设立和注册流程简化方面，由于我国近年来大力推进“放管服”改革，大大简化了企业开办、注册的手续之外，在其他几个方面的差距还是比较明显的，在外汇管制和税收优惠方面的差距尤为明显。

二、加快海南自由贸易港建设的制度政策建议

（一）放松金融外汇方面的管制

一是在全岛范围内全面进行资本项下的人民币自由兑换的试点。为此，金融监管要加强，而且金融监管要在前。二是在全岛范围内涉外企业可使用任何主要国家货币进行贸易结算，以最大限度地降低企业的汇兑成本。

（二）最大限度地实行税收优惠政策

一是零关税。零关税要根据自由贸易港建设的分阶段目标分步实施。目前建设自由港分三步，2020 年开始启动，2022 年怎么样，2025 年怎么样，随着“零关税”的推移逐步地达到目标。

二是进行流转税方面的改革。有四条可以做到：一是货物入港应退增值税和消费税；二是港内货物流转与区内消费的劳务，应以不含国内流转税的价格进行，因而区内企业之间的交易，不应缴纳增值税、消费税等流转税；三是全部取消各种附加税和税外收费；四是对港内企业签订的合同，应免除印花税。

三是进行企业所得税方面的改革。一方面，设立“自由贸易区区先进产业目录”，对纳入目录内的目标产业、企业一律实施 15%的优惠税率政策。同时，赋予自由贸易区管理部门确定产业目录的权利。另一方面，自由贸易区（港）实行属地原则，对非产生于港区的外资企业利润免征企业

所得税；对非产生于港区的外资企业利润汇出港外，减征预提所得。

四是进行个人所得税方面的改革。一方面，提高在岛内有固定工作的外籍人员个人所得税固定扣除标准，可考虑由 60000 元 / 年提高到 120000 元 / 年。另一方面，提请中央批准，允许将个人所得税分成中归属于地方的 40%返还给纳税人。总而言之，个人所得税方面的改革大有可为。

海南自由贸易港财税政策与制度创新

中国（海南）改革发展研究院课题组

零关税、低税率、简税制是自由贸易港的突出特点，资金自由进出是自由贸易港的基本要素，是实现投资贸易自由化、便利化的重要条件。海南自由贸易港建设，要以制度创新为核心，大胆试、大胆闯、自主改，在财政税务方面探索实行更加开放灵活的政策与制度体系，建立一套有别于内地的、特殊的财税体制，由此形成具有国际竞争力和吸引力的营商环境。

一、以打造具有国际竞争力的营商环境为目标

中央 12 号文件对海南自由贸易港建设提出明确目标，即 2025 年营商环境达到国内一流水平，2035 年营商环境跻身全球前列。海南财税体制改革的重要目标就是打造与自由贸易港相适应的、具有国际竞争力的营商环境。

（一）以提升税收国际竞争力为目标建立一套有别于内地的、相对独立的税收体系

从海南免税购物、博鳌乐城国际医疗旅游先行区等具体实践探索来看，若实行与全国统一的财税制度，海南自由贸易港建设进程将受到掣肘。加快建设海南自由贸易港迫切需要建立一套有别于内地的、特殊的税收体系，充分发挥财税政策在产业引导、要素集聚等方面的重要作用。

（二）海南财税体制改革要有利于吸引各类企业和人才

一要有利于吸引各类企业。从海南的情况来看，现有的财税环境离自

由贸易港的建设发展要求还有相当大的差距。比如，根据海南省统计局推出的《海南营商环境满意度调查报告》显示，海南"营改增"后税负减轻满意度仅为36.3%，税负较重仍然是企业发展面临的主要问题。如果财税制度不做大的改革，海南的营商环境难以优化；如果只是在现有财税制度下做某些优惠性的调整，也很难实现中央赋予海南全面深化改革开放试验区的战略意图。

二要有利于吸引各类人才。海南自由贸易港建设关键靠人才。习近平总书记在"4·13"讲话中明确指出，"吸引人才、留住人才、用好人才，最好的环境是良好体制机制"。从调研中发现，个人所得税以及与人才相关的财税体制改革是吸引人才的重要因素。

（三）海南财税体制改革要对标国际自由贸易港

实施不亚于香港、新加坡等全球知名自由贸易港的税收优惠。海南自由贸易港建设，不是对标内地自由贸易试验区，而是要学习借鉴香港和新加坡等国际自由贸易港。目前前海自由贸易试验区的所得税率为15%，是全国最低。香港于2018年4月1日开始实行两级税率，将利润200万港币以下的法人企业利得税税率由16.5%降低到8.25%，独资或者合伙的非法人企业利得税税率由15%降低到7.5%。[①]这个幅度远大于国内其他地区。

从建设海南自由贸易港的战略目标出发，海南在财税体制的改革上要立足内地、眼睛向外，以香港、新加坡等地税制作为重要参考，尽快形成有国际竞争力的财税制度安排。按照世界银行与普华永道每年发布的《世界纳税报告》评估指标衡量，争取到2025年海南自由贸易港纳税指数达到全球前10名，到2035年达到全球前5名。

（四）海南实行自由贸易港的财税制度安排要防止形成"虹吸效应"

首先，海南发展的不是所谓的注册地经济，而是要以服务贸易为重点，以旅游业、现代服务业、高新技术产业为主导，实现跨越式发展。注册地经济不是海南的目标。

---

①香港利得税两级制4月1日起实施［N/OL］. 新华网，2018-03-30.

其次，海南的财税改革，不是为了单纯地增加企业数量，而是为了吸引企业在海南实实在在地开展业务，为企业提供对标国际的营商环境。

最后，海南本身税源不大，减免幅度有限；实行境内关外制度后，内地货物进入海南视同出口，不会带来类似注册地登记的税收流失，也就是所谓的“虹吸效应”。海南实行自由贸易港的财税制度安排，是海南建设中国特色自由贸易港中的一个重大任务，是率先完善社会主义市场经济体制的一项重大探索。

二、构建“零关税、低税率、简税制”的财税体制

建设海南自由贸易港，需要以调整中央与地方税收关系、改革税制、创新征管体制等为重点，实行一套有别于内地、具有国际竞争力的财税体制。由此，既能吸引大量企业进驻投资，又能避免成为“逃税港”。

(一) 调整中央与海南的税收关系

1. 将部分中央税收入留给海南

适应海南国际旅游消费中心建设的需要，可将国内消费税由中央税调整为地方税；考虑到未来海南除部分商品外都实行免进口关税，以及进口环节的增值税和消费税，实际的关税及相关环节税收收入极少，建议中央以税收返还的形式将关税及进口环节征收的增值税和消费税留给海南。

2. 提高部分中央与地方共享税的海南留存比例

服务于我国南海资源开发、维护海洋权益的战略需要，可将海南省所辖海域油气田的资源税划归海南；支持海南自由贸易港发展，提高个人所得税、企业所得税等部分共享税的海南留存比例。

3. 扩大海南省级税收管辖权

明确将地方税收的税种开征权、税收减免权、税率调整权下放给海南；通过赋予海南更大的税收自主权，支持海南自由贸易港建设。

(二) 构建以直接税为主的地方税制

1. 该取消的取消

例如，海南自由贸易港内取消或免征增值税、城市维护建设税、耕地

占用税、车船使用税、土地增值税等。

2. 该减少的减少

例如，减少消费品的纳税品种，促进国际旅游消费中心建设。

3. 该合并的合并

将契税并入印花税，将烟叶税并入消费税。

4. 形成简税制

通过税收改革，将海南省目前的税种由 18 个减少到 6 个，只保留企业所得税、个人所得税、资源税、环保税、印花税、销售税。

(三) 调整部分税种的税率

1. 对企业所得税和个人所得税实行低税率

所有企业减按 10%的税率征收企业所得税；个人所得税税率最高不超过 10%。

2. 提高部分税种税率

提高房地产税、环保税、资源税的税率，体现海南土地、环境、资源的实际价值；提高房地产交易的印花税率，通过税收手段调控房地产市场。

三、建立与高度开放相适应的税收征管体制

海南实施“简税制、低税率”的税收政策，在短期内不排除产生“虹吸效应”“攀比效应”等现象，尤其是在数字经济等新兴产业快速发展的背景下，这一现象将更为突出。为此，需要加快自由贸易港的税收治理体系建设，避免成为“逃税港”。

(一) 改革税务部门领导管理体制

改变国税地税机构合并后，以国家税务总局为主、与地方党委和政府双重领导的管理体制，将国家税务总局海南省税务局改为海南税务局，全面纳入海南省地方管理，由海南省对干部、机构编制、业务和收入等实行统一管理。

(二) 创新税收监管制度，防止成为“逃税港”

建立以纳税人自主申报为前提的，由申报纳税、税额确认、税款追

征、违法调查、争议处理等为主要构成环节的，与税收风险管理相适应的税收征管基本程序；建立以电子税务局和大数据平台为支撑的“互联网 + 税务”信息化体系，减少税收流失。

（三）强化与中央及内地省份的税收征管协作

一要成立由国家税务总局牵头的“联席协调”特别机制。尽快设立跨部门、跨省市的税收“联席协调”特别机制，从征税对象、纳税地点、纳税环节、信息沟通等方面，对税收征收管理中遇到的地方性差异问题进行统筹协调。

二要建立与内地共享的企业税务信息共享平台。建立与内地共享的企业纳税信息平台，实现海南与内地企业纳税信用联动、涉税信息互换、联合税收稽查等。充分利用大数据、区块链等信息技术，实现税收征管的精细化，准确识别企业逃税行为，并有效防止重复征收。

三要在国家税务总局协调下，联合制定防逃税监管标准体系。对逃税行为的认定、处罚等方面实现制度性安排。

（四）强化税收征管的国际协调

一是以采用与国际衔接的预约定价协议机制强化对跨境业务的税收征管协调。预约定价协议机制是当前解决转移定价反避税最有效的方式，海南自由贸易港可在全国率先探索构建预约定价协议机制。跨境业务公司通过与海南税务机关进行协商讨论，预先确定税务机关和跨境业务企业双方同意的关联交易定价原则，即将转移定价的事后税务审计变为事前约定。

二是强化对跨境业务的税收征管协调。参照新加坡等地相关政策与制度安排，形成海南离岸业务税收征管制度；积极参与国际合作，与世界上部分低税率国家和地区以及部分国际离岸业务中心签订税收信息交换协议、双边税收协定和避免双重征税协定等，以提高税收透明度。

三是强化对数字经济领域的跨境税收征管协调。数字经济的国际税收征管协调已成为 G20 等组织的重大议题。建议海南自由贸易港率先在数字经济税收管辖权标准、税收侵蚀、利润转移及跨境电商税收征管、反洗钱等领域率先探索，为我国积极参与国际数字经济税收规则制定提供海南经验。

四、建议尽快赋予海南一定的财税自主权

第一，建议授权海南通过停征、合并、调整征收范围等方式简化自由贸易港的税制，形成企业所得税、个人所得税、资源税、环保税、销售税、印花税等为主要税种的简税制。第二，建议授权海南按照提升对海内外资本和技术吸引力的需求，实行 10%的企业所得税税率，并且允许旅游业、现代服务业、高新技术产业等领域在一定期限内免征企业所得税。第三，建议授权海南按照提升对海内外高端人才吸引力的需求，在部分旅游行业、现代服务业、高新技术产业实行最高不超过 10%的个人所得税税率。

第六章

金融制度创新

资金自由进出是自由贸易港的基本要素，是实现投资贸易自由化、便利化的重要条件。加快形成以社会资本和外资为主体的金融体系，需要率先进一步放宽金融市场准入，在促进海南金融业更好服务实体经济的同时，形成离岸在岸分类监管的制度性安排，并建立与之相适应的金融体制与管理制度，促进境外资金、社会资金自由流动，有效防范金融风险。

对设立“一带一路”中国（海南）国际资本市场的认识和建议

以服务“一带一路”为目标建立海南
“三板市场”可行性研究课题组

“一带一路”建设是促进我国经济转型升级和高质量发展，推动新型经济全球化发展并助力我国有效参与全球治理的重要倡议，对国际秩序和全球经济格局产生深远影响。海南全省建设自由贸易港，是党中央立足国际国内发展大局、在我国改革开放再出发的大背景下做出的重大战略布局。在海南设立服务“一带一路”建设的国际资本市场，高度契合我国陆海内外联动、东西双向互济的发展战略。既可满足“一带一路”建设的投融资需求，又能充分体现我国推动贸易自由化、投资便利化和新型经济全球化的大国担当，同时还能有效助力海南自由贸易港建设，为我国金融业和资本市场供给侧结构性改革探索新路。

一、设立“一带一路”国际资本市场与海南自由贸易港建设任务高度契合

（一）“一带一路”建设有巨大的投融资需求

据国际货币基金组织（IMF）测算，2017—2021 年，“一带一路”沿线国家基础设施建设累计投资额将超过 3 万亿美元。据亚洲开发银行测算，2016—2030 年，仅亚洲基础设施建设的投资需求就高达 26 万亿美元。据国务院发展研究中心估算，2016—2020 年，“一带一路”沿线国家基础

设施建设资金需求至少为 10.6 万亿美元。除基础设施外，“一带一路”建设在服务业、农业、资源开发、技术改造升级、高端制造业等领域，同样存在庞大的资金需求，仅依靠政府或单一的金融服务体系难以满足融资需求。但是，与“一带一路”沿线国家的投融资需求相比，目前的金融供给尚存明显差距。

（二） 建设以我为主、服务“一带一路”建设的国际投融资平台是当务之急

“一带一路”是一个全新的国际公共产品，不可能也不应该只由中国来建设，而是应该发动沿线国家共建；不仅要靠政府推动，让国有企业参与其中，而且要运用市场机制动员“一带一路”沿线国家甚至发达国家众多民营企业和广大投资者参与其中。因此，构建包容、共建、共享的“一带一路”投融资体系，以调动和发挥各方积极性，成为当前要务。依托“一带一路”国际投融资体系，我国还可以实现跨国公司从大到强的转变，同时培育一批在国际上具有影响力的新的跨国公司。

（三）海南建设自由贸易港必须发展以金融业为龙头的现代服务业

与其他自由贸易港不同，海南自由贸易港建设起步阶段就要以发展现代服务业为重点，加快服务业市场开放步伐，努力形成以服务贸易为主导的开放发展新格局。高度国际化的金融业是现代服务业的龙头。作为全球开放水平最高的区域，海南要对标国际自由贸易港，全面实行自由贸易港的体制与政策，在金融制度方面做出一系列特殊的政策安排，从而有效集聚国际资金、金融机构和专业人才，为国内外企业提供资金、技术和专业服务等方面的支持，同时营造公开、公平、透明的投融资环境。

（四） 建设服务“一带一路”的国际资本市场是海南金融业发展的关键

“一带一路”是我国“走出去”战略的重要组成部分，既需要资金，又必须分散风险。在海南建设服务“一带一路”的国际资本市场，可以有效集聚资本、配置资源并进行风险管理。这样，海南的金融业就会站在一个很高的发展起点上，直接融入国际资本市场。通过这样的国际化资本市场平台，国内的券商、律所、会计师事务所顺势而为，跟着“走出去”，

既可把握国内形势，也能够了解国外行情，从而实现市场风险的相对透明可控。

二、建设面向“一带一路”的国际资本市场是金融业助力我国崛起的先手棋

（一）通过资本市场双向开放倒逼我国金融业改革发展

通过扩大对外开放倒逼改革是40多年的改革开放实践证明行之有效的基本经验。金融开放是金融供给侧改革的重要组成部分。通过进一步深化改革和双向开放，在我国建立微观主体独立、基于通行规则、面向国际国内两个市场、利用国内国外两种资源的开放型金融体系，是未来一个时期我国金融供给侧改革的重要方向。

（二）建设服务“一带一路”的国际资本市场符合我国金融业和资本市场发展趋势

通过供给侧结构性改革，打造一个规范、透明、开放，有活力，有韧性的资本市场，是中央赋予我国资本市场的重要使命。要完成这一重任，就要根据发展需要，加快资本市场双向开放步伐，着力构建与改革开放目标相适应的金融制度体系、市场体系、产品服务体系和监管体系。金融是现代经济的血液。在“一带一路”合作的“五通”中，其他“四通”都离不开“资金融通”的支持。因此，以“一带一路”建设为契机，在我国搭建一个新的国际化资本市场平台，通过合纵连横，让国内资本“走出去”，把国际资本“引进来”，既能够推动我国金融业和资本市场的发展，又能为我国和平崛起提供助力。

（三）在海南建立一个区域性国际资本市场，符合我国总体战略利益

国际经验表明，一个国家或地区资本市场的发展规模和发展质量，很大程度上决定着其在全球资源配置中的地位和能力。在海南建设面向“一带一路”的国际资本市场，就是要打造一个我国在全球金融市场争夺话语权的新的国际公共产品。这样就可以把国内外大量金融机构和各类金融人才吸引到海南，建设区域性金融总部基地，探索一套成熟高效的资本市场

运作模式，让“中国规则”走向世界，并与国际资本市场和全球价值链形成“你中有我、我中有你”的局面，消解美国在贸易和金融领域对我国的围堵和打压，真正形成陆海内外联动、东西双向互济的对外开放新格局。

三、在海南设立“一带一路”国际资本市场具备相应的可行性

(一) 我国有强大的资本形成潜力和逐渐畅通的外部资金渠道

我国当前的储蓄率水平位于世界前列。国际货币基金组织(IMF) 的统计数据表明，2017 年我国储蓄率为 47%，远高于 26.5%的世界平均储蓄率；即使 2018 年下降为 44%左右，也高于发展中经济体和发达国家的平均水平。对世界各国来说，我国拥有潜在的大规模直接投资者和证券投资者。可依托我国的直接投资能力，同时广泛吸纳国际资金，建设服务“一带一路”、以我国主导的国际化投融资平台，或者说是建设资本市场领域的“亚投行”。2018 年，德国、法国、意大利的央行分别宣布将人民币列为外汇储备。随着中国央行鼓励人民币跨境收付，全球越来越多的国家将更加重视人民币作为储备货币的地位。我国经济正凭借良好的信用和前景预期，赢得全球更多投资者的信任。我国资本市场对“一带一路”沿线国家也会更有吸引力。

(二) 海南有相应的政策优势和区位优势

自由贸易港意味着更高程度的金融自由化，包括资本市场完全开放、对外融资自由、汇兑自由、人民币跨境使用自由等内容。开放的资本市场可以视作海南自由贸易港的一种必备属性，这是海南具备的独特政策优势。

建设“一带一路”国际资本市场，海南具有无可替代的区位优势。虽然与国际上发达的自由贸易港相比，海南存在很大差距，但同时也拥有巨大的后发优势。依托我国规模庞大的消费市场和产业优势，以及自身独特的区位优势和政策优势，海南通过高标准自由贸易港的建设，可以促进我国参与和主导贸易、投资、金融、法律等方面国际规则的制定，形成更加稳定、透明和可预期的贸易投资环境，消除我国面临的贸易壁垒，提升我

国在全球的金融资源配置能力。

（三）有巨大的增长空间和发展前途

在海南建设面向“一带一路”的国际资本市场，与现有的沪深交易所并不矛盾，反而可以形成错位发展和优势互补的态势。沪深交易所主要是服务国内企业的，很难服务“走出去”的企业，也无法满足“一带一路”沿线国家的投融资需求。在海南建立一个聚集国内外资金、服务“一带一路”建设的国际资本市场，无疑具备很大的发展空间。这个资本市场一开始就按照“皇马体制”来“高举高打”，采取国际上最先进的理念和制度，与沪深交易所和港交所实行差异化发展，主要功能是助力“一带一路”建设。这既可以助推海南金融业的开放发展，又可促进贸易投资自由化和便利化，大力提升我国资本市场的国际化和市场化水平。

（四）与自由贸易港的功能相称并且风险影响范围相对可控

建设“一带一路”、建设海南自由贸易港、推动资本市场供给侧结构性改革，是我国资本市场在开放条件下兴利除弊的重要契机。在海南探索我国资本市场国际化的经验，相比境内其他交易所来说，政策许可程度更高、影响范围相对可控。对海南而言，有了这个国际化资本市场，既能够直接服务国家战略，又可以用资本市场来拉动发展企业总部经济、企业研发经济等高端实体企业，避免高密度、低层次经济陷阱，促进海南实体经济、财税来源升级；同时通过金融市场、跨国企业来建设高端人才集聚的自由贸易港，可避免低端产业和低端就业人口比重过大的现象。从一定意义上说，这个直接服务“一带一路”的国际资本市场将成为物流、资金流、人流、信息流“自由港”建设的关键一招。对于我国资本市场“走出去”而言，可能会提早一二十年时间抓住战略机遇。

四、“一带一路”中国（海南）国际资本市场的功能定位

（一）主要承担三项功能

一是打造面向“一带一路”沿线国家的现代服务业、高新技术产业、高端制造业、现代农业等重点产业和基础设施的投融资平台；二是打造高

效可控的资本市场“双向开放”平台；三是成为我国资本市场国际化的先行棋，为我国资本市场扩大对外开放积累可推广、可复制的经验。具体来说，建立面向“一带一路”沿线国家和地区的股权交易平台，实行与国际接轨的发行、挂牌、交易、摘牌机制，吸纳有关国家支柱产业的高成长性企业进岛挂牌，打造对外投资便捷通道，促进我国与“一带一路”沿线国家同类产业和关联产业的资源整合和优势互补。

（二）与沪深交易所和“三板市场”实现错位互补发展

与沪深交易所相比，海南国际资本市场的上市企业和投资者更加国际化，金融机构和资金跨境流动也更加国际化，同时还可以为沪深交易所培育输送国际化的优质上市企业。就现有“三板市场”来说，其定位是服务国内市场，而海南国际资本市场定位为服务“一带一路”建设的国际资本市场，并且是海南自由贸易港建设的重要内容之一。

（三）满足“一带一路”沿线国家的投融资需求和国内红筹企业的融资需求

在海南设立国际资本市场，既可满足国内有关企业的国际化融资需求，又可促进其证券化，建成我国企业“走出去”的平台。同时又可促进国内的证券公司、会计师事务所、律师事务所顺势走向与国际大所竞争的业务平台，把国内的相关业务延伸扩展到海外，同时也满足其拓展国际市场的需要，培养和训练资本市场领域的“中国队伍”。

五、相关政策法规建议

（一）由中央和国务院授权中国证监会组建“一带一路”中国（海南）国际资本市场，地点设在海口

这个资本市场近期先从海南和内资做起，未来可通过参股、并购重组等方式，建立“一带一路”沿线主要国家的联合交易集团，使之成为我国资本市场拓展国际市场的先行先试之地。证券交易所引入战略合作者在国际上已经有许多成功先例。在海南国际资本市场谋划这样的发展路径，主要有三个考虑：一是形成规模效应；二是横向覆盖联通更多国家和地区；

三是纵向丰富业务板块，增加交易品种。

鉴于引进合作伙伴是海南国际资本市场的主动之选，而且这是在我国主导下建立的一个新的国际公共产品，因此对于合作伙伴的甄别和选择就显得非常重要。可从资源禀赋、文化兼容性、信息沟通成本、合作意愿以及财务稳定状况等维度来进行甄别和构建，力求实现规则相通、信息相通、交易相通、监管相通。

（二）在《中华人民共和国证券法》中授权由国务院做出特殊规定的相关条款

在海南建设国际化资本市场，有很多规则需要重新建立，而这些规则很可能是现行《中华人民共和国证券法》等相关法规中没有明确规定的。如果从全国人大立法上进行修订或者超前制定规则，似乎不太现实。因此，建议比照20世纪90年代全国人大授权国务院制定海外上市管理办法的方式，允许对目前的《中华人民共和国证券法》有所突破，并在海南自由贸易港立法中授权国务院制定“一带一路”中国（海南）国际资本市场管理办法。

（三）探索建立与海南自由贸易港建设目标和国际通行规则相适应的证券市场新规则

要系统梳理那些与国际通行规则不相适应的规定，并在此基础上探索建立既符合海南自由贸易港和“一带一路”建设目标，又与国际通行规则相衔接，并且比原有规则更加先进高效的证券市场新规则。这样将会吸引更多的红筹股回归国内市场。还要扩大股权、债券融资市场的连通性，推动形成更加合理的国际金融合作体系。

（四）推动资本项下人民币完全开放，实现融资高度便利化

取消外汇管制，实现资金进出自由、贸易结算自由、融资汇兑自由。建立有利于推动人民币国际化的跨境结算体系，构建有利于自由贸易港建设的离岸账户体系，提高国内外市场主体融资便利化程度，形成主要由社会资本和外资构成的金融体系。最大程度降低融资成本，使海南资本市场进入全球较高水平行列。待条件成熟时，可以在“一带一路”中国(海南)

国际资本市场中探索建立“环南海经济圈”数字货币结算平台，从而在数字经济时代打造“以我为主”的话语体系。

（五）建成金融业区域性总部基地，制定资本市场人才发展战略

在海南引进具有国际影响力的银行、证券公司、律所、会计师事务所、保险公司等金融服务机构。把集聚和培养人才作为发展海南资本市场的重要举措，加强具有国际竞争能力的资本市场人才队伍建设，让相关人才引得进、留得住、用得好，使海口成为国内外金融人才荟萃之地，使海南成为国际资本市场创新发展之岛。

（六）完善跨境资金流动宏观审慎监管框架，提升我国证券监管机构的跨境监管能力

提高开放条件下的资本市场管理能力和风险防控能力，建立以账户体系为依托的资金流动留痕监管框架，推动形成既符合国际标准又满足海南自由贸易港审慎监管需要的跨境资金流动监测体系。根据金融机构的资本、杠杆、资产负债、流动性、跨境融资风险等情况，对海南自由贸易港金融机构开展宏观审慎评估和分类管理。根据海南自由贸易港建设的需要和我国资本市场双向开放的目标，专门立法明确跨境监管执法合作的程序、实施跨境监管合作的具体措施等，以利于实施跨境监管协作，提升法律法规的适配性和相关监管工作的规范性，增强我国参与全球金融治理的能力。

宏观审慎下的自由贸易试验区金融改革创新的基本实践及其对海南的启示

张欣园
中国银行总行贸易金融部副总经理

中央明确要求把自由贸易试验区与海南自由贸易港建成新时期我国对外开放的新高地。从总体来看，无论是自由贸易试验区还是自由贸易港，其改革是综合性的改革，是一个政策的集成，既包括政府职能转变、促进贸易和投资便利化、对接国际高标准、完善法治和营商环境等内容，也包括加快金融改革开放的措施。为此，我们要把握我国金融改革主脉络，结合中央对自由贸易试验区及海南自由贸易港建设的战略定位，形成自身金融改革创新的重要任务。

一、中国金融改革的主脉络

改革开放 40 多年来，我国金融改革在利率市场化、汇率市场化、放宽市场主体准入、资本项目可兑换、人民币跨境使用等方面取得了很多成绩。尤其是 2008 年国际金融危机之后，全球提出要落实“三大支柱”，推行宏观审慎，隐含的是对经济或者是对跨境资金流动的逆周期管理。自由贸易试验区金融改革是我国整体金融改革的组成部分或者说是重要的载体。党的十八大以来，自由贸易试验区金融改革把握住了很多时间窗口，也有很多良好的实践，大多数的良好实践已经在全国复制、推广。

二、自由贸易试验区金融改革和全国金融改革之间的逻辑关系

以上海自由贸易试验区为代表，截至目前其金融改革经历了 1.0 到 4.0 的过程。“1.0”：提升贸易投资便利化水平，此时推出了人民币跨境使用等重大举措。“2.0”：实行电子围网、率先建成中行自由贸易账户（FT 账户）体系等，这相当于修好了一条稳健实践资本项目有序开放的高速公路，未来监管部门可根据发展需要随时调控流量。“3.0”：在自由贸易账户基础上，更加重视金融市场的建设，柜台债券、政府债券等更多流动性工具产生，并致力于打造国际金融中心。“4.0”：目标是资本项目的完全可兑换。另外，粤港澳大湾区也在讨论账户体系，即境外机构境内账户（NRA）和“NRA+”为特殊体系的试点；在天津自由贸易试验区，融资租赁业务进一步探索；在福建自由贸易试验区，中国银行与中国银行台北分行签署《跨境人民币清算账户协议》，并首推人民币两岸现钞调运及收付业务，开展现钞的创新。

总体来看，目前自由贸易试验区金融改革主要在三个方面：一是服务实体经济的改革；二是建设双向流动的要素市场的改革；三是实现宏观审慎下的改革开放。海南当下首要任务是尽快对国内其他自由贸易试验区的金融政策进行复制、推广。

三、海南自由贸易试验区与自由贸易港金融改革展望

2018 年 9 月 24 日，国务院正式印发《中国（海南）自由贸易试验区总体方案》，其中特别提到“充分发挥金融支持自由贸易试验区建设的重要作用，出台金融领域的一揽子政策措施，以服务实体经济、促进贸易投融资便利化为出发点和落脚点，以制度创新为核心，大力推动自由贸易试验区金融开放创新”“进一步扩大人民币跨境使用、探索资本项目可兑换、深化外汇管理改革、探索投融资汇兑便利化，扩大金融业开放，为贸易投资便利化提供优质金融服务”。

按照这一总要求，提出五点具体建议。

第一，把握金融改革服务实体经济的总要求。第二，加强改革系统集成，力争取得更多制度创新成果，彰显全面深化改革和扩大开放试验田作用，为逐步探索、稳步推进海南自由贸易港建设，分步骤、分阶段建立自由贸易港政策体系打好坚实基础。第三，紧紧围绕海南自由贸易试验区与自由贸易港建设的重点任务。例如，以高水平开放推动高质量发展，加快建立开放型生态型服务型产业体系；以发展旅游业、现代服务业、高新技术产业为主导；在扩大服务业市场开放中，科学划分“一线”“二线”，并形成相应的监管制度。第四，紧紧围绕宏观审慎和金融深化改革整体的步骤和时间表，尤其宏观审慎背后的跨境资金的流通。第五，紧紧围绕风险管控，防范系统性的风险。在风险管理方面，核心是诚信体系的建设，做好流动性风险以及企业等所有市场参与主体的信用风险的管控。

海南自由贸易港建设的形势及路径选择

肖 耿
北京大学汇丰商学院金融实践教授

改革开放40多年来，我国经济高速增长，贫困率逐年下降。在笔者看来，实现这一历史性成就的主要原因在于正确处理了政府和市场的关系，具体讲就是以人为本、鼓励竞争、市场化改革三点。但同时也应看到，在发展过程中有一些关键性体制与制度约束还没有突破。从这个意义上讲，建设海南自由贸易港是国家战略，主要目的是影响世界，并为我国深化改革开放大胆探索，而不仅仅是解决海南本地的问题，或者是在国内一些边角上的小打小闹。

一、中国为什么要建立自由贸易港?

目前，中国有深圳特区，有粤港澳大湾区，又有以上海为龙头的长三角经济带，为什么还要建海南自由贸易港？因为发展过程中有一些关键性体制与制度约束还没有突破。比如：如何解决我国股权资本严重短缺的问题；如何在我国建立可持续的破产机制；如何稳定公共与私人部门固定资产投资；如何在资本跨境流动长效机制方面取得突破；如何扭转企业对未来经济发展信心及民营部门投资现状；如何加快推进科技创新；如何面对地方发展不平衡问题；等等。

从现实情况来看，目前我国不太可能在短时间内系统性改革整个经济体制，这就需要找一个突破口。因此，要从国家发展的高度，举全国之力去创新海南自由贸易港制度环境，充分吸引、汇集全球最优秀的人才、最雄厚的资金、最有竞争力的企业和最先进的技术，在国际领先的制度和基础设施环境中为我国未来发展探路。

目前，海南不仅拥有全球一流的生态环境，而且几乎是一张白纸，周边又有香港这一全球最先进、最开放、最有竞争力的自由贸易港，海南完全有条件承担起这一历史任务。

二、海南自由贸易港面临的新形势

（一）我国经济发展上新台阶，但挑战也同时加码

我国在经济高速发展的过程中面临很多挑战。例如，目前我国人均碳排放虽然远低于美国，但已经超过世界平均水平，单位 GDP 能耗虽然正在迅速下降但仍远高于世界平均水平；虽然经济体量位居世界第二，但人均 GDP 远低于美、日、韩等国家。在今后一段时期内，中国和经济合作与发展组织（OECD）发达经济体的平均收入差距仍然巨大并将长期存在。此外，虽然我国储蓄率与投资率在世界领先但消费率严重落后；能源缺口不断扩大，能源进口需求日益增加。海南自由贸易港可以在这些方面加强探索。例如，目前全球 30%的原油运输经过南海，全球 40%的天然气运输经过南海，要进一步发挥海南在保障我国能源安全中的重要战略地位作用。

（二）　中美实力对比的不同视角导致的新挑战与新机会

在中美贸易战的背景下，有必要分析中美实力对比的不同视角，及其导致的新挑战与新机会。200 年前，美国的 GDP 占世界总量的 1.8%，中国占 28.7%。到了 1992 年，美国的 GDP 占世界总量的 20.3%，中国占 12.9%。在经历了亚洲及全球金融危机后，中美 GDP（按现价）的全球份额越来越接近。2014 年，国际货币基金组织按购买力平价（PPP）计算，中国 GDP 总量首次超越了美国。即使按照现价计算，2015 年中国的 GDP 也达到了美国的 61%。国际货币基金组织预测，2024 年，中国的 GDP 按购买力平价计算将远远超过美国。也就是说，过去中国只是被动接受定价及游戏规则，随着经济的发展与壮大，中国逐步有能力制定新的价格和游戏规则，外界看待中国的眼光和标准也变了，这就是中国面临的地缘政治

新环境。有专家预测，按中美现在的发展速度，到 2028 年中国的经济总量按现价将超过美国，成为世界第一大经济体。也就是说，中国追赶美国的时间只有 20 年，20 年后中美两国的发展速度将趋同，中国在未来将很难快速缩小与美国在人均收入方面的差距，中国将成为一个低平均收入的超级大国。在此背景下，海南自由贸易港建设要充分考虑自身在应对美国不断发起的经贸、金融、科技等挑战中的重要棋子作用。

（三）颠覆性技术革命迅猛发展

颠覆性技术革命大大降低交易成本并加速全球化趋势，促进了全球价值链的形成以及技术从发达经济体向新兴市场的转移。交易成本与信息沟通成本下降使得部分生产过程外包到不发达国家，例如，发达国家把一部分生产外包给发展中国家。在新一轮科技革命的背景下，全球供应链可以分拆为任务阶段、职能阶段、制作阶段。各个国家及企业可以在每一个分拆后的任务阶段、职能阶段、制作阶段展开全球竞争。信息与实践经验的跨国转移导致各个经济体创新能力趋同，创新速度加快。中国、美国、德国已经成为全球零部件交易的最重要集散节点。从海南情况来看，未来的就业机会越来越需要高质量数字技术，海南需要思考如何竞争获取全球网络经济超级节点地位。

三、海南自由贸易港建设的路径选择

（一）　对标国际最高标准

目前，海南自由贸易港建设的实际操作中，仍面临着现行体制与国际通行的离岸经济生态圈格格不入的问题。同时，海南的职业教育开放、税收等政策都要向中央部委争取。香港、澳门回归时通过基本法确定了香港、澳门的离岸经济地位，很好地协调了中央和地方的关系。海南自由贸易港建设，需要明确开放与改革的底线，在这个底线之上，大胆学习借鉴新加坡、香港、迪拜等地区的经验。

（二）　解放思想，形成一套制度生态体系

自由贸易港是一套制度生态体系，不是一条一条的优惠政策。目前，海南深化改革开放仍然存在制度与政策碎片化的问题。笔者认为，一条一条的优惠政策在短期内很有用，但在长期内不可持续。因此，需要解放思想、大胆试验，营造制度生态体系。需要强调的是，海南自由贸易港制度生态体系一旦建立，能够跟全球经济不脱钩，更紧密联系在一起，让我国有更广阔的空间实现与“一带一路”国家各种要素的流通、来往。从这个意义上讲，如果海南自由贸易港制度生态体系形成，不仅有利于处理与香港、台湾、澳门的关系，而且会对我国引领全球化进程起到更为重要的作用。

（三）加快打造离岸经济体

目前，全球经济发展到了一个新的十字路口，中国在全球经济中的地位和作用日益提升。全球日益关注中国经济政策走向。建设海南自由贸易港作为一项国家战略，需要大胆试点，打造社会主义制度范围内的离岸经济体，使海南成为中国与世界联系的一个缓冲带及试验区。例如，加快在海南开展世界上最先进、最高质量的规则及经贸制度试点，建成全球最自由的经济区，可以通过海南首先参与全球任何国家和地区最高质量的自由贸易、投资、金融及货币安排。再如，海南可以在我国启动一个超主权的世界货币，并在离岸经济体试点方面发挥更重要的作用。

（四）推动海南自由贸易港与粤港澳大湾区一体化发展

目前，粤港澳大湾区内 11 个城市已形成了差异化分工，形成了一个相对有活力、可持续的生态体系。在此背景下，需要考虑将海南自由贸易港建设和粤港澳大湾区建设相结合，并借助粤港澳大湾区的资源来发展海南自由贸易港。

例如，香港不仅为内地改革开放提供了融资与供应链管理经验，更重要的是提供了市场制度运作的知识与经验。下一步，海南除了落实好中央确定的自由贸易试验区总体方案外，还要充分借鉴香港的财税、海关、司法等体制及自由企业制度。再如，为应对美元作为主要的国际储备货币所引发的负效应，可以考虑成立海南国际开发银行、香港国际开发银行、粤港澳大湾区国际开发银行，发行超主权电子特别提款权（e-SDR）数字货币离岸债券，用于投资海南及粤港澳大湾区的基础设施。海南及粤港澳大湾区的居民及企业则可以用人民币购买 e-SDR 数字货币离岸债券，并运用区块链等金融创新科技来精准管控资本跨境流动风险。当 e-SDR 债券市场有相当规模及流动性时，海南及香港可以考虑引入与 SDR 一揽子货币挂钩的超主权货币，进一步推进发展世界一流的自由港超级经济特区。

（五）建立与数字技术发展相适应的监管制度

近年来，随着金融科技的发展，监管滞后的矛盾突出，不仅加剧了营商环境的失衡，还可能导致金融、债务风险和收入不平衡等社会问题。虽然监管机构尝试解决这些问题，但通常会使用传统、非系统性以及现成的行政管理工具。例如，在过去一年，有关部门逐步收紧了对加密数字货币（比特币）、互联网融资平台、影子银行、跨境资本流动、地方债务及证券市场的监管。这些应急措施在短期有其必要，却无法根除导致风险与不确定性的一些制度因素，即如何处理创新过程中的失败、损失、监管漏洞等“灰犀牛”问题。因此，在金融科技快速发展背景下，海南自由贸易港建设要构建更有效的制度与机制来应对企业破产、吸收损失，以及管理风险和不确定性。特别是需要健全的破产流程，发展有活力的多层次资本市场，形成有效的社会安全体系、可靠的公共住房体系，以及旨在降低收入与财富不平等的累进税制。与此同时，为了遏制一些市场不平衡，需要引入更强的竞争法、反腐败机制等。

加快在海南自由贸易港开展人民币国际化的在岸试点

张燕玲
中国银行原副行长

一、加快推进人民币自由兑换试点时机条件成熟

经过多年的发展，目前人民币国际化已经取得重大进展。人民币已经是全球第五大支付货币、第三大贸易融资货币、第六大储备货币、第八大外汇交易货币，2016 年起被国际货币基金组织（IMF）纳入特别提款权（SDR）货币篮子。目前已经有 60 个境外央行或货币当局将人民币纳入官方储备，2008 年以来我国已经与 38 个国家和地区签署货币互换协议，总规模达到 3.38 万亿元。上海原油期货等大宗商品开始使用人民币进行计价与结算。香港、新加坡、伦敦、纽约等国际金融市场的离岸人民币业务已形成一定规模，2018 年年末境外主要离岸市场人民币存款超过 1.2 万亿元，其中香港的离岸人民币存款规模最大，达到 6150 亿元。海外 25 个国家和地区已经设立人民币清算行，并且已经从国内四大行境外分行子行（24 家中资清算行）扩大到美资大行摩根大通（1 家外资清算行）。

随着中国日益走近世界舞台中央，中国崛起过程中与发达国家尤其是美国在经济金融领域的利益冲突逐渐迈向深层次，当前中美贸易谈判已持续较长时间但仍未能达成协议就是一个例子。因此，人民币国际化亟待加速深层突破，以更好提升我国在国际贸易和国际金融市场上的影响力和话语权。

一国货币是否国际化，最重要的标志是货币的自由兑换。自由兑换不仅是在离岸市场的自由互换，更根本的是在其境内的自由兑换。没有境内的自由兑换，仅靠境外的离岸交易，不可能使一国货币成为国际货币。由于我国金融改革开放正在逐步推进中，金融监管制度的完善、金融市场体系的建设与发达国家相比都还存在一定差距，目前还不具备人民币境内自由兑换的条件。

人民币境内自由兑换是牵一发而动全身的重大改革举措，有必要选取一个区域进行“先行先试”，并在其基础上进行经验的复制、推广。海南自由贸易港的设立，无疑给人民币自由兑换先行先试提供了一个最佳试验区。

二、海南自由贸易港是人民币自由兑换的最佳试验区

海南自由贸易港的战略定位之一是“全面深化改革开放的试验区”。其独立的地理单元区位，自由贸易港所形成的“境内关外”制度优势，能够有效地控制风险的传导，非常适合作为人民币自由兑换的试验区。

第一，海南经济规模较小。2018 年海南 GDP 仅 4832 亿元，本外币存款仅 9610 亿元，贷款 8820 亿元，分别仅占全国经济总量和存款、贷款总量的 5.4‰、5.3‰和 6.2‰，并且海南除了旅游业，没有在全国举足轻重的支柱产业，因此可能产生的负面影响的当量、范围与深度也较小。

第二，人民币自由兑换先行先试是海南自由贸易港建设的重要内容。一方面，在自由贸易港以人民币作为法定计价货币是国家主权的体现，也是中国特色的体现。另一方面，一个国家在一个特定区域内进行本国货币自由兑换的试验，在国际上是没有先例的。尤其是对我国而言，这也是习近平主席在博鳌亚洲论坛 2018 年年会开幕式上的主旨演讲中提到的“中国开放的大门不会关闭，只会越开越大”的积极体现，是中国进一步融入全球化、推进国际金融治理改革的坚定举措。

第三，在海南先行先试人民币自由兑换，是推动自由贸易港建设的关键举措。海南经济外向型程度较低，2018 年海南进出口总额仅 849 亿元，

占海南 GDP 的比重为 17.57%，远低于全国 34%的平均水平，更低于上海 406.9%、广东 75.83%的水平。海南需要更大力度的金融开放带动全面开放。

第四，海南与上海等自由贸易试验区在经济主体上的差异使其更适合开展人民币自由兑换的先行先试。上海、天津、福建、广东等自由贸易试验区，企业主体占绝大比例，个人主体很少，而海南是全岛建设自由贸易试验区，除了企业主体，还有 934 万常住人口和众多游客（2018 年达到 7600 万人次）。与个人交易相比，企业经营与交易活动形成的资金流动更大，交易更频繁，与境外联系更广泛，在监管方面的难度更大。

第五，海南具有金融时差优势、政策优势、地缘优势。一是海南具有金融时差优势，这对海南自由贸易港加快人民币自由兑换试点至关重要。二是海南具有政策优势，例如海南是全国唯一的省级经济特区，被赋予了特区立法权，可以大胆开展改革开放先行先试。三是海南具有地缘优势，不仅位于“泛南海经济合作圈”的中心位置，而且是一个相对独立的岛屿，便于封闭的管理，相对可控。此外，海南还是博鳌亚洲论坛的永久举办地，与 46 个国际城市、“21 世纪海上丝绸之路”沿线的很多国家建立了省级友好关系。

三、海南人民币自由兑换的制度设计

海南先行先试人民币自由兑换的最终目标是建立人民币区域性自由兑换的在岸市场，即在海南，人民币既是自由兑换的，又采用与内地相同的利率和汇率。也就是说，在海南流通的人民币与内地流通的人民币是一样的，并且还可以自由兑换。只有在海南建立起区域性自由兑换的在岸市场，才能真正起到试验区的作用，并且这种试验是前所未有的，具有中国特色。但是，在最终建立区域性自由兑换的在岸市场之前，海南必须要经过两个阶段：第一阶段，从目前未自由兑换的在岸市场转变为在岸市场与人民币离岸市场并行；第二阶段，在此基础上转变为区域性自由兑换的在岸市场。

在第一阶段，建议以中央 12 号文件规定的“2020 年海南自由贸易试验区建设取得重要进展”为阶段性目标节点，在制度设计上要注意处理好以下五个关系。

一是区内与区外的关系。本币在一国一个区域内的自由兑换，目前可借鉴的模式只有纽约的国际银行设施（IBFs），也就是内外分离型的离岸金融模式。在这一模式下，应当参照香港、新加坡等国际金融中心的金融监管制度，制定新的外汇管理制度。

二是存量与增量的关系。针对海南经济总量较小，存量存贷款规模较小的特点，采取存量客户和业务继续使用现有账户、增量客户和业务使用有标记的特殊账户体系（类似上海的 FT 账户体系）的方式，现有账户保持境内账户的性质，特殊账户视为境外账户。账户体系是海南自由贸易试验区建设的金融基础设施，是人民币自由兑换的关键，建议以目前相对成熟的上海自由贸易账户体系为基础进行优化。

三是居民与非居民的关系。我国内地居民与海南居民的人民币双向往来，按照现有的外汇管理办法进行管理，但是经常项目（包括货物贸易和服务贸易）项下完全开放。海南居民个人投资内地证券市场放开，海南企业投资内地证券市场按照合格的外国投资者制度（QFII）给予额度。

四是金融改革与配套改革的关系。金融改革尤其是货币自由兑换不可能单兵突进，需要自由贸易试验区、自由贸易港相关制度改革进行配套，才能确保成功。要扩大外资金融机构的准入，推进利率市场化，完善金融市场体系，完善反洗钱、反欺诈、反逃税制度。同时，实行外资准入前国民待遇和负面清单管理制度，建立与国际知名自由贸易港看齐的低税率的税收制度，简化公司注册登记和投资管理制度，提升海关监管和单一窗口快速通关制度，提升法律、会计、评级等专业服务体系水平，提高政府行政效率。这些都是人民币自由兑换不可或缺的重要配套支撑。

五是稳定与开放的关系。学习香港等自由贸易港的经验，设立外汇平准基金，以应对可能发生人民币离岸市场汇率大幅度波动，同时也为第二阶段的两类账户并轨、实现单一账户、自由兑换做好稳定市场的准备。

海南自由贸易港金融政策与制度创新

中国（海南）改革发展研究院课题组

资金自由进出是自由贸易港的基本要素，是实现投资贸易自由化、便利化的重要条件。海南自由贸易港的市场主体主要是外资和社会资本。这就需要建立与市场主体投融资需求相适应的金融体制，在促进境外资金、社会资金自由流动的同时，有效防范金融风险。

一、在海南域内推进金融业的全面开放

一方面，金融开放是自由贸易港的本质特征。自由贸易港对金融服务的自由便利有着内生需求。海南自由贸易港建设重点不在于致力打造全球性或区域性金融中心，而在于以金融高度开放自由的制度安排，实行特殊的金融制度安排，实现金融要素自由流动，最大限度地释放资源要素活力，由此奠定区域性金融中心建设的重要基础。

另一方面，海南推进金融全面开放不会对金融发展全局带来负面影响。第一，海南经济体量小，存贷款在全国占比不高，即便出现相关风险也不会冲击全局的金融稳定。第二，海南是个独立的地理单元，在技术上可以做到与内地的物理隔离，可以防范极端情况下风险蔓延到其他地区。第三，海南拥有比较明显的土地、海洋等资源优势，这些资源的资本化程度不高，利用效率也不高。如果通过“多规合一”等改革，释放海南资源潜力，海南金融发展就有坚实的产业基础。

二、推进金融业市场开放的政策创新

(一) 加快形成以外资、社会资本为主体的金融市场体系

1. 全面取消外资金融机构与内资不同的资格条件限制

对外资金融机构准入实行与内资同等标准、审批程序与期限。引进境内外银行、证券、保险等各类金融机构，促进多元化金融机构发展。鼓励各类资本依法设立商业银行、消费金融公司、证券投资公司、基金管理公司、期货公司、财产保险公司等，尽快补齐海南自由贸易港金融体系短板。

2. 进一步放宽外资金融机构业务范围

取消对外资金融机构经营范围单独设限的一系列规定，在同等标准的前提下，实现外资金融机构许可业务经营范围不低于国有及民营商业金融机构。例如：允许外资银行在海南自由经营人民币存贷款业务，取消外资银行分行吸收单笔人民币定期零售存款的金额限制与经营年限限制；全面取消对外商独资证券公司业务单独设限规定；允许符合条件的外资保险公司在海南开展含寿险在内的法定保险业务，允许外资保险公司在海南境内销售标准化商业保险产品。

(二) 分阶段推进人民币资本项下自由可兑换

1. 率先实现资本项目流入侧的自由可兑换

除保留对投机性短期资本流入的管制外，取消对流入侧资金外汇兑换的事前审批，支持境外个人投资境内证券市场和购买人民币理财产品，使境内外企业和个人更加灵活地使用人民币。

2. 允许非银行金融机构开展外汇业务

允许海南银行与非银行金融机构为境外机构办理人民币与外汇衍生产品交易。支持海南非银行金融机构办理结售汇业务，参与银行间外汇市场业务，开展人民币外汇即期业务和衍生品交易业务。

3. 逐步放松资本项目流出侧汇兑限制

大幅提高在海南注册的合格境内机构投资者的资金上限，取消合格境内机构投资者单家机构额度限制，允许符合条件的区内机构按其资产规模的一定比例自主开展境外投资；率先开展合格境内个人投资者试点；探索

实施对从事国际服务贸易业务且有避险需求的机构和企业参与外汇市场交易，限额内自由可兑换；允许金融机构开展本外币境内外拆借试点；允许自由贸易港内注册的企业和个人按宏观审慎管理原则开展本外币跨境融资、跨境担保、跨境收付等业务；进一步降低外币银行账户设立门槛，允许服务贸易企业在商业银行自由开设外币账户，鼓励商业银行探索多币种自由结算业务。

（三）鼓励与支持内外资金融机构在海南自由贸易港开展离岸业务

1. 明确海南自由贸易港在金融层面上的离岸地位目标

在离岸业务与在岸业务基本隔离的前提下，海南自由贸易港内实行相对独立的、与国际规则相衔接的离岸金融制度，与境外金融往来自由，与境内往来实行跨境管理。

2. 鼓励与支持各类金融机构开展离岸业务

支持金融机构经批准开展跨境融资、投资、贸易结算等离岸金融业务；支持建设离岸保险中心。探索建设离岸人民币金融中心，为协调人民币回流机制与体外循环机制提供金融服务平台，服务于海南自由贸易港，率先实现人民币国际化。

3. 加快建立离岸与在岸金融联系机制

待离岸金融业务发展到一定规模后，在宏观审慎管理框架下，建立离岸与在岸金融市场之间资金相互连通的机制，推动境内外市场逐步、适度地相互渗透。

三、实行与海南自由贸易港建设相适应的金融体制

（一）建立离岸在岸分离型金融体系

1. 制定海南自由贸易港离岸金融管理条例

明确海南自由贸易港与境内为离岸与在岸的金融关系，实行离岸在岸分离模式。

2. 尽快取消外汇管制

制定海南自由贸易港外汇管理相关条例，推动贸易、投资自由化便利化。

3. 设立离岸账户体系

建立以人民币为本位币、本外币合一、可自由兑换，基于自由贸易港离岸金融规则的账户体系，待时机成熟时将现有账户全部切换到离岸账户。

表 1　国际离岸金融的三种模式

模式	典型代表	交易主体	形成方式	业务范围	特点
内外一体型	伦敦 香港	非居民、居民、离岸金融机构	自然形成	中长期资金借贷	离岸机构无严格申请程序，不设单独离岸账户，与在岸账户并账运作，资金出入无限制
内外分离型	美国 IBFs 日本 JOM	非居民、离岸金融机构	人为创设	中长期资金借贷	离岸机构设立须经当局审核，离岸业务只能在专门账户中进行，离岸交易与在岸交易分开，严禁离岸与在岸资金渗透
避税港型	开曼群岛 百慕大 巴哈马	非居民、离岸金融机构	人为创设	只处理账务，无实际交易	簿记型，英美法系，税负低，基本无金融管制

资料来源：中改院《自由贸易试验区、自由贸易港 100 问》

（二）构建独立高效的金融监管体制

1. 在海南设立国家金融稳定发展委员会特派机构

强化海南自由贸易港的宏观审慎管理和系统性风险防范，协调中国人民银行、银保监会、证监会、外汇国家管理局对海南自由贸易港的金融业的综合统一监管，强化反洗钱、反恐怖融资、反逃税“三反”监管，维护自由贸易港的金融秩序；加强对国内其他省份资金进出海南的监管，避免海南成为资金“大进大出”的平台，避免冲击国内金融市场。

2. 在海南建立混业金融监管体制

适应金融资本跨领域、跨机构、跨境联动，金融机构混业经营的大趋势，重构海南自由贸易港的金融监管体制，整合海南省“一行二会两局”（中国人民银行海口中心支行、海南银保监局、海南证监局、海南省外汇管理局、海南省地方金融监督管理局）的监管职能，建立综合型的海南金融监管局，实行混业监管。

3. 完善跨境资金流动宏观审慎监管框架

建立以账户体系为依托的资金“两线”流动留痕管理制度，推动形成既符合国际标准又满足海南自由贸易港审慎监管需要的跨境资金流动监测制度。根据金融机构的资本、杠杆、资产负债、流动性、跨境融资风险等情况，对海南自由贸易港金融机构开展宏观审慎评估，并按不同的考核结果实施分级管理。

表 2 中国香港、新加坡及中国（不包括港、澳、台）的金融监管机构及职能

国家 / 地区	监管机构	具体职能
中国（不包括港、澳、台）	中国人民银行	制定和执行货币政策，防范和化解金融风险，维护金融稳定，提供金融服务，加强外汇管理，支持地方经济发展
	中国银行保险监督管理委员会	依照法律法规统一监督管理银行业和保险业，维护银行业和保险业合法、稳健运行，防范和化解金融风险，保护金融消费者合法权益，维护金融稳定
	中国证券监督管理委员会	依法对证券、期货业实施监督管理
中国香港	金融管理局	维持港元汇价稳定；通过稳健投资策略，管理外汇基金（即香港的官方储备）；确保香港银行体系稳健；发展香港金融市场基础设施，使货币畅顺流通
新加坡	金融监管局	1. 中央银行的金融调控职能：通过利率政策、公开市场业务、存款准备金等进行调节市场，稳定金融环境 2. 金融监管职能：负责对新加坡所有金融行业的监管，包括银行、保险和资本市场中介机构。金融监管职能由“金融机构监管组团”实施

资料来源：中改院课题组整理

(三) 创新金融监管方式

1. 建立跨部门、跨行业、跨市场的全口径金融信息监测体系

打通部门间的经济金融数据壁垒，建立资金流信息监测管理系统，实现银行证券保险数据全覆盖，夯实金融业资金流数据监测基础。运用信息技术手段完善金融监管工具，提升金融监管的专业性、统一性和穿透性。

2. 利用现代金融监管手段

适应金融科技（FinTech）发展的趋势，运用大数据、人工智能、区块链等技术手段发展监管科技（RegTech），进一步强化创新监管与功能监管，提高海南自由贸易港的金融风险识别能力和系统性风险防范能力。

3. 支持在海南探索发行法定数字货币

支持海南率先探索发行以国家信用为支撑、加密的法定数字货币。以数字货币为基础，构建“进岛加密、出岛解密”的金融监管体系，进出海南的国内外资金实现“进出自由、区内有痕流动”，做到“可识别、可追溯、可监管”。

第七章

法律制度创新

加快推进海南自由贸易港立法，充分发挥法治在自由贸易港建设进程中的引领、推动、规范和保障作用，需要深刻理解中央加快探索建设海南自由贸易港进程的战略定位，抓住打造全球最高水平开放形态的基本要求，以打造市场化、法治化、国际化的营商环境为导向，推进立法、司法等制度创新，形成海南全面深化改革开放的法律依据与法治保障。

研究探索与中国特色自由贸易港相适应的司法体制改革

迟福林
中国（海南）改革发展研究院院长
中国特色自由贸易港研究院院长

高度自由、高度便利、高度法治是探索建设中国特色自由贸易港的基本要求。其中，高度法治不仅是基本要求，而且是重要保障。为此，需要深入研究、积极探索与中国特色自由贸易港建设相适应的司法体制改革。

一、推动泛南海经济合作进程及对司法体制改革的基本要求

“把海南打造成为我国面向太平洋和印度洋的重要对外开放门户。”这是中央决定建立海南自由贸易港的重大战略目标，是中央赋予海南新的重大历史使命，是海南实现海洋强省的历史性机遇。

（一）以打造我国面向太平洋和印度洋的重要对外开放门户为战略目标

与30多年前相比，当前加快海南自由贸易港建设进程，不仅要实现海南“更好发展起来”，还要在内外环境明显变化的背景下，充分发挥海南地处太平洋和印度洋要冲的独特区位和地理优势，利用建设自由贸易港的契机，努力将海南打造成为我国面向太平洋和印度洋的重要对外开放门户与“21世纪海上丝绸之路”的重要战略支点。通过经济合作带动两洋区域内全方位合作，不仅有利于更好地服务国家海洋强国建设和“一带一路”建设，而且在稳定我国周边发展环境、推动区域经济一体化等方面将

产生重大影响。

把海南打造成为我国面向太平洋和印度洋的重要对外开放门户，首要任务就是要充分利用南海局势日益缓和的契机，发挥海南自由贸易港的开放引领作用，以海上基础设施互联互通为依托，以海洋产业和服务贸易合作为主题，以建立泛南海自由贸易区网络为重点，以开放性的次区域经济合作为导向，打造包括 23 个国家和地区的泛南海经济合作圈，促进区域内生产要素和商品服务的自由流动，以此加快亚太区域经济一体化乃至经济全球化进程，并在维护全球多边贸易体制中发挥更大作用。

（二）海南要实现海洋经济发展的重要突破

1. 着力提高海洋经济效益

海南的海洋面积占全国的三分之二，但 2017 年海南省海洋生产总值仅为浙江的 16.6%、山东的 8.5%、广东的7.0%；海南单位海岸线海洋经济密度仅为浙江的 18.3%、广东和山东的14.5%。截至 2017 年年底，海南内外贸集装箱航线数量为 29 条，其中外贸航线仅 8 条。受制于有限的海运航线数量，2017 年海南港口货物吞吐量仅占全国的 1.3%；从集装箱吞吐量来看，2017 年海南仅占全国的 1.26%。为此，海南建立自由贸易港要在推进泛南海区域经济合作和海洋领域的投资贸易自由化便利化上发挥作用，通过扩大开放，引进外来资本与技术，加快港口、航道等基础设施建设，在提高海洋经济效益方面取得重大突破，推动海洋经济向质量效益型转变。初步预测，到 2020 年，若海南单位海岸线海洋经济密度达到浙江的 50%，则海南全省海洋生产总值将超过 3000 亿元；若达到广东或山东的 50%，则海南全省海洋生产总值将超过 4000 亿元。海南海洋经济有相当大的发展空间。

2. 以“泛南海旅游经济合作圈”作为“泛南海经济合作圈”的突破口

以旅游业及相关服务业合作为先导，率先实现“泛南海旅游经济合作圈”的重要突破，既有牵动影响全局的作用，又有现实的可行性。例如，依托 14 亿多人的旅游消费大市场，以邮轮旅游为重点，以资本、人才和服务合作为纽带，积极开展旅游业项下的自由贸易，加快建立泛南海岛屿旅游经济合作体，为未来形成泛南海自由贸易网络打下重要基础。

（三）研究探索涉海司法体制改革

1. 强化海事司法管辖

围绕海南全岛建设自由贸易试验区和中国特色自由贸易港，重点关注涉海旅游、航运船舶、海洋资源开发、海岸带开发、海洋环保、海事行政等领域纠纷，以有效的海事司法管辖，为发展壮大海洋经济、保护海洋生态环境、维护国家海洋权益、促进海洋区域合作营造安全有序的法治环境。

2. 创新海事审判工作机制

推进海上巡回审判和岛屿审判点建设；推动将涉海刑事案件纳入海事法院专门管辖；探索国际商事纠纷案件集中审判机制；探索设立涉外专门审批机构，组建涉外审批团队；探索符合海事纠纷特点的多元纠纷解决机制，鼓励当事人尤其是境外市场主体通过仲裁、调解等非诉讼方式解决海商海事纠纷。

3. 探索建立服务“泛南海旅游经济合作圈”建设的司法服务机制

例如，成立涉海旅游巡回审判点，推进司法服务关口前移，将巡回审判点逐步延伸至邮轮等旅游纠纷的易发地、易发点。

二、以服务贸易为主导建设海南自由贸易港及发展服务贸易对司法体制改革的主要需求

习近平总书记指出：“现代服务业是产业发展的趋势，符合海南发展实际，海南在这方面要发挥示范引领作用。”加快推进服务业项下的自由贸易进程，既适应我国扩大开放的大趋势，又符合海南的发展定位。司法体制改革要为以服务贸易为主导的海南自由贸易港发展提供法律保障。

（一）以服务贸易为主导符合经济全球化的大趋势，是我国开放转型的重点

1. 经济全球化发展的重要趋势

当前，世界经济正在向服务型经济转型，服务业的国际化和跨国转移成为经济发展的新趋势，服务贸易已成为引领世界经济复苏增长的新动

力。2010—2017 年，全球累计服务贸易总额占贸易总额的比重为 21.7%，服务贸易年均增长（4.5%）比货物贸易（2.2%）高 2.3 个百分点。

2. 我国扩大开放的重大任务

2010—2018 年，我国服务贸易年均增速快于货物贸易近 1 倍。预计未来 3—5 年，服务贸易将处于加速发展的阶段。中国作为世界第二大经济体，如果没有以服务贸易为重点的开放和转型，想在全球竞争中把握主动是很困难的。全球贸易结构的变化为我国形成服务贸易主导的新优势提供了重要机遇。现在重要的是推动我国高水平开放的战略布局，以开放促改革、促转型、促增长。

3. 海南发展服务贸易面临挑战

从现状看，近几年海南服务贸易尽管发展较快，但仍然相对落后。2018 年，海南服务进出口总额仅相当于香港 2017 年的 1.6%、新加坡 2017 年的 0.8%。另外，海南服务业中相当一部分是餐饮、住宿、交通等传统服务业，金融、保险、信息等现代服务业占比较小。例如，2018 年海南金融业增加值占 GDP 比重仅为 6.4%，比香港低约 11 个百分点。在全球服务贸易发展速度很快、要求很高、标准不断提升的背景下，海南面对起点低、要求高的突出矛盾，如果没有非常举措，尤其在对外开放上没有大的举措，就难以形成以服务贸易为主导的独特优势和突出特色。

（二）海南发展服务贸易的重大任务

1. 以建设具有世界影响力的国际旅游消费中心为目标，加快生活服务业的发展

例如，海南建设国际旅游岛 10 年来，在免税购物的额度上有所增加，但由于市场开放度不够，市场垄断格局尚未打破，甚至省内居民至今难以充分享受这个政策红利。建设具有世界影响力的国际旅游消费中心，应对标香港，充分开放旅游业市场，全面引入香港旅游消费的产业链、供应链，尽快推动琼港旅游购物服务管理和市场监管标准规范的全面对接，并由此带动文化娱乐、金融保险、物流等相关服务业转型升级，解决海南国际化产品与服务供给不足、水平不高的突出问题。

2. 加快医疗健康市场开放进程

我国医疗服务需求旺盛，医疗健康开放进程将明显加快。在此背景下，海南的医疗产业开放若仅限于博鳌乐城国际医疗旅游先行区是不够的。博鳌乐城国际医疗旅游先行区的定位应是医疗创新的“硅谷”，是以干细胞等为重点的国际性科研合作基地。在此基础上，应尽快将医疗开放政策实施范围扩大到全省，使广大消费者在海南能够广泛享受到先进的医疗服务。此外，在一定条件下，海南可考虑采用美欧日的药品标准，以提升医疗健康领域的国际吸引力、国际竞争力，并由此推动全国医疗开放进程。

3. 加快推进教育开放

海南教育资源短缺、教育发展水平落后，是制约海南经济社会发展的一个突出短板。建议在中央相关部委的支持下，把海南建成我国第一个教育开放岛，允许各种有资质的高水平机构来海南办学。

4. 大力发展航运、物流产业

与香港合作，发展多样化的船舶租赁、航运保险、航运衍生品等航运金融业务；加快建立以海南为基地的泛南海区域航运枢纽，进一步深化与泛南海沿线岛屿地区在港口、码头建设、邮轮客运等方面的合作，提升海上基础设施互联互通和航运服务水平。与此同时，支持海南开辟更多国际航线。

5. 金融开放、数字领域的开放要有实质性突破

金融开放是海南探索建设自由贸易港的重中之重，金融开放没有大的突破，会影响和制约相关产业发展。此外，抓住数字化、网络化、智能化的信息通信技术正深刻改变的国际贸易规则的历史机遇，和大部分国家基本处于同一起跑线的时机，制定跨境电子商务规则、法律和标准，海南有条件成为“数字经济岛”“数字服务贸易岛”。

（三）研究探索发展服务贸易对司法体制改革的主要需求

一是提供司法服务和司法保障。依法加强对旅游、医疗、教育、体育、电信、互联网、文化、维修、金融、航运等重点服务业开放领域的民商事案件审理，推动旅游业、现代服务业、高新技术产业对外开放，推动

海南构建法治化、国际化、便利化的营商环境。

二是创建专业法庭。例如，创建海南自由贸易港“数字法庭”、知识产权法庭、金融法庭等。

三是创新涉外商事案件审判方式。平等保护中外当事人合法权益，切实维护国际交易秩序。

四是完善国际商事纠纷多元化解机制。

五是建立与国际接轨的仲裁制度。

六是培育多元化法律服务市场。例如：允许境外律师事务所在海南自由贸易港内设立分支机构；积极与境内外的法律服务机构合作，着力培育服务于海南自由贸易港建设的多元化法律服务市场。

三、建设全域型的自由贸易港及其对司法体制改革的基本需求

与国内其他自由贸易试验区不同，海南是在全岛范围内探索建设中国特色自由贸易港；与国际自由贸易港不同，海南是在包括广大农村的情况下建设自由贸易港。从海南省情出发，要从全岛建设自由贸易试验区、自由贸易港的整体布局出发优化司法资源配置，提高司法效率。

（一）把提高资源利用效益作为全面深化改革开放的重要目标

海南的土地资源、农业资源、海洋资源、生态资源是最宝贵的。但总的来说，海南的资源利用效益相当低，例如土地资本化率太低。2018 年，海南每平方千米土地产出的 GDP 仅为广东的 25.3%；海南与台湾的土地面积差不多，海南约 2/3 是平原，台湾约 2/3 是丘陵和山地，海南地质条件比台湾要好得多，但 2017 年，海南每平方千米土地产出的 GDP 只等于台湾的 11.7%。如果到 2020 年海南土地资源利用效益达到广东省 2017 年的 50%左右，估计将会有 7000 亿—8000 亿元的资本需求；如果到 2025 年达到香港、新加坡 2017 年的 5%，估计将会有 3 万亿—5 万亿元以上的资本需求。

（二）以推进“六个统一”为重点深化“多规合一”改革

按照“全岛一个大城市”思路，在不改变行政区划的同时，深化“多

规合一”改革。在全省规划统一的基础上，加快推进土地利用统一、基础设施统一、产业布局统一、城乡发展统一、环境保护统一、社会政策统一，由此显著提升全省资源利用效益和政府行政效率，形成海南发展整体优势。

（三）加快城乡一体化进程，释放农村资源价值潜力

从发展前景看，海南的最大潜力和后劲在农村。海南有条件在城乡融合发展、乡村振兴方面走在全国前列。例如，率先取消城乡二元户籍制度，实施全省统一的居住证管理制度，实现城乡、区域人才的自由流动；率先建立城乡统一的建设用地市场，赋予农民更多财产权利，使农民获得稳定的财产性收入；在全岛统筹推进“三块地”改革，提供农村土地资源利用效率，率先探索走出一条建设城乡融合、建立美丽乡村的新路子。由此，不仅会明显提高土地资源利用效益，而且会大幅提升经济社会发展水平。

（四）研究探索司法资源的合理配置

一是结合海南行政区划改革创新要求，积极探索与行政体制改革相适应的司法体制改革。按照优化协同高效原则，扎实推进法院内设机构改革。

二是处理好与农村土地征收、集体经营性建设用地入市、宅基地制度改革相关的案件，服务相关改革政策落实落地。

三是加强行政审判，依法支持政府职能转变。支持海南法院探索行政案件跨区域集中管辖，依法服务保障行政体制改革，推动深化简政放权、放管结合、优化服务改革，助力政府提升治理能力。

四是支持海南在建立完善自然资源资产产权制度和有偿使用制度等方面先行探索。

营商环境法治化是自由贸易港的核心竞争力

李曙光
中国政法大学研究生院院长

2018 年，在庆祝海南建省办经济特区 30 周年大会上，习近平总书记宣布党中央决定支持海南全岛建设自由贸易试验区和中国特色自由贸易港，并明确要求海南“加快形成法治化、国际化、便利化的营商环境和公平开放统一高效的市场环境”。笔者认为，加快推进海南自由贸易港建设，就是要在明确其定位的前提下，充分借鉴国际成功经验，率先形成法治化营商环境，由此提升海南自由贸易港的国际竞争力。

一、明确海南自由贸易港定位

中央赋予海南加快推进海南自由贸易港建设的历史新使命，不仅是为了打造我国对外开放平台，更重要的是要求海南利用自身的特色与优势实现重大战略意图。当前，世界处于百年未有之大变局，一个重要的表现是大国关系及国际经济形势发展。未来，随着中美经贸磋商谈判取得一定结果和 WTO 改革呼声的日益强烈，世界贸易形势将发生深刻的变化。例如，WTO 争端解决机制曾被誉为世贸组织“皇冠上的明珠”，而现在 WTO 上诉机构面临停摆风险。首先，美国转向单边主义，不愿意继续在 WTO 框架下推动多边及区域经济一体化进程，并意图通过双边谈判取代现有 WTO 经贸规则，以自身为主导重构全球经贸规则。在这个大背景下，海南自由贸易港的政策与制度设计一定要有新思维，不能够沿着二战以后以及 20 世纪 90 年代的那套世界贸易体系去思考讨论。

二、把营商环境改善作为海南自由贸易港建设的重点

（一）主动对标、参考世界银行的营商环境标准

世界银行营商环境标准包含 10 个指标，涉及开办企业的便利度、税收、办理许可证（特别是建筑施工许可证）、借贷、合同执行、少数股东的保护、破产处理。现在，中央、国务院也是按照世行指标全力推进改善营商环境。目前世界银行对中国营商环境的考察只挑选两个城市——北京和上海，其中北京的权重为 45%，上海的权重为 55%。按照国务院要求，我国各个省会中心城市都在开展营商环境测评，国家发展和改革委员会把这个测评扩大到全国其他城市，这些测评基本上都是参照世界银行的指标体系。

《2019 年营商环境报告》数据显示，2018 年，我国营商环境排名从全球第 78 位提升至第 46 位，大幅跃升 32 位，成为营商环境改善幅度最大的经济体之一；《全球营商环境报告 2020》显示，我国营商环境全球排名进一步提升了 15 位，上升到第 31 位。笔者认为，我国的营商环境应该在世界排前 10 名甚至前 6 名，这才跟我国经济发展的增速还有经济发展水平以及在全球的地位相称，现在第 31 位的排名远远不够。此外，从细分指标来看，仍有几个指标排名靠后，例如，2019 年我国纳税在全世界190 个经济体中排第 105 位，跨境贸易排名第 56 位，获得信贷排名第 80 位。

海南如果要改善营商环境，不仅要把世界银行的 10 个指标全部包括进去，还应该着眼更多更广更深的指标体系。

（二）改善营商环境的重点是法治化与国际化

营商环境其实更多更重要的是指两大环境，一个是法治化环境，一个是国际化环境。法治化环境包括设立企业或企业退出市场的成本。我国企业设立成本很高，企业退出市场成本也很高。例如，目前我国有 1000 多万家企业，2018 年有 168 万家退出市场，但是有相当一部分企业退出市场很难。因为要注销一个企业，成本比登记一个企业高出几十倍甚至 100 倍。再如，我国的假身份证或遗失身份证现象很严重，有些人拿假身份证

去办企业。身份证真正的主人要撤销这个企业很难，存在成本高昂与程序复杂等问题。现在国家市场监管总局关注企业开办与退出成本问题，准备在企业的开办、注销方面能够有更低成本的措施推出。海南现在也在推简易注销。另外，股东权益的保护、合同的执行都很重要，海南要在这些方面率先探索。

（三）海南要在营商环境改善方面取得重大突破

海南自由贸易港作为我国开放新高地，需要在世界银行提出的 10 个指标中排名都要靠前，至少要排在全球前 10 位，否则就难以体现自身的竞争力。

三、充分借鉴特拉华州的成功经验

海南是中国改革开放较早的一个省份，也是一个人口较少与地域较小的省份。国际比较方面，在美国有个面积较小、排位第 49 位的州——特拉华州，人口只有 90 万人，早期是较穷的一个州，主要发展农业。但是，目前“世界 500 强”企业中，有一半的公司选择在那里注册，使得特拉华州成为经济发达之州，充满活力与魅力之州。这正是因为它有一个法治化的营商环境。

总结起来，特拉华州有三个特点。第一，税率非常低。任何国内外企业到特拉华州注册设企，只要此公司无经营或无利润，该州政府就不收取任何税收。第二，地方政府具有企业思维。特拉华州政府是一个企业化的政府，是一个无投资性质、纯粹服务型的政府，且政府的办公效率和企业办公效率等同。甚至有企业晚上 12 点要求注册公司，政府也会办公，且手续非常简捷，注册费用相对较低。第三，极强的公司法律体制与司法机制。特拉华州是一个注重法制的州。美国每个州都有自己的公司法，但是其他州的公司法都不如特拉华州的专业、到位。特拉华州审理民商事案件未采用陪审团制度，而是采取独任法官受理制，法官审理相关民商事案件极其专业，审理效率极高，非常受尊重，而且还有优秀的律师配合。特拉华州优良的营商司法环境及文化吸引了大量优质企业。好的营商环境跟居民的生活环境是息息相关的，营商环境的改善也使当地居民的生活环境有了较大提高。

四、自由贸易港的法治化是核心竞争力

第一，必须从政策到立法进行顶层设计。目前，大家非常关心海南自由贸易港的政策设计。但在笔者看来，法治是基础与风向标，是自由贸易港的硬件，也是其制度设计的重要内容。因此，需要对从政策到立法进行顶层设计，通过法律使得政策与制度固定化，保持政策与制度的长期稳定。当务之急是由全国人大授权海南就海南自由贸易港的地位进行专门立法。

第二，要成立专门的法庭。营商环境排名不高，主要是因为政府对国内投资者和外来投资者的保护力度不够。出台的《最高人民法院关于适用〈中华人民共和国公司法〉若干问题的规定（四）》中重要的一点就是关于政府对股东权利的保护，包括公司决议、股东知情权、利润分配权、优先购买权和股东代表诉讼等规定，国内一些公司年末利润不分红，小股东们也无可奈何。同时，在公司决议上，究竟是由股东会还是董事会通过决议也经常成为争议。最高人民法院公司法解释都重视对中小股东投资者的保护，其中涉及市场准入的放松。我国近几年商事制度改革，也大大降低了投资创业者进入市场的门槛，但是，这些变化还不足以改变整体的营商环境。深圳、北京、上海已建立了破产法庭，它们是相对独立的破产法庭。从海南的实践来看，笔者认为现在至少有 4 个法庭要加紧在海南建立，即金融法庭、知识产权保护法庭、破产法庭与旅游法庭。

第三，让商会组织和第三方参与民间纠纷解决。目前海南的仲裁案件较少，未来全面开放背景下，海南民商事纠纷将会增多。如何能够吸引商事纠纷特别是海事纠纷到海南仲裁至关重要。当务之急是要加大仲裁类人才的吸引力度，并不断提升自身的商会信誉。例如，伦敦仲裁院、伦敦海事仲裁委的声誉是经过一两百年建立起来的，而不是一两年。让民间仲裁、商事仲裁能够在国际上知名、有信誉，这是海南法治化真正要打造的。

第四，法律服务业的国际化。当前，无论是全国还是海南，在处理民

商事经济纠纷时经常遇到与境外司法合作的障碍。比如，境外如香港等地区有一些人在内地购置了很多资产，但在香港申请个人破产，香港的管理人到内地来接管财产，内地的法院不认可。因此，海南要在民商事纠纷和经济纠纷领域加强与境外、国外法域双边的和国际的条约的设立，加强双边多边的国际司法合作。另外，要尽快提升海南法律服务业的国际化水平，扩大法律服务业对外开放，如让国际的律师事务所、会计师事务所进驻到海南自由贸易港来提供服务等。

海南作为一个生态环境极富魅力的省份，作为中国改革开放的一个特区，应该成为法治化营商环境的试验区，通过优化制度环境吸引全国乃至全球的投资者与 500 强企业。因此，建议将海南作为建构法治化营商环境最主要的试验区，海南也应该在法治化营商环境改善方面在全国率先试点。

海南自由贸易港法治建设重大实践和前沿问题的思考

王崇敏
海南大学副校长

中央明确提出，“改革和法治如鸟之两翼、车之两轮”“在整个改革过程中，都要高度重视运用法治思维和法治方式，发挥法治的引领和推动作用”。法治能为全面深化改革营造良好的营商环境和市场环境，能为中国特色自由贸易港的建设提供规范指引和制度保障。因此，在海南逐步探索、稳步推进中国特色自由贸易港建设的过程中，必须高度重视法治。

要充分发挥法治在中国特色自由贸易港建设过程中的保障等作用，必须紧紧围绕习近平总书记“4·13”重要讲话和中央12号文件精神，针对中国特色自由贸易港建设的各个方面，细致梳理、认真总结、科学分析其中的制度障碍和立法需求，并采取行之有效的方法。

一、海南自由贸易港建设的法治创新意义

习近平总书记在海南建省办经济特区30周年庆典上的讲话和《中共中央 国务院关于支持海南全面深化改革开放的指导意见》都明确指出，支持海南全岛建设自由贸易试验区，探索建设中国特色自由贸易港；并明确要求，海南在体制机制改革各方面“大胆试、大胆闯、自主改”，争取形成更多可复制的制度创新经验。全面依法治国是我国“四个全面”战略的重要组成部分，是坚持和发展中国特色社会主义的本质要求和重要保

障，是实现国家治理体系和治理能力现代化的必然要求。党的十九届四中全会《中共中央关于坚持和完善中国特色社会主义制度 推进国家治理体系和治理能力现代化若干重大问题的决定》中也明确提出，提高运用法治思维和法治方式深化改革、推动发展、化解矛盾、维护稳定、应对风险的能力。法治能为全面深化改革营造良好的营商环境和市场环境，能为自由贸易港的建设提供规范指引和制度保障。因此，在海南建设自由贸易试验区和中国特色自由贸易港的过程中，必须高度重视法治，必须坚持法治创新与立法引导。

海南在建设中国特色自由贸易港的过程中，要充分发挥法治在建设中国特色自由贸易港中的保障等作用，必须紧紧围绕习近平总书记讲话精神和指导意见及总体方案的具体规定，针对海南自由贸易港建设的若干重大问题，要科学分析可能面临的制度障碍与立法需求，未雨绸缪采取有效的措施应对。自由贸易港建设中涉及调整现行法律或行政法规的，必须提请全国人大或国务院统一授权后调整实施；涉及需要动用特区立法权和地方立法权的事项，应当充分利用特区立法权和地方立法权，因地制宜、开展科学民主立法，努力构建法治先行的中国特色自由贸易港法规体系。

二、海南自由贸易港的立法模式和基本定位

（一）立法的模式

1. 由全国人大进行框架性立法

应当在全国层面制定一部综合性法律，这样有利于降低各地探索成本，确保法治的统一。自由贸易港的立法应该是全国人大立法，建议做框架立法。框架立法主要是涉及海南全面深化改革涉及的领域，且这个法要有足够的灵活性、框架性，包括指导思想、战略定位、基本原则、发展目标、主要的建设任务，以及相关基本的法律制度。

2. 应当具有自由贸易港授权性地方立法权

根据习近平总书记“4·13”重要讲话和中央 12 号文件的精神，海南可以就具体的制度性问题，通过授权性地方立法权加以解决。例如：通过全

国人大或者国务院授权的方式，对《中华人民共和国外资企业法》《中华人民共和国中外合资经营企业法》《中华人民共和国中外合作经营企业法》以及《中华人民共和国台湾同胞投资保护法》等法律的相关规定进行调整或者暂停，将原本需要行政审批的上述企业的设立、分立、合并、经营期限、转让、终止等重大事项的审批改为备案制管理；对赛马运动等项目以及竞猜型体育彩票和大型国际赛事即开彩票的发展，通过全国人大特别授权的方式进行肯定和支持；对涉及中国特色自由贸易港建设的投融资便利化、汇兑便利化、资本项目可兑换、人民币跨境使用、利率市场化和减少外汇管理等改革措施，需要争取"一行两会"的政策支持。

3. 海南应系统研究和梳理需要调整的法律法规以及行政规章

海南应向中央提出相关清单，调整一批法律法规以及行政规章在海南的实行。这当中，凡是涉及调整现行法律和行政法规的要经全国人大和国务院统一授权后实施；凡是涉及调整现行行政规章的，中央有关部门应及时向海南省下放相关的管理权限，给予充分的改革自主权。

（二）立法的基本定位

一是要体现海南自由贸易港是一个集贸易、投资、金融、科技创新、商务、旅游于一体的综合型自由贸易港。所以，海南自由贸易港的功能和制度设计要符合建立现代化经济体系的需要，取得集成性的成果。

二是在代表未来国际竞争方向的服务贸易、资金集聚、科技创新、人才集聚等领域确立创新的优势。海南作为全面深化改革开放的试验区要走在全国的前列。

三是对标国际高标准，其核心是让市场在资源配置中起到决定性的作用。进一步厘清公权和私权、政府与市场的界限、政府与社会的关系。

四是推进陆海统筹协同发展的机制。要统筹自由贸易港建设和南海的维权维稳等战略。

五是推进城乡一体化发展的协同创新，解决城乡经济社会发展水平差距问题，也是为全国提供更多可复制、可推广经验的必然要求。

六是促进平衡协调发展。比如说经济与生态建设的协调发展，全面深化改革开放的过程中要守住不发生系统性风险的底线。

三、海南自由贸易港建设的法治创新路径

（一）构建统一完备的自由贸易港法律促进体系

1. 制定海南自由贸易港法，发挥立法的引领性与前瞻性

毋庸讳言，海南自由贸易港建设的政策创新与法治创新会冲击现有法律法规制度，反过来说现有法律法规会限制海南自由贸易港的建设进程与改革目标的实现，先行先试的制度创新实践往往与上位法相违背，从而产生法律冲突。根据《中华人民共和国立法法》规定，属于中央事权的金融、税收、海关、经济等事项，只能由国家进行立法。换言之，海南在自由贸易港建设过程中只能运用特区立法权、地方立法权对中央事权以外的事项进行立法。因此，海南自由贸易港法作为中国特色自由贸易港建设法律体系中最为重要的法典将起到至关重要的衔接作用。而实现不同战略方针间的互通互融、相互促进、共同发展将是海南自由贸易港法除保障海南自由贸易港顺利建设运营以外的又一历史使命和重要任务。海南自由贸易港法的制定要有大局观和国际视野，一方面契合海南自由贸易港建设的地方需求；另一方面也要重视与国家“一带一路”建设及粤港澳大湾区、雄安新区等战略的互动衔接，对标国际最高标准，与国际通行贸易规则、投资规则相衔接。海南自由贸易港法应当注重顶层设计、强调立法的引领和导向作用，立法条文突出专业性的同时，要具备一定前瞻性。既要为海南自由贸易港建设提供法律制度供给，又要通过立法的形式鼓励自由贸易港制度创新，通过立法形式巩固现有制度创新成果，为下一步的深化改革留有足够的空间。海南自由贸易港法内容包括但不限于：一是总体原则是“一线放开、二线管住、区内自由”；二是规定自由贸易港的行政区划与实施范围，构建从宏观到微观的管理框架；三是明确自由贸易港的五大核心创新任务——投资便利化、贸易便利化、金融开放创新、事中事后监管、法治化营商环境。

2. 加强央地协调，实现港区协同管理

对于自由贸易港建设过程中涉及中央各部委管理权限的，中央要将相关权限下放到自由贸易港所在地方行政部门，例如自由贸易港管委会。根据香港、新加坡、迪拜自由贸易港的口岸通关经验，整合海关、边检、检验检疫、海事等部门的职能，构建一个统一协调的大通关行政管理机构。

（二）对标国际最高标准，打造国际化、便利化、法治化的营商环境

1. 确立海关特殊地方监管模式

在“一线放开、二线管住、区内自由”的指导思想下，将自由贸易港所在地的海关监管权由中央赋予地方，同时改革传统海关监管制度。一是在自由贸易港内货物可以自由流通，不需要额外的报关手续；“二线”采用流向监管与备案申报制，可以给予自由贸易港内流转货物以一定备案申报期。二是利用大数据、人工智能等手段来简化监管流程，提高监管效率。三是坚持海关监管以市场主体为导向，自由贸易港内的企业可以凭担保进行进出口报关，同时采用全天 24 小时通关制，节约自由贸易港内企业成本。

2. 积极稳妥推进外汇制度改革

在自由贸易港内积极探索以人民币国际化为核心的外汇管理制度改革，分阶段分步骤有限额探索资本项目可兑换。首先通过打造资金进出自由的账户体系，建好资金融通的“高速公路”。然后通过开放的金融政策吸引国内外的金融机构入驻港区，鼓励内外资企业在港区内开展离岸金融业务，打造离岸金融中心。

3. 准入前国民待遇与负面清单管理

在自由贸易港内全面推行准入前国民待遇与负面清单管理模式，积极探索打造海南极简版负面清单。在条件成熟的情况下，探索企业所得税、增值税、个人所得税综合改革试点，在自由贸易港内先行探索、积累经验。同时要对标国际最高标准，内外资一视同仁，对内外资投资自由贸易港重点引导产业，可以适当考虑采用财政返还等多种形式鼓励内外资投资海南自由贸易港重点发展的旅游业、高新技术产业、现代服务业。

4. 构建一个综合垂直领导协调统一的管理部门

海南自由贸易港建设首先必须进行中央统一部署的“放管服”改革，转变政府职能，强化事中事后监管。这就要求海南自由贸易港建设必须要有综合垂直领导协调统一的管理部门。首先，必须充分协调好央地关系，将设计自由贸易港建设的各个中央垂直领导部分，例如，海关、边检、检验检疫等直接划归地方，同时成立统一的口岸通关管理机构。其次，将中央“一行两会”在海南的分支机构进行整合，在海南先行试点合并“一行两会”的分支机构，成立海南自由贸易港金融监管服务局，同时将地方金融办的职权一并划入。最后，最大限度减少自由贸易港内的各项行政税费，借鉴香港、新加坡、迪拜等地的建设经验，自由贸易港内通常实行“零税费”，吸引内外资企业进驻。

（三）充分利用特区立法权和地方立法权，健全海南建设中国特色自由贸易港的法律规范体系

与国际通行的贸易监管方式相对接，进一步压缩通关的时间和提高效率，拓展国际贸易“单一窗口”的功能，积极利用人工智能、区块链、大数据等互联网技术手段，打造“互联网 + 易通关”模式，最大限度地实现贸易便利化。探索开展自由贸易试验区企业“集群注册”的相关规定，摒弃过往重事前审批的传统监管思维，强化事中事后监管。充分用好特区立法权能够变通上位法的优势，积极向中央“一行两会”争取政策，加大海南金融开放创新的力度和深度，以人民币国际化和市场化为中心，分阶段分步骤探索资本项目可兑换，充分用好海南的离岛优势，积极稳妥地推进离岸金融业务创新，将海南打造成“国际金融港”。

中央 12 号文件将海南定位为国家生态文明试验区，生态保护是海南自由贸易港建设中的一项重要任务。首先，可以利用海南的特区立法权对环保法未尽的环保事项制定更为严格的标准，坚决防止借自由贸易港建设之名破坏生态环境的做法。其次，利用地方立法权中的环境保护立法权限，对海南的生态环境保护做出更为细化的规定。例如，要全面禁止填海造地、破坏热带植被等行为，严控生态用地。最后，中央 12 号文件中提到海南要在 5 年内逐步淘汰燃油车，可以通过特区立法权与地方立法权引导的方式，鼓励企业和个人积极购买新能源汽车。

（四）建立与国际贸易规则体系相适应的多元化商事纠纷解决机制

中央 12 号文件第 30 条明确提出支持海南建立国际经济贸易仲裁机构和国际争端调解机构等多元纠纷解决机构。海南目前正在打造新时代中国更加开放、更有活力、更为国际化的经济特区，而构建法治化、国际化、便利化商事纠纷解决机制是海南成为中国全面深化改革开放试验区不可或缺的一环。

国际上成功的自由贸易港案例包含以下四个方面：首先是境内关外；其次是投资便利化；再次是贸易便利化；最后是功能综合化。海南自由贸易港建设的所有环节都离不开法治保障，因而立法必须先行。中国特色自由贸易港建设具有一个相当长的建设周期，因而立法也必然有一个循序渐进的过程。

海南自由贸易港建设的立法既要具备前瞻性与引领性，同时也要“按需立法”，立法不可盲目照搬香港、新加坡、迪拜的法律制度，要在充分尊重我国国情、考虑海南实际的基础上科学立法。而在自由贸易港建设过程中，吸引内外资企业进驻的一大前提就是必须构建与国际贸易规则体系相适应的多元化商事纠纷解决机制。多元化的商事纠纷解决机制主要包括国际商事仲裁、临时仲裁、替代性纠纷解决机制等几种方式，下一步海南应当积极争取国际商事纠纷解决机构落户海南，运用国际通行贸易规则解决商事纠纷。

海南自由贸易港纠纷解决机制涉及的四个问题

黎逸轩
亚洲国际法律研究院副秘书长

从国内自由贸易试验区的探索实践来看，境内外法律适用与衔接问题成为一个突出矛盾。

一、境外法律能否适用？

在自由贸易港内，涉及的纠纷主要有四大类：内资企业之间、外资独资企业之间、外资独资企业与中外合资企业之间、外资企业与内资企业之间。首先，我国法律明确规定，没有涉外因素，不可以适用境外法律。这也意味着内资企业之间的合同纠纷不涉及境外法律适用问题。其余 3 种情况，即内地企业与外资独资企业之间、外企和中外企业之间、外企和内资企业之间的合同纠纷问题，能不能允许适用境外的法律？这是值得大家深思的问题。

深圳市政府起草了《深圳经济特区前海深港现代服务业合作区涉港合同选择适用香港法律若干规定》，目前该文件还在起草中，正寻求全国人大的支持。这个文件建议在某些特定领域下可以允许国内的企业，无论是内企还是外企考虑适用境外法律，但是这只是第一步。未来，海南自由贸易港建设进程中，法律适用问题如何解决，如何进一步放宽法律适用的相关条件，能放宽到什么程度等，都是当前需要考虑的关键性问题。

二、如何形成国际认可的临时仲裁制度？

目前，《中华人民共和国仲裁法》第16条规定，仲裁协议应当具备选定的仲裁委员会。《最高人民法院关于为自由贸易试验区建设提供司法保障的意见》第9条第3款规定，“在自由贸易试验区内注册的企业相互之间约定在内地特定地点、按照特定仲裁规则、由特定人员对有关争议进行仲裁的，可以认定该仲裁协议有效。人民法院认为该仲裁协议无效的，应报请上一级法院进行审查。上级法院同意下级法院意见的，应将其审查意见层报最高人民法院，待最高人民法院答复后做出裁定”。从国际范围来看，国际仲裁平台并没有特定地点、特定仲裁规则、人员等规定，尤其是没有仲裁人员的相关规定。未来，如果双方同意把仲裁地确定在海南，但是没有仲裁规则的相关安排，且没有说明具体原因，此时应该不应该认可这个仲裁协议，这是要考虑的问题。尤其是如果当事方其中一方不是自由贸易港内的企业，能否认可？

三、如何形成国际化的涉外仲裁制度？

根据国内法律，没有涉外因素的事宜，不能到境外仲裁。例如，最高人民法院《关于北京朝来新生体育休闲有限公司申请承认大韩商事仲裁院做出的第12113-0011号、第12112-0012号仲裁裁决案件请示的复函》中，并不予承认涉案仲裁裁决。从实践来看，西门子与上海黄金置地有限公司的合同纠纷，其合同内规定交货地在国内，标的物所在地也是在国内，是否存在涉外因素呢？对此，有两种看法。第一，合同的主体均具有一定涉外因素。西门子与黄金置地公司虽然都是中国法人，但注册地均在上海自由贸易试验区内，且其性质均为外商独资企业，由于此类公司的资本来源、最终利益归属、公司的经营决策一般均与其境外投资者关联密切，故此类主体与普通内资公司相比具有较为明显的涉外因素。在自由贸易试验区推进投资贸易便利的改革背景下，上述涉外因素更应给予必要的重视。第二，合同的履行特征具有涉外因素，合同标的物的流转过程也具有一定的国际货物买卖特征。合同的履行因涉及自由贸易试验区的特殊海关监管措施的运用，与一般的国内买卖合同纠纷具有较为明显的区别。所以上海一中院认为具备涉外因素，并解释“该合同表面上看并不具有典型的涉外因素。然而，综观本案合同所涉的主体、履行特征等方面的实际情况，该合同当前存在与普通国内合同有明显差异的独特性，可以认定为涉外民事法律关系”。其实，北京和上海的这两起合同纠纷案件非常相似，只不过西门子的案件发生在上海自由贸易试验区内。

这两个案件之后，最高人民法院出台了《关于为自由贸易试验区建设提供司法保障的意见》，提出“正确认定仲裁协议效力，规范仲裁案件的司法审查。在自由贸易试验区内注册的外商独资企业相互之间约定商事争议提交域外仲裁的，不应仅以其争议不具有涉外因素为由认定相关仲裁协议无效”“一方或者双方均为在自由贸易试验区内注册的外商投资企业，约定将商事争议提交域外仲裁，发生纠纷后，当事人将争议提交域外仲裁，相关裁决做出后，其又以仲裁协议无效为由主张拒绝承认、认可或执行的，人民法院不予支持；另一方当事人在仲裁程序中未对仲裁协议效力提出异议，相关裁决做出后，又以有关争议不具有涉外因素为由主张仲裁协议无效，并以此主张拒绝承认、认可或执行的，人民法院不予支持”。

但笔者思考的是，上述规定为什么只限于外商独资企业？如果是合资企业怎么办？90%是外资，10%是内资怎么处理？《关于为海南全面深化改革开放提供司法服务和保障的意见》提出，“支持建立国际商事仲裁机构，充分尊重当事人选择纠纷解决方式的意愿。自由贸易试验区或自由贸易港民商事案件的主体之间约定将争议提交域外仲裁解决的，不宜以无涉外因素为由认定无效”。这些规定比之前的相关规定更为宽松，但如何落实，如何避免与现有其他相关法律的冲突等问题，还需要进一步解决。

四、如何形成高效的调解制度？

《内地与香港关于建立更紧密经贸关系的安排》中有投资协议，如果内地跟港方的投资出现纠纷，可以通过调解处理。内地有 3 个调解机构，分别是中国国际贸易促进委员会、中国国际商会调解中心、中国国际经济贸易仲裁委员会，共有 130 名仲裁员，只有 1 名来自海南省，这说明海南省还需要更努力栽培仲裁员和调解员。

因此，在建设海南自由贸易港中如何形成高效的调解制度？第一，要在法律上适度开放境外法律适用。第二，要加强临时仲裁的可适用性。第三，要厘清境外仲裁的适用范围。第四，要加强交流培训，特别是两大法系法律培训、审讯技巧培训。

推进海南自由贸易港立法总体思路研究

中国（海南）改革发展研究院课题组

加快推进海南自由贸易港立法，充分发挥法治在自由贸易港建设进程中的引领、推动、规范和保障作用，需要深刻理解中央的战略部署，抓住打造全球最高水平开放形态的基本要求，站在更高起点统筹谋划自由贸易港政策与制度体系，形成海南全面深化改革开放的法律依据与法治保障。

一、基本原则

（一）突出“中国特色”

在海南自由贸易港建设中突出“中国特色”，主要表现为三个重要方面：一是加强党的领导；二是坚持社会主义基本制度；三是坚守政治体制的基本框架。谋划海南自由贸易港立法，要采取一切有效办法，在重要领域和关键环节率先实现制度创新的重要突破，打造人类命运共同体先行示范区。

（二）对标最高水平开放

一是对标国际自由贸易港的一般规则，按“境内关外”的基本要求，保障货物、服务、资金、人员、信息等要素流动自由化和便利化；二是对标世界最新及未来最高水平的经贸规则，例如，率先在海南探索实施“零关税、零壁垒、零补贴”；三是对标具有一流国际竞争力的营商环境，把推动法治化、国际化、便利化的营商环境和公平开放、统一高效的市场环境作为立法的重要内容。

（三）打造高效治理体系

一是充分发挥市场在资源配置中的决定性作用，更好发挥政府作用，形成以高度自由、高度便利、高度法治为主要特点的经济治理；二是构建一个由政府、社会组织和个人参与支持配合的立体式、协作式的治理模式，率先形成以共建共治共享为基本目标的社会治理；三是按照精简、高效、统一、灵活的要求，实行不同于其他省市的、特殊的行政体制安排、行政区划安排，形成以精简、高效、统一、灵活为主要特点的政府治理。

（四）发挥海南独特优势

海南地处战略要冲，受权管辖南海200多万平方千米海域，且具有丰富的土地、海洋等资源优势。海南自由贸易港立法，要突出南海这一战略优势，赋予海南更大的改革开放自主权，充分释放海南资源价值潜力，使海南在全面深化改革中发挥更大的作用。

二、重要目标

（一）服务重大战略目标

中央12号文件明确提出，把海南打造成为我国面向太平洋和印度洋的重要对外开放门户。以自由贸易港为平台，加快构建“泛南海经济合作圈”，通过立法保障使海南成为人类命运共同体先行示范区、“21世纪海上丝绸之路”建设的战略支点、连接泛珠与泛南海的区域的经贸合作枢纽、泛南海综合开发和服务保障基地、泛南海区域人文交流平台，维护并巩固来之不易的南海缓和局面。

（二）明确海南法律地位

建议把海南岛全岛划定为全新意义的特别经济区，即在中国共产党的领导下，在社会主义基本制度范围内，保持党委、人大、政协等政治体制不变，对标全球最高水平开放形态，经中央授权，实行适应海南自由贸易港建设发展需求的、高效率的行政管理体制。并明确赋予特别经济区经济社会行政管理权限，赋予特别经济区“境内关外”的法律适用特权。

（三）推动海南开放创新

一是将开放政策上升为法律，破解开放政策落实与制度创新面临法律与政策红线的“两难”局面；二是以立法提升海南自由贸易港政策与制度的稳定性与可预期性，为全世界投资者、创业者打造一个自由、稳定、平等、透明的法治化营商环境，稳定预期、形成合力；三是以立法加快对标国际最新经贸规则，为实现由经济全球化参与者、推动者向主导者转变提供海南经验与标杆。

（四）赋予海南更大行政权限

立法明确规定，在海南加快落实竞争中性原则，推动经济政策由产业政策为导向向竞争政策为基础转变；深化土地、人才、资本、技术等要素市场化改革；允许海南自行制定内外资一致的、高度精简的投资准入负面清单及跨境服务贸易负面清单；与高水平开放相适应，赋予海南建立相对独立的财税、金融、海关、司法、监管等制度安排。通过立法修法等多种形式，理顺中央与地方关系。

三、重大举措

（一）确立特殊的行政体制

一是赋予海南高度的经济社会行政管理权。在海南实行行政权力“大负面清单”制度，除国防、外交等国家重大事项外，赋予海南特别经济区高度的经济自主权、行政管理权、社会治理权和特殊立法权、司法权。二是实行行政首长负责制。这既有利于协调海南与中央部委的关系，也有利于海南自由贸易港高效率的行政运转。

（二）赋予海南行政机构调整的自主权

一是能放的尽可能放，将贴近基层和群众的公共服务、社会管理、环境保护等职能下放给市县政府承担，并建立财力与支出责任相适应的财税制度；二是能统的尽可能统，最大限度地整合分散在不同职能部门相同或相似的职责；三是能合的尽可能合，在行政机构上整合“同类项”，减少局、委、办数量；四是在全国率先打造省级法定机构体系。

（三）赋予海南自主调整行政区划的权限

在全岛统一土地资源利用，统一基础设施建设，统一产业布局，统一城乡发展，统一环境保护，统一社会政策。在此基础上，形成“省下辖五大区域中心城市”的行政格局，即形成大海口、大三亚、大琼海、大儋州、大五指山的经济功能区。争取在海口、三亚率先突破。

（四）赋予海南更大的监管权限

推动监管机构变革，构建一个适应最高水平开放的专业性、独立性的监管机构体系。尽快建设全岛一体化、智能化、信息化、现代化管控体系。

四、重要任务

（一）实行单独关税区的海关特殊监管体制

1. 设立海南单独关税区

对标世界最高水平开放形态，结合海南建设全域型自由贸易港的目标和相对独立地理单元的突出特点，建议中央在海南设立我国第四个单独关税区，并建立与之相适应的特殊海关监管体制。

2. 确立海南单独关税区的法律地位

通过立法明确海南单独关税区的法律地位、性质、职能、管理体制、运作模式等，赋予海南对域内的经济法人、个人的经济行为更大管辖权，包括自主制定内部经济政策的权力。明确授权海南以“中国海南”名义加入国际经贸组织，发挥其在构建泛南海自由贸易区网络中的特殊作用。

3. 分步骤形成海南单独关税区的制度安排

一是率先在海南暂停实施《中华人民共和国海关法》部分条款；二是在海南设立国家海关特殊监管区，实行“分线管理、分类监管”；三是尽快过渡到单独关税区管理，实施最自由、最便利的海关管理制度安排。

（二）实行特殊的财税体制安排

1. 建立一套有别于内地、具有国际竞争力的税收体系

在税收国际竞争日趋激烈的情况下，加快建设海南自由贸易港迫切需要建立一套有别于内地的特殊的税制安排，充分发挥财税政策在产业引导、要素集聚等方面的重要作用。

2. 确立海南独立的税收制度的法律地位

确立“零关税、低税率、简税制”的基本原则，授权海南根据实际

情况自行立法规定税种确立与取消、税率调整、税收减免和其他税务事项。合理确定中央与地方财税关系。

3. 授权海南实行特殊税制

海南域内税种从 18 个税种减少到 6 个，分别是企业所得税、个人所得税、环境税、消费税、物业税、印花税。企业所得税税率不高于 15%，个人所得税税率最高不超过 10%；来自海南域外的收入不再征税；免征增值税，取消土地增值税；提高物业税、环境税等税率。

（三）实行更加开放的金融体制

1. 在海南域内推进金融业的全面开放

海南自由贸易港建设重点在于以金融高度开放自由的制度安排，实行特殊的金融制度安排，实现金融要素自由流动，最大限度地释放资源要素活力，由此奠定区域性金融中心建设的重要基础。

2. 授权海南自主加快金融开放进程

一是增加适应海南金融高度开放的适用性条款，加快形成以外资、社会资本为主体的金融体系。二是明确人民币资本项目自由可兑换，采取自由贸易港账户，建立“账户统一、规则清晰、本外币合一、账户内可自由兑换”的账户体系，保障资金的流动和进出自由。三是形成离岸金融业务的法制化保障，推动境内外市场逐步、适度地相互渗透。

3. 授权实行独立、高效、智慧的金融监管体制

一是授权海南制定自由贸易港金融监管条例。二是授权海南成立综合性监管机构，实行混业监管。三是授权海南自主开展金融科技创新。例如，支持海南率先探索发行以国家信用为支撑、加密的法定数字货币。

（四）实行特殊的司法体制

1. 赋予海南更大的司法权限

一是赋予海南自由贸易港独立的司法权和终审权。二是授权海南自行设置专业法院。例如，创建海南自由贸易港“数字法庭”，推动数字化审判，充分利用大数据平台提高诉讼效率。

2. 授权海南实行特殊的司法制度

一是以审判为中心推进刑事诉讼制度改革，推进审判权和执行权分开。法院独立行使审判权，成立独立的执行机构专司司法执行功能。二是全岛范围合理配置司法资源。三是在海南加快培育多元化法律服务市场，允许境外律师事务所在海南自由贸易港内设立分支机构。四是建立与国际接轨的刑事处罚制度。例如，《中华人民共和国刑法》中优先适用财产刑，慎用自由刑，加大对财产的刑事处罚力度。

3. 授权实行与国际接轨的仲裁制度

一是调整《中华人民共和国仲裁法》适用范围，明确国际商事仲裁机构的准入要求和外国仲裁机构在海南做出的裁决性质认定。二是授权出台海南自由贸易港仲裁规则、海南自由贸易港调解规则。比如，建立临时仲裁员选任制度，简化适用临时仲裁的相关程序性规定。三是允许海南自由贸易港仲裁机构创建两大法系仲裁模式裁决民商事案件。

五、突出特点

（一）海南自由贸易港建设的基本法

海南自由贸易港法的性质是基本法，重点是规定海南自由贸易港的法律地位、体制机制、特殊管理等原则性、框架性规定，它由全国人大或常委会单独立法，海南省和中央部委都是这一法律的执行者；在海南自由贸易港区域内，现有的法律如与该法抵触，要依照该法规定的程序修改或停止生效。

（二）属于国内法，同时对标国际最高经贸规则

海南自由贸易港法仍属于国内法域，仍属于我国法律的有效管制范围；同时最大限度与国际规则接轨，为与国际法对接提供制度接口。

（三）具有不可复制性

海南自由贸易港立法将涉及税收、财政、海关、金融、外贸、司法等基本制度的重大调整，涉及确立并保障实行特殊的行政、社会、海洋等体制机制的重大变革，不具有可复制性。

六、行动建议

（一）尽快对海南一揽子授权

形成一揽子授权清单（包括授权事项、授权范围、授权期限等），通过全国人大或者国务院授权暂停相关法律法规或直接授权等多种方式，尽快突破现有某些法律的掣肘；强化海南全面深化改革领导小组对各部委的协调力度，明显缩短调法调规时间。

（二）加快制定海南自由贸易港法

在海南自由贸易港法总体框架的基础上，设立若干个专题小组，如中央与海南关系、服务贸易自由化便利化、精简高效的行政体制、海关管理、财税体制、南海开发、司法体制等，分别起草有关章节条文；该法是框架法，宜粗不宜细；探索建设与立法准备同步推进，加快形成完善的法律制度体系。

（三）充分利用特区立法权和地方立法权，推动专门立法

一是赋予海南自由贸易港更大省级立法权。如知识产权保护、数字经济发展、离岸金融业务等，赋予海南先行立法权。二是充分发挥特区立法权，允许海南在基本原则前提下变通立法。三是提升自由贸易港立法的效力位阶。

第八章

人才制度创新

海南自由贸易港建设，关键靠人才。“吸引人才、留住人才、用好人才，最好的环境是良好体制机制。”无论是吸引全球各类人才参与海南自由贸易港建设，还是充分利用好现有人才资源，关键都在于人才发展制度的创新。未来1—2年，以非常之举尽快形成吸引人才、留住人才、用好人才的体制机制和独特优势，关乎海南加快探索建设自由贸易港的进程。

关于实施海南自由贸易港人才引领发展战略的几点建议

吴 江
中国行政体制改革研究会副会长
中国人事科学研究院原院长

海南在服务贸易领域的人才培养、引进、激励和使用上积累了一定的经验，但与海南自由贸易港建设的新形势、新任务、新需求相比，海南服务贸易领域的人才短板日益凸显出来，突出表现为：人才总量不能满足海南自由贸易港建设的需要、人才结构不能匹配海南自由贸易港的功能定位和产业需求；国际高端人才汇聚现状不能支撑海南自由贸易港服务贸易的创新发展；等等。

当前，海南正面临着重大发展机遇，人才发展要适应服务业开放与服务贸易发展的要求，适应海南自由贸易港建设的要求，适应国际人才管理改革试点建设的要求。在新的时代背景下，根据 2018 年 4 月中央出台的《中共中央 国务院关于支持海南全面深化改革开放的指导意见》以及 2019 年 8 月中央组织部等 7 个部委联合印发的《关于支持海南开展人才发展体制机制创新的实施方案》指示精神，海南必须下大气力开展人才发展体制机制创新，建立符合海南自由贸易港建设需求的国际人才管理制度。

一、建设海南自由贸易港要充分发挥“聚天下英才而用之”的制度优势

党的十九届四中全会明确提出，“聚天下英才而用之”是我国国家制

度和国家治理体系的显著优势。“聚天下英才而用之”，关键在于如何聚、如何用。这就必须坚持党管人才原则，遵循社会主义市场经济规律和人才成长规律，构建“人才引领发展”的治理体系，推进人才发展的空间化治理和市场化资源配置等，以“培养造就更多更优秀人才”。海南自由贸易港建设还应围绕“聚天下英才而用之”的制度优势，将人才治理的目标放入国家“构建具有全球竞争力的人才制度体系”的宏伟战略中，通过创建“更加积极、更加开放、更加有效”的人才政策，参与全球人才竞争，吸引并集聚符合海南自由贸易港建设需求的全球化优秀人才。

第一，海南自由贸易港建设需要围绕港情（自由贸易港的情况）以及未来发展定位，创建海南自由贸易港高精尖紧缺人才需求目录和工作指导目录。在中央组织部等 7 个部委联合发文支持海南人才发展等契机下，海南自由贸易港应专注于未来发展的重点领域、重点产业的人才需求，如旅游、教育、医疗健康、金融、高新技术等重点服务业领域的国际化人才需求，编订国际化人才需求目录。在人才培养和引进上大胆创新，通过海南岛的旅游观光产业、老年康养产业等城市品牌优势，着力集聚有志于海南建设的各方面优秀人才。

第二，海南自由贸易港建设需要利用自由流动的开放功能，大胆使用人才。当前，各国自由贸易区越来越多地采取积极战略，抢占全球人才高地，不拘一格任用人才，提升人才效能，包括制定富有想象力的政策来培养和开发全球化人才。海南自由贸易港建设需要最大化地利用自由流动的开放功能，激发人才创新创业活力和动力，将优质人才放置在最合适的地方；着力解决培养与使用脱节、科研与生产脱节、理论与实际联系不够的问题，引导人才深入群众、深入基层一线、深入现实生活；注重依托自由贸易港国家重大建设项目和重大科学工程发现和培养人才，真正让人才在实践中锻炼，在一线上建功，在社会里成长。

第三，海南自由贸易港建设需要打造国际高端人才“引得来、用得好、留得住”的软、硬环境。在全球化浪潮的 30 年中，世界各国的自由贸易区正在成为“全球人才中心”，吸引来自世界各地的高技术和创造性工作者。推动人才集聚的因素主要有：高质量的基础设施；有竞争力的市场条件和商业环境（包括集群）；具有良好的网络化交流和合作的可能性；优越的生活条件（包括各种不同的因素，如气候条件、文化环境、安全保障以及医疗和教育等关键服务的易得性）。海南自由贸易港应该在良好契机下，着力打造人才发展综合环境的比较优势，提升公共服务与基础设施的品质；营造良好的营商环境等，加强对人才的吸引力以及人才间的凝聚力、向心力，为各类人才创造宜业宜居的良好生态环境。

二、建立国家级自由贸易港人才体制机制改革试验区

海南自由贸易港是一块改革人才管理体制机制、提升人才开放度的试验田。在全球化的人才竞争中，建设海南自由贸易港是一场攻守兼备的制度试验。

守的方面：具有国际竞争优势的人才制度，应该具有国际制度的共性特征，即符合全球人才聚集于此、发展于此、成功于此的普遍需求，具有全球发展视野、突出公平公正价值、激发创新创业活力、强调市场配置作用、促进人才全面发展等方面的普遍特征，以融入全球人才网络、开展人才国际合作交流、吸引和集聚世界一流人才。

攻的方面：由于各国之间人才竞争加剧，如何减少核心机密、核心技术人才的流失和因此造成的损失，保护国家核心机密、核心技术人才的安全，成为各国人才管理的重要内容。国家级自由贸易港要形成具有竞争优势的人才制度关键要凸显中国特色，让国内的人才乃至全球的人才都能因具有优势的制度而得以用最低的成本，实现最符合自身意愿的流动，使人才得到最大的价值体现，获得最合理的收益，做出最大的贡献。人才制度政策要从“与国际惯例接轨”转向“推动规则演化”。

三、致力于探索打造全球服务贸易“人才自由港”

进入 21 世纪以来，国际人才竞争出现了新趋势，国与国的人才竞争由过去的非合作竞争演变为如今的合作竞争就是典型代表。也就是说，未

来任何一个国家不可能独掌国际人才竞争局面，而必须依赖其他国家才能有效解决国际人才竞争问题，这是一个总体趋势。“不求所有，但求所用”已经成为全球共识，国际人才竞争与合作并存，共同培养、智力共享、联合攻关的新时代已经到来，这为海南进一步加快推进国际“人才自由港”建设创造了良好的合作平台。

从伦敦、新加坡、悉尼、迪拜和中国香港等地的经验来看，建设自由贸易港、形成全球人才枢纽很重要的基础是：正确把握好作为城市的集聚高地和整体的全球人才网络之间的关系。要真正把自由贸易港打造成为全球网络中的关键节点，必须以全球的视野在分析全球经济、政治、社会、科技、文化发展态势以及全球人才流动的格局的基础上，洞悉自身作为“点”置于整体网络中的价值、地位以及不足。同时，必须用开放的态度将“点”置于整体网络之中，开辟融入全球网络并在其中发挥重要作用的渠道和路径，推动全球、区域、国家、城市层面的全面合作。

第一，创造人才竞争力的新需求。自由贸易港是在自家门口参与国际竞争，是针对未来更加激烈的新规则之下国际竞争的实战演练。一方面，市场垄断被打破，尤其是国有企业垄断优势日渐式微，企业竞争力更多依赖于人才竞争力。另一方面，随着内外资之间藩篱的消弭，自由贸易港对人才素质、能力的要求已不限于单纯的国内标准，而是以国际的眼光和尺度来衡量，适应国际标准就能得到发展，不适应就在竞争中落败。

第二，未来引领海南自由贸易港建设的高端人才的新需求。一是能引领国际发展潮流的人才。要把握全球从管理型经济向创业型经济转变的发展背景，抓紧集聚影响创业经济发展的创新、创业、创意人才。其中，创新人才是指能够创造新产品、新市场、新业态、新领域，能够创造市场、创造就业岗位的人才；创业人才是指具备创业观念，善于识别创业机会及其潜力，并能够将其转化为现实，开创一番新事业的人才；创意人才是指在文化、娱乐或者体育领域具有特殊才能的人才。二是具有国际资源的人才。要把握全球要素流动与集聚的契机，加大掌握、控制全球要素资源的人才引进和集聚力度，主要包括掌握全球资本的人才、掌握全球信息的人才、掌握全球人才资源的人才、掌握国际社会网络资本的人才，推动人才与资本、技术、信息高度融合。三是具有国际影响力的人才。如卓越领导人才、业界精英、科学家、文化大师、超级明星等。四是具有发展潜力的人才。如海外留学生，这些人才能够更好地推动城市转型发展，更好地参与全球竞争与合作，更主动地融入世界经济一体化的格局中去。五是能够形成核心竞争力的人才。在全球范围内集聚与自由贸易区功能定位相适应的包括金融、贸易、航运等重点领域在内的优秀人才，为城市的功能转型提供支撑；同时，分类制定相关政策，大力培育和造就医疗健康、会展、旅游、信息网络、金融保险、文化创意、教育等服务贸易领域人才开发，围绕突出创新驱动，加大高新技术产业、战略性新兴产业等重点领域人才资源的开发，培育自由贸易区人才发展和经济发展新优势。

第三，人才发展环境方面的新需求。能否适应国际自由贸易港发展趋势，将生产、生活、生态融为一体？能否提供充分的发展机遇与事业平台？能否提供适宜居住、充满活力、和谐幸福的生活环境？这些因素决定了海内外优秀人才向海南自由贸易港集聚的规模、速度和频率，也决定着人才在此工作发展的适切度、满意度和幸福度。

国际上最具人才竞争力的国家是美国，它的人才制度体系建立在包括一套以 4 个“高”为标志的、成熟的、具有美国特色的人才价值制度模式上。一是高普及性的高等教育与社会化培训体系；二是高门槛的人才移民政策；三是高竞争的市场配置机制；四是高效率的企业用人制度。高普及性的高等教育与社会化培训体系和高门槛的人才移民政策所形成的两个并列的制度组成了人才价值获取制度系统；高竞争的市场配置机制和高效率的企业用人制度组成了人才价值实现制度系统。所以，海南的人才环境建设要有充分自由的市场配置和社会服务体系做支撑。

四、加快制定海南自由贸易港促进人才发展相关条例

法者，治之端也。中共中央印发的《关于深化人才发展体制机制改革的意见》要求各地“研究制定促进人才开发及人力资源市场、人才评价、

人才安全等方面的法律法规”。首先，要将人才工作由政策推动转向营造法治环境；其次，人才法治化有利于深化人才体制机制改革，发挥市场资源配置的主导性作用；最后，人才管理法治化是国际上的通行做法。目前，我国人才竞争靠的是一省一个政策、一市一个政策、一地一个政策，缺少一部统一的法律。

海南人才立法的主要内容。一是促进人才发展立法的基本定位。主要内容包括明确海南自由贸易港促进人才发展相关条例的立法目的，用法治规范和保障人才事业改革发展，服务于新时期的战略部署；明确人才工作和人才事业发展应当遵循的基本原则；明确条例所适用的人才范围。二是明确人才发展各类主体的职责。人才发展的主体有政府、社会组织、用人单位和人才本身，不同的主体有不同的权利、责任和义务，其中，政府是促进人才发展的重要主体，立法明确政府的人才发展职责，对政府在人才发展过程中可能出现的错位或越位行为予以限制；规范人才发展主体的行为，保护人才的合法权益。三是促进人才发展的人才工作环节。主要包括人才规划、人才引进、人才培养、人才使用评价、人才流动、人才激励保障等人才工作环节。四是促进人才服务业和区域合作发展。促进人才服务业发展，充分发挥市场机制在人才发展中的重要作用，构建完善的人才服务体系，提升人才服务水平；加强人才发展中的国际合作、区域合作、产学研合作等，调动和统筹各方资源和力量参与人才发展。五是规范人才公共服务和监督管理。完善人才公共服务体系，提升公共服务水平，为人才成长和创新创业营造良好的环境和氛围。构建科学合理的人才开发与管理体制机制，明确不同主体的人才发展职责，提升人才工作的科学化、规范化、法治化水平。

五、建立海南自由贸易港技术移民事务管理制度

第一，创建独立的国际移民事务管理局。在国家移民管理局、公安部、外交部、国家外国专家局等部委的领导下，创建独立的海南国际移民事务管理局。海南国际移民事务管理局是负责海南自由贸易港国际移民制

度设计与实施的核心机构，统筹从宏观到微观的海南国际移民战略设计和举措实施，整合过去外国人才来海南居留就业等零散管理职能，统一审批外国人才绿卡和入籍申请，承担外国人入境与出境等管理职能，健全签证管理协调机制，负责出入境管理，口岸证件查验和边民往来管理，外国人停留、居留、永久居留管理，国际人才管理等综合性事务，以及外国人才评估及积分制度、国际人才服务绿色通道等举措，同时还肩负移民领域国际合作、来海南移民定居人员的社会融入服务、“三非”外国人治理和非法移民遣返等职能。

第二，推进关联部门的分工合作机制。在公安部、外交部、国家移民管理局、国家外国专家局等部委的领导下，成立支持海南自由贸易港技术移民创新试点专项工作组，统筹协调省公安厅、人社厅、科技厅、民政厅、外专局等部门，合力创新海南国际移民事务管理的制度建设和实施。首先，省人社厅、外国专家局和拟建的海南国际移民事务管理局根据省情及港情，共同承担海南移民职业清单以及国际人才紧缺职业清单的编订。其次，由省民政厅牵头设定国际移民的福利政策、公共待遇，负责国际移民居留的后续融入、服务管理工作。再次，省公安厅的出入境管理部门协助海南国际移民事务管理局负责相关证件的办理，比如绿卡、签证等。最后，外国人申请绿卡、入籍成功之后的社保、档案，以及可能的（集体）户口等相关管理服务由人社厅负责。

第三，设置国际通用的移民类型。根据国际移民国家的通用做法，在海南自由贸易港设置家属/家庭移民、投资移民、技术移民、职业移民、特别移民（海外雇用人员、宗教人士）等移民类型，并根据外国人才工作指导目录，针对自由贸易港急需紧缺人才设定移民优先级、配额比例及资质条件。另外，大力利用技术移民和职业移民，吸引国外科学、文艺、教育、商业和体育各界的卓越人才，包括杰出的教授、研究员，跨国公司行政人员、经理，以及各类国外科技及专业技术人才。

第四，设置独立的技术移民类别。允许没有中国工作经验和用人单位工作邀请的高端国际人才，由本人直接向海南的外国人管理工作部门

(如：拟建的海南国际移民事务管理局)提出申请，出具《外国高端人才确认函》，方便其在海南境内申请人才类工作签证和在华永久居留资格。针对独立技术移民人才，大幅简化就业和签证办理手续，优化境外、境内办理流程，免办外国人工作许可通知书、邀请确认函，直接办理外国人工作许可、职业签证和工作居留许可，并且进一步延长海南境内外国高端人才和外国专业人才签证的有效期。

六、建立海南自由贸易港国际职业（执业）资格互认制度

职业资格互认是指两国或者多国政府间、非政府的专业团体间，以协议的形式确认专业资格在本国或者地区范围内的同等效力、兼容性和可接受性，并在其管辖范围内赋予该专业资格持有人相应权利。有关专业资格承认方面，大致可分两种：其一，自动给予，即一国单方面接受、认可外国专业资格的标准；其二，双边或多边协商互认，即两个或两个以上国家、经济体接受对方的专业资格的效力、标准，接受相关成员的专业资格的效力、标准。目前，多数国家是通过双边或者多边的协商来完成专业资格的互认的。

海南可以经过国家主管部门授权在自由贸易港建设需求范围内，开展职业资格互认试点工作，在旅游业、现代服务业、高新技术产业方面制定相关的职业资格互认制度，先行先试。按照“三步走”战略，逐步完成对国际职业资格互认制度的探索。

第一步，以国际公认标准为基础，细化、量化我国职业资格的能力、素质标准；采取国际先进的评价手段，客观、真实地反映专业人员的能力；要建立符合国际惯例的职业资格认证程序，使之做到透明、一致、可靠；要建立和完善职业资格质量保证体系，确保职业资格达到国际标准。

第二步，加强专业组织在技术、工程、专业服务等领域的经济技术、人力资源开发方面的国际合作，加快职业资格互认进程，让专业类社会团体唱“主角”，充分发挥专业团体、行业协（学）会在制定专业标准、开展专业评价、实施专业管理方面的主导作用。经国家授权批准引进香港、

澳门、台湾地区高质量的职业（执业）资格评价专业机构，合作开展有关自由贸易区（港）建设需要的非许可类的职业认证服务。

第三步，借鉴日本、韩国、澳大利亚、英国等发达国家的国家资历框架制度，制定符合中国特色的职业资格互认制度；建立与国际接轨的职业资格证书质量监测评估标准体系和第三方评估机制；加强职业资格证书与继续教育、专业学位教育、会员管理和职业诚信体系建设等制度衔接。

七、建立国家级自由贸易港国际人才资源产业园区

让市场在外来人才的引进过程中成为主体，可以有效地避免引进人才与需求的错位问题。引进来的人才最终要为市场服务，而市场对所需求的人才类型也最清楚，这就实现了供求之间的对接，避免了不必要的人才引进成本的浪费。

围绕海南自由贸易港建设，遵循“专业化、知识化、品牌化、信息化、国际化”的人力资源服务业发展趋势，加大人力资源服务产业引导、政策扶持和环境营造力度，推进海南人力资源服务业健康发展。争取人社部等国家相关部门的支持，借助人社部将海南列入人力资源服务业支持计划的契机，探索在全省规划建设分布合理的人力资源服务市场网络，重点打造“一园两极”，即中国（海南）人力资源服务产业园和三亚、海口南北两极的国家级人力资源服务产业园的发展布局。突出特色、服务创新，围绕海南产业转型和社会转型需要，适时引入全球知名的人力资源服务商，助力海南自由贸易试验区和中国特色自由贸易港建设中自由贸易领域人才的全球配置，促进高端国际化人才资源向高新技术产业、旅游业、现代服务业等重点产业和社会发展领域集聚。

借鉴引才经验，建议成立由海南省政府投资的国有人才猎头公司。建立市场机制的引才平台，为全球人才和海南自由贸易港内的企业牵线搭桥，为到海南投资或开拓全新商业活动的个人和企业家提供一站式服务，同时也在服务过程中获得本身的发展。

八、依托国内外教育资源，积极开展国际化人才的培养

人才开发培养是实现人力资本保值增值的重要途径，也是人才国际化的重要保证。就海南建设自由贸易港而言，人才教育的国际化既包括开发已经具有国际知识和教育背景的海外人才，还包括提高本土人才的国际化程度。通过留学生教育、组织赴国外培训、跨国轮岗、国际合作培训等途径，本土人才的国际视野将得以拓宽，国际交流和交往能力将得以增强，并能够顺应自由贸易港建设快速发展和城市国际化程度提高的总体趋势，在熟悉国际游戏规则和通晓运作模式的基础上，顺畅地开展跨国业务合作与交往。

国际化人才开发最主要的工作是提供锻炼的平台。要扩大参与国际经济技术合作交流的渠道，鼓励举办各类国际会议、学术论坛，支持专业技术人才参与国际重大科技计划、科技工程、学术研究，支持中青年科研人员出国（境）参加各类国际学术会议，鼓励和促进在工程外包、设计咨询、技术转让、金融保险、国际运输、教育培训、信息技术、物流服务等领域扩大对外人才交流。借助“柔性流动”机制，让国际人才在海南进出自由，使更多的精英人才穿行在广阔的国际空间。

将海南打造成国际高端人才自由贸易港

王辉耀
全球化智库理事长

海南自由贸易试验区、自由贸易港相比其他自由贸易试验区，最显著的特点就是“全域性”，这使其具备了试点范围广、试点领域多、试点基础多元、试点协同性强的独特优势。但同时，这也给海南自由贸易试验区、自由贸易港的建设提出了更多挑战。如何继承并发扬中国改革开放40多年的成功经验，结合海南实际，借鉴国际经验，顺应全球趋势，统筹好海南省各个领域、区域的改革开放，打造更高水平的自由贸易试验区、自由贸易港，需要我们进行更多思考。

一、将海南自由贸易港打造成国际高端人才自由贸易港

毋庸讳言，自由贸易港的建设需要汇集更开放的政策、更优的营商环境、更充沛的资本、更先进的技术等各个要素。在众多要素中，抓住人才这个“牛鼻子”，以国际高端人才的汇聚带动技术、资本等要素的汇聚，以国际高端人才的自由流动来助推海南省全岛营商环境的协调发展和国际化水平提升，将起到“四两拨千斤”的作用。

回顾改革开放波澜壮阔的40多年，可以总结出许多成功的经验，如：要不断解放思想、推进理论创新，要坚持市场化改革方向不动摇，等等。其中，有一条重要经验不容忽视，即要不断激发和释放人的创造力。改革开放以来，高考制度的恢复为我国培养了大量高素质人才，大规模派遣留学生出国留学，为我国储备了大量国际化人才；恢复完善职称评定制度为

人才的评价、激励奠定了基础；逐步放开户籍制度和人才市场的兴起则推动了劳动力的自由流动。这些人才领域的改革开放举措极大地解放了生产力，发挥了人才作为第一资源的作用。

进入21世纪以来，随着以数字经济为代表的新一轮产业革命在全球孕育兴起，科技创新对一个国家、一个城市发展的重要性日益提升。“创新驱动的实质是人才驱动”，因此人才愈来愈成为各个国家、各个城市争抢的战略资源。在激烈的“人才争夺战”中，我国近些年在人才培养、引进、激励、使用等方面也取得了长足的进步。但是，我国在人才发展体制机制上还存在许多阻碍人才自由流动、发挥作用的障碍，特别是在国际人才吸引力上与发达国家相比还有很大差距。

中共中央于2016年发布的《关于深化人才发展体制机制改革的意见》为下一阶段人才领域的改革指明了方向。在这一意见基础上，各地陆续推出了实施办法。可以预见，各地是否能结合当地实际情况，真正破除人才发展的体制机制障碍，广泛集聚发展所需的各类人才将是其今后发展的关键。

对海南自由贸易港来说，人才更是推动发展的关键性因素。海南尽管拥有区位优势、政策优势以及后发优势，但相比内地省份而言，缺乏足够的人口基数作为支撑，存在人才短板。上海自由贸易试验区依托的长三角常住人口约为1.5亿人，广东自由贸易试验区依托的珠三角常住人口为5700多万人，而目前海南省全岛常住人口不足1000万人。因此，海南不能简单仿照内地沿海地区自由贸易试验区的发展模式。

二、海南可借鉴新加坡的人才政策经验

新加坡自由贸易港的建设经验对海南具有重要借鉴意义。新加坡与海南一样，都具备临海优势，位于国际航道沿线节点，发展依托的陆地面积和人口基数都不大，不适宜发展高耗能的制造产业。1965年新加坡脱离马来西亚独立时，全国总人口不足200万人。时至今日，新加坡常住人口也

仅有 500 多万人。但依靠准确的定位和开放的政策推动，新加坡港口集装箱吞吐量位居全球第二位，同时新加坡也是全球第四大金融中心、国际化旅游城市，以及世界重要的电子工业中心、会展中心、生物医药中心。

新加坡依靠有限的常住人口和自然资源实现如此成就的秘诀就在于树立了“人才立国、人才治国”的国家战略。从国家治理到产业发展，新加坡都集聚了一批精英人才和专业人才，从而保证了国家的高效率运转和各产业的快速发展。在一项由人力资源公司德科集团开展的“全球人才竞争力指数”调查中，新加坡连续 5 年获得全球第二名，凸显了新加坡在人才领域的全球领先地位。

新加坡的“人才红利”得益于政府双管齐下的人才政策。一方面，新加坡高度重视本土人才的培养，为新加坡孩子提供从幼儿园到大学的全套先进教育。另一方面，新加坡凭借开放包容的文化、广阔的发展平台、便捷的出入境政策、很低的个人所得税税率吸引了大量的外来移民人才。以生物医药产业为例，新加坡经济发展局专设了一系列奖学金和基金，加大对高校的支持力度，培养本地人才。同时，在世界范围内网罗了约 5000 名生物技术专家，其中不乏整个研究小组全部从国外搬到新加坡的情况。这使得新加坡的生物医药产业在很短的时间内迅速崛起，成为其新的支柱产业。

三、海南可成为多元共融、宜居宜业、创新发展的国际高端人才自由贸易港

海南自由贸易港要认真总结我国改革开放 40 多年来在人才培养、引进、激励、使用上的经验，用好用足自由贸易港的政策，在深化人才发展体制机制改革上实现大的突破，结合海南优势，借鉴新加坡等国外自由贸易港建设的经验，将海南打造成多元共融、宜居宜业、创新发展的国际高端人才自由贸易港。

第一，要在海南营造尊重人才、开放包容的社会氛围。在这方面，海南拥有很好的传统。古代，海南曾长期作为贬官流放之地，从汉到明，包

括大文豪苏东坡在内的众多贤相、名臣、学士曾被流放此地。而海南人民都以开放的胸襟接纳了他们，这些名仕也为当地文教发展做出了贡献，培养了许多海南当地人才。海南建省办经济特区以来，又接纳了几百万的外来移民。所以，海南有着移民文化的基因，对于人才有着开放包容的心态。2018 年 5 月，海南省发布了《百万人才进海南行动计划（2018—2025年）》。下一步，海南要继续弘扬移民文化传统，更要加强公共服务供给和法治建设，使得当地居民和外来移民都能享受到不断改善的、平等的公共服务，在法治、平等、平安的环境下和谐相处、不断融合。

第二，抓住新一轮产业革命契机，大力发展新兴产业和传统优势产业，为人才搭建广阔发展平台。综合评估海南的优劣势，海南应该走轻人力重人才、轻资本重技术、轻货物贸易重服务贸易的发展路线。《中国（海南）自由贸易试验区总体方案》中提出海南要以发展旅游业、现代服务业、高新技术产业为主导，科学安排海南岛产业布局。因此，海南可积极利用自由贸易试验区放宽外资市场准入等政策优势，运用市场化手段，通过设立联合研发中心、引进外资产业集团等方式为相关专业技术人才和管理人才提供施展才华的舞台。

第三，营造良好的海外人才发展环境。在海外人才出入境、纳税、子女教育、医疗、住房等领域，海南应与国际接轨，体现“自由贸易区”水准。《中国（海南）自由贸易试验区总体方案》专门提出要提高外国人才工作便利度，开展国际人才管理改革试点。下一步，在出入境方面，可为来海南工作的海外人才提供不同类型的工作签证，如商务签证、就业签证、创业签证、实习签证等，广泛吸引海外人才为海南自由贸易区所用。同时，扩大免签国家范围，延长停留时间。

第四，充分发挥税收政策在吸引人才方面的重要作用。海南实行与内地一致的个人所得税税率，与新加坡、迪拜和我国香港等自由贸易港相比，缺乏“低税率”的优势。因此海南可探索在自由贸易区（港）内实施有国际竞争力的低税率，甚至与新加坡、我国香港一样对海外人才在海外取得的收入不予征税，吸引包括港、澳、台地区以及广大的东南亚地区在内的人才流入。此外，在子女教育、医疗和住房等领域，海南也可引入市场化机制，为海外人才提供高水平、“类海外”的生活保障，实现宜居宜业的目标。

功以才成，业由才广。站在新的历史起点上的海南承担着成为我国面向太平洋和印度洋的重要对外开放门户的新使命，要想实现这一使命，必须要敢于在人才发展体制机制上突破创新，打造国际一流的人才发展环境，使海南成为活力迸发、环境优美、人才向往的国际高端人才自由港。

海南发展服务贸易的关键是人才

张　湧

复旦大学上海自由贸易区综合研究院研究员

对于一个国家来说，假如制度与技术条件等不变，人口的规模和结构将成为决定经济创新的关键因素。有学者研究表明，一个城市抢到一个大学毕业生就等于抢到了这个城市未来10—30年的生产力和消费力的中坚力量。中央12号文件强调，海南自由贸易试验区不以转口贸易和加工制造为重点，而以发展旅游业、现代服务业与高新技术产业为主导。笔者认为，实现海南产业结构的实质性转型，主要靠人才。

一、进一步降低人才引进门槛

近两年来，全国各地尤其是省会城市掀起了一场“抢人大战”，降低人才引进门槛成为一个大趋势。以西安为例，西安落户政策不设门槛、不收费、不设复杂审批手续，实行全国最优惠落户政策。2018年3月5日，西安“掌上户籍室”APP上线；3月23日，在校大学生仅凭学生证和身份证即可在线完成落户，当天迁入落户人口8050人。统计数据显示，2017年3月1日新政实施至2018年底，西安引进户籍人口100万人，常住人口300万人。户籍人口平均年龄为38.07岁，流动人口平均年龄35.14岁，综合起来比新政实施前年轻了1岁多，人口老龄化程度降低了1%。再以深圳为例，2018年6月，深圳实施大学生“秒批”落户政策，大学生可任选一派出所人才专户，5天引进3200多人。同时，深圳将“秒批”拓展到在职人才引进、留学回国人员引进、博士后入户及配偶子女随迁业务上，利用互联网等工具将学历学位信息、犯罪记录信息、技术职业资格信息、社保信息、体检信息等，交由系统自动比对，实现了“即办即批、即批即得”。

深圳、宁波、苏州、西安这样的发达城市，不约而同提出了年轻城市、青年城市、活力城市等想法，通过零审批、零收费、零上门，甚至是系统“秒批”的方式，大力吸引年轻人前来落户。目前，海南引进人才的门槛相对较高，很难在全国“抢人大战”中赢得优势。例如，在《海南省高层次人才分类标准（2019）》第三层次即领军人才的分类中，就有中科院“百人计划”人选，近 5 年世界 500 强企业或年营收 1000 亿元人民币及以上知名企业总部部门经理、副经理以及一级分公司总经理、副总经理等两项标准。统计数据显示，2017 年，超 1000 亿元年营收的中国民营企业仅有 42 家。2018 年海南百强民营企业入围门槛为年营收 2.58 亿元，海南华信 818.90 亿元、海航控股 599.04 亿元、海马集团 155.78 亿元、椰树集团 41.57 亿元。当前，在缺乏相关产业的前提下，海南人才引进应该进一步降低门槛，并更具针对性和创新性，突破原有固定思维，最大限度吸引国内外人才参与海南自由贸易港建设。

二、推进服务贸易和人员往来的自由化

人员流动自由化和便利化是国际自由贸易港的基本经验，也是海南发展服务贸易的重要条件。为此，笔者提出以下七条建议：一是在海南设立外国人办事单一窗口（比如外国人就业证、外国人居留证、外国专家证办理），允许外国留学生在自由贸易港直接就业，许可外籍家政服务人员居留，申请永久居留突破 60 周岁限制；二是允许取得我国一级注册建筑师或一级注册结构工程师资格的境外专业人士作为合伙人，按相应资质标准要求设立建筑工程设计事务所；三是允许在海南自由贸易港内设立的外商独资建筑业企业承揽区内建筑工程项目，不受项目双方投资比例限制；四是发展国际医疗旅游和高端医疗服务，对先行区范围内确需进口的、关税税率较高的部分医疗器械，研究适当降低关税；五是允许具有港澳执业资

格的金融、建筑、规划、专利代理等服务领域专业人才经备案后为自由贸易港内企业提供专业服务；六是培育壮大外轮供应企业，丰富外轮供应品种，为进入自由贸易港的船舶提供生活用品、备品备件、物料、工程服务和代理服务等；七是允许外籍和港澳台高层次人才聘雇外籍家政服务人员。

三、利用税收政策加大人才吸引力

海南的区位条件很好，离东南亚很近，但海南在通道、流量等方面并不占优势，一个比较重要的原因是海口、三亚等中心城市的综合功能有待大幅度提升。为此，需要充分发挥税收政策，尤其是通过人才税收政策来提升自身人才吸引力。例如，参照粤港澳大湾区和上海自由贸易试验区新片区已有的政策，对境外人才在海南纳税总额超过 15%的部分，由地方财政给予补差，一般使其个税税率不高于 15%。当然，海南如果能够对境内特殊人才给予基于个税的奖励返回，一定会带来更好的招才引智效应。这一步不涉及修改税法的问题，实际上也与海南地方财力较弱关联度不是很大，因为先有税收贡献才有补贴返回。在条件成熟时，要比粤港澳大湾区和上海自由贸易试验区新片区更进一步，通过在海南调整税法的部分内容，对境内外人才直接实行较低的个税税率安排，比如不高于 10%。

四、打破体制内人才流动的制度障碍

一方面，公共机构不能简单地等同于行政机构。《关于支持博鳌乐城国际医疗旅游先行区发展的措施（试行）》等四个“一园一策”文件中都明确指出，要通过建立法定机构，实行企业化、市场化的用人制度，实行除主要负责人外的全员聘任，赋予企业独立的用人自主权，企业在薪酬总额范围内可自主决定人员聘用、薪酬标准等。今后，海南国际经济发展局、海南博鳌乐城国际医疗旅游先行区管理局等法定机构，将积极承接政府委托的公共管理事务，其虽然不是行政机构，但功能更强、效率更高，这应该是一个重要的改革方向。

另一方面，政府雇员不能简单地等同于公务员。2016 年 4 月 19 日，习近平总书记在网络安全和信息化工作座谈会上指出，在人才流动上要打破体制界限，让人才能够在政府、企业、智库间实现有序顺畅流动。国外那种“旋转门”制度的优点，我们也可以借鉴。中央 12 号文件明确提出，海南要推进公务员聘任制和分类管理改革，拓宽社会优秀人才进入党政干部队伍渠道，允许在专业性较强的政府机构设置高端特聘职位，实施聘期管理和协议工资。海南建设自由贸易试验区和中国特色自由贸易港，最急需的是人才。笔者认为，要充分借鉴国外“旋转门”制度，不拘一格用好各类人才，让一部分从事公共管理、公共服务的人才也能享受到市场待遇。

五、加强人才吸引的顶层设计

海南目前常住人口近一千万，随着“百万人才进海南”政策效应的不断显现，海南的人口规模和结构也将不断调整。笔者建议按照分步骤、分阶段探索建设自由贸易港的节点安排，对未来 10—15 年的海南全省人口规模和结构进行科学的估计和判断，科学估算海南人口承载力，科学规划引进人口数量及层级，形成细化清单，同时，规划实施与人才吸引相配套的公共服务供给措施等。

第九章

赋予海南更大改革自主权

海南作为一个岛屿经济体，如果没有体制模式的重大突破，政策是难以落实的。只有把体制模式创新与特殊政策相融合，才会产生巨大的活力、动力。从现实情况看，目前服务业市场开放、金融、税收、海关、司法等事项均属于中央事权，赋予海南自由贸易港的开放政策与制度创新，在落实阶段往往触碰到法律与政策红线。为适应加快推进海南自由贸易港建设的重大要求，要把赋予海南更大改革开放自主权作为制度创新的关键所在。

海南自由贸易港建设需要把握的问题

魏礼群
中国国际经济交流中心常务副理事长
国务院研究室原主任

在海南探索建设中国特色自由贸易港，是中央的重大决策和举措，关系全局和长远，对推动形成更高层次改革开放新格局具有重大的意义。习近平总书记说过，“空谈误国，实干兴邦”“一分部署，九分落实”。当前海南要深入学习领会中央这个重大决策精神，将之体现在对扩大开放的强烈意愿和行动上来。全国上下要统一思想认识、统一行动步伐，这样才能推动新时代下改革开放新高地的建设。

一、建设海南自由贸易港，站位要高

要把握“三个重大”。第一，重大决策。这是党中央做出的重大决策，向世人宣告中国将坚定不移地走改革开放道路，有利于完善和发展中国特色社会主义制度，有利于主动参与和推动经济全球化进程。第二，重大机遇。中国改革开放新的突破口在海南，这给海南带来重大机遇，有利于推动海南加快改革开放和实现社会主义现代化。第三，重大考验。对海南干部来说，担负起这个重大的历史使命是一个重大考验。

二、建设海南自由贸易港，要把握定位，敢于创新

一是理论创新。社会主义和市场经济怎么结合，这个理论有待于深入研究。二是理念创新。改革开放 40 多年来我国积累了办经济特区的经验，

在海南全岛建设自由贸易试验区和自由贸易港与办经济特区有哪些不同，这个需要好好研究。三是领导体制创新。建议党中央、国务院设立一个自由贸易试验区和自由贸易港协调机构，创新海南党政体制，推进行政区划调整和机构改革。四是制度创新。建议借鉴国内外自由贸易区和自由贸易港的成功经验，结合海南的实际，设计一套海南自由贸易港的制度体系，特别是在法治化建设上要有重要突破。五是实践创新。鼓励基层解放思想，大胆试、大胆闯。

三、海南自由贸易港建设要积极稳妥推进

第一，加大培训力度。让各级干部领会吃透中央的精神，这是很重要的，也是最基础的。第二，制定行动方案。一定要借鉴各方面经验。行动方案要由近及远，也要由远看近；要脚踏实地，谋而后动。第三，先易后难。国内已有自由贸易试验区的成功做法，海南可以学习借鉴；解决好经济建设与社会建设既协调又相互促进的问题；深入研究，在中国共产党领导下使社会主义制度和自由贸易港很好地结合起来，这方面改革既要慎重，也要探索。

四、抓紧研究制订海南分步骤、分阶段建设自由贸易港的总体规划和方案

包括明确海南的战略定位和战略目标。中国特色自由贸易港应该是一个什么样的蓝图？海南应该像建设雄安新区那样，首先要有一个规划，要有明确的发展战略定位。自由贸易港至少要比自由贸易试验区的开放程度更高，这一点要形成共识。如果这点形成共识，就可以按这个框架去设计。当然，这需要听取各方面的意见和建议。研究制定全面构建自由贸易港的政策和制度体系，是现在迫切需要做好的事。

五、各有关部门应该积极支持海南开展探索试点工作

中央各相关部门当下应研究提出有利于探索建设海南自由贸易港的政

策和措施；可以在海南建设示范基地，如同建设博鳌乐城国际医疗旅游先行区一样，并尽快落实各项措施。海南省也要加强与相关部委联系对接，主动沟通。只有各部门都自觉、积极地采取或出台一些具体措施加以支持，探索建设海南自由贸易港进程才能得以顺利推进。

六、应该给海南岛更多的权力

中央决定在海南建设自由贸易港，需要海南敢想、敢闯、敢试。根据现有的权限，可能支持力度还不够。要进一步明确中央和地方的关系，特别是中央要将财权、事权方面的权力下放给海南，海南在“放管服”行政体制改革、财政税收改革、服务业开放等方面改革的步子还要更大一些。

七、海南省应该按照中央的部署和授权，创造性地贯彻落实中央的决策部署

要按照 2018 年中央经济工作会议精神，“创造性贯彻落实党中央方针政策和工作部署”，不等、不靠、不拖、不搞“一刀切”。海南建设自由贸易港，与国际上成功的自由贸易港相比，无论是基础设施等硬环境，还是制度政策等软环境，都有很大差距。现在建设自由贸易试验区，有很多短板要补，建设自由贸易港更需要大力补短板。应该积极找出差距，包括营商环境、文化环境和社会环境等方面的差距。

八、各地方、各方面要积极探索支持与海南的合作

包括签署合作协议、企业投资建设项目等，联合开展基础设施建设、大力发展新兴产业等，国内一些知名大学与海南合作办学，联合培养人才等，都应该提倡和支持。

九、建议中央成立海南自由贸易港协调机构

要努力找准自由贸易试验区转向自由贸易港的切入点和路径，这涉及海南发展的整体战略方向、战略定位。虽然海南岛陆域面积仅有 3.38 万平

方千米，但管辖着我国约 200 万平方千米的南海海域，我们要面向世界、建设海洋强国。在海南建设自由贸易港，是一个全局性、战略性部署，涉及整个海南省发展的大战略，包括对南海的开发、保护、利用和海洋强国建设，涉及经济、政治、文化、社会、生态文明、国防和党的建设等各个领域，也涉及物质文明、精神文明、社会文明等各个方面。因此，成立一个高层次、综合性、权威性的机构，协调组织各方面力量深入研究、论证和规划建设，有利于加快做好各方面工作，找准切入点和实现路径。

加快探索建设中国特色自由贸易港必须正确处理好四大关系

彭 森
中国经济体制改革研究会会长

在 2019 年的全国两会上，李克强总理再次强调，“推动全方位对外开放，培育国际经济合作和竞争新优势”“赋予自由贸易试验区更大改革创新自主权”。笔者认为在加快探索建设中国特色自由贸易港进程中必须正确处理以下几个重要关系。

一、正确处理解放思想和顶层设计的关系

为什么强调解放思想？第一，中国的改革开放实际上是以思想解放作为先导的。没有思想的解放，我们改革开放 40 多年所取得的重大进展几乎是不可能的。所以，习近平总书记 2018 年在博鳌亚洲论坛上专门指出，40 年来，解放思想和改革开放相互激荡。没有进一步的解放思想，就没有新时代改革的大突破。第二，解放思想有重要的现实意义。当前无论是全面深化改革，还是在海南探索建设中国特色自由贸易港，都迫切需要进一步地解放思想。应该说，在一个 3.38 万平方千米的岛上进行全域的自由贸易试验区建设，以及进一步探索建设中国特色自由贸易港是前无古人的，必须得解放思想。当然，自由贸易试验区、自由贸易港说起来是对外开放，实际上是改革，每一步都涉及旧观念、旧体制的突破和变革。解放思想，不仅在于基层干部的探索和实践，而且关键还在于领导要解放思想；

不仅在于专家，而且关键还在于中央的部门要解放思想。但是，如果看近几年全国的一些改革进展情况，我们就会发现，改革的目标模式、改革的推进方式、改革的动力发生了深刻转换，很多地方改革成了一些行政任务。一些形式主义、教条主义、经验主义的东西阻碍了我们进一步地解放思想，阻碍了改革深化。过多的考评、检查、问责抑制了基层干部改革的积极性。这些问题都必须认真地研究、认真地解决。当然，解放思想也要实事求是，只有解放思想才能真正地实事求是，而坚持实事求是必须要解放思想的。

当前，海南自由贸易试验区、自由贸易港建设为什么要强调协调好解放思想和顶层设计的关系？应该说，中央 12 号文件，既体现了解放思想，又体现了顶层设计。这就是解放思想和顶层设计相互协调的最好典范。但是，改革开放具体怎么开展，中央 12 号文件并没有回答，需要中央各个部门、海南省的各个部门和海南省的广大干部、企业共同研究这个问题。海南要坚持“大胆试、大胆闯、自主改”，要解放思想。中央深改委第七次会议再次强调各级党委政府要“乘势而上”“想为敢为、勤为善为”，这对我们提出了更高的要求。举一个例子，中央对建设自由贸易试验区、自由贸易港提出了 2020 年、2025 年和 2035 年“三步走”的战略安排，这是非常好的总体设计，但是，够不够？从规划层面、顶层设计层面来说讲得很好，但是落实到工作，能不能进一步分解成“三、五、十”三个阶段？“三”是第一个阶段，是指把 2018 年、2019 年、2020 年这三年作为起步阶段，是创新探索制订总体规划和体制框架的阶段。“五”是第二个阶段，是指 2021—2025 年，即在“十四五”规划阶段，自由贸易港政策和制度的总体框架应逐步地确立。“十”是第三个阶段，也就是“三步走”战略的最后 10 年，这 10 年是在前 8 年的工作基础上进一步探索建立中国特色自由贸易港。这样，如果我们集中精力把前 3 年的方向搞对，步子就迈得更稳一些，定位也更准一些，就有利于给后 5 年和最后 10 年奠定很好的基础。我觉得这也是解放思想的一种体现。

二、正确处理政府和市场的关系

十八届三中全会提出："经济体制改革是全面深化改革的重点，核心问题是处理好政府和市场的关系。"在海南探索建设中国特色自由贸易港，看起来是开放，实际上是改革，就是要坚持用市场化改革引领伟大的探索。2018 年中央经济工作会议提出了五个坚持：坚持稳中求进工作总基调，坚持新发展理念，坚持推动高质量发展，坚持以供给侧结构性改革为主线，坚持深化市场化改革、扩大高水平开放。

市场化改革和更高水平的对外开放是当前海南建设自由贸易试验区、探索建设自由贸易港首先要解决的问题。海南一切改革和开放工作的目标是建立市场化改革最充分、对外开放程度最高、法治体系最健全的首善之区。因此，对中央已经明确的一系列市场化改革和高水平对外开放的措施，海南都应该结合本省情况率先落实。

中央在产权制度改革、要素市场化改革方向批准了一系列的试点，海南也应该先行先试、率先探索。比如，在产权制度方面，政府工作报告提出了"竞争中性"的原则。把竞争中性的原则用到国资国企改革方面，首先要求在一般竞争性领域，国企要抓紧进行混合所有制的改革，传统意义的国有企业应该逐渐从一般竞争性领域退出来。对于那些垄断的领域，通过国有资本的授权经营和一些公益行业的特许经营，加快建立和实现公平竞争的市场环境和改革目标。再比如，从 2015 年开始，全国在 33 个县进行土地制度改革试点，这是涉及农村集体产权制度的改革。包括农村的土地征收、集体经营用地入市和宅基地等制度改革，经过几年时间的探索，也对农村土地承包法、土地管理法两法进行了修改。海南作为市场化改革最快的地区，33 个县探索的土地制度改革应该尽快在全省落实。这在中央层面没有争议，海南在这方面步子应该更大一些，可以把农村土地制度改革作为海南一个重要的增长点。此外，还有电、油、气、通用航空等重点领域的改革，海南都应该先行先试。

开放方面，2019 年中央经济工作会议提出"研究出台进一步推进自由贸易试验区扩大开放和创新发展的政策措施，推动重点改革事项在自由贸易试验区先行先试”，在这方面海南责无旁贷，应该走在最前面。在进一步放宽市场准入、缩减外资负面清单、允许更多领域外资独资经营等方面，海南也可以走得快一点。另外，中央已经决定带有方向性的改革，海南应该走在前面，而且中央在各地各种试验区所推行的改革试点，海南应该率先进行有关的改革试验，无条件地把这些改革任务接过来。

三、正确处理中央与地方的关系

目前我国实行的还是单一制的政体，中央与地方的关系非常重要，在这对矛盾中，主要矛盾在于中央。中央 12 号文件专门提出：“中央部门要真放真改真支持。”在中央的统一领导下，将经济类和社会类事权尽可能下放给海南，使海南充分自主地享有相应的管理权限，探索实施“大负面清单”制度，以支持海南大胆试、大胆闯、自主改。海南作为一个试点地区，目标是要实现经济的自由化、市场化、国际化、法治化，这是非常好的。国家有关部门也做了一些调研，在目前的自由贸易试验区中，在出台投资自由化一系列措施方面，需要向中央部门报批的占 30%以上；贸易自由化方面的措施，要向中央报批的还有 35%以上；金融领域市场化的改革措施 50%以上需要中央审批；财税方面，100%都要经过中央的财政、税务、海关部门审批。这和中央要求的“真放真改真支持”是否一致呢？海南作为一个自由贸易试验区，它对于“在哪个城市设免税店”“一个城市最多可以设几个免税店”这些问题也要报中央几个部门会同审批，拖几个月才能批下来。比如海南提出在儋州建一个免税店，审批结果为不行，一票否决；海口再建一个免税店，开始也不行，后来说作为省会城市，那就再建一个免税店，算是特殊照顾。这样的权力如果都集中在财政部、国家税务总局、海关总署的手里，海南的自由贸易试验区的进展可能会被大大地延缓，这与中央的总体要求是背道而驰的。

中央与地方的关系最核心的是财权、事权的配置和安排。2017 年，海南一般公共预算收入 674.08 亿元，一般公共预算支出 1444.49 亿元，中央的转移支付占55%左右，比重确实比较高。从2018年开始，中央财政每年给予海南省100亿元的综合财力补助，两者合计所占比重也不到60%。这样的话，海南省在与中央包括财政部的关系中处于绝对弱势的地位，缺乏话语权。财政部很强势，对海南控制很严。在税收优惠方面，地方向中央部门提出的建议，被财政部“一票否决”。海南通过一次又一次地提出要求，争取给省内增加综合财政补贴，争取对科技领域的高端人才的个人所得税的税率做些调整，但所争取的都是很难实现的。这些矛盾需要海南和中央部门就财权、事权的划分做个总体的谈判来解决。实际上，国际上成功的自由贸易区、自由贸易港，不仅仅是降低部分主导产业企业所得税税率和高端人才个人所得税税率。新加坡和中国香港两个成功的自贸港最突出的特征就是免关税，免进出口环节的增值税、消费税和降低个人所得税税率。总之，海南实行“零关税、低税率、简税制”是探索中国特色自由贸易港的应有之义。这个问题必须解决，不仅仅局限在某个税种税率的调整，而应从整体上把海南作为单独关税区来设计。中央的税种收入是否全额留下？一些中央与地方共享税是否全额留给海南？这些都应经过法律程序来确定，在地方税种、税率方面扩大海南的自主权。这些问题应该坚持以生产力标准检验，解放思想，实事求是。这个谈判会比较艰苦，应该在“十四五”规划初期解决。

四、正确处理改革和法治的关系

“破”与“立”始终是中国改革面临的一大难题。改革初期的任务是突破计划经济体制，强调“先破后立”“大破大立”，摸着石头过河。深圳要杀出一条血路来，就要突破旧体制，包括计划经济条件下的法律体系。在改革试验成功以后，为了巩固和保障改革的成果，跟随型的法律体系才逐渐建立起来。十八届四中全会提出，全面依法治国，强调把一切改革纳入到法治的轨道上。看起来，改革和法治好像成为一对矛盾，法治成了改革的障碍和阻力。但实际上，“关了一道门，又打开了一扇窗”。过去是“法律跟随保障型”，现在可以通过法治力量直接为改革开辟道路。

一些改革试点不但可以通过全国人大授权，暂停某些法律的实施，还可以对一些重大改革探索专门通过法律程序给予支持认可，赋予这些改革合法地位。海南自由贸易港就适用于这类情况。为什么？第一，这个改革是重大的、全面的系统性试验，涉及大量的法律、制度、政策的挑战，这个问题不解决，改革寸步难行。第二，海南自由贸易港的探索，它的目标不是创建一个可复制的、可推广的经验，而是在 3.38 万平方千米的岛上建设全域自由贸易试验区，加快探索建设中国特色自由贸易港，是全新的、特殊的试验任务，类似于单独关税区，这就要有特殊政策、特殊法律地位。第三，海南经济体量小，人口也不多，4832 亿元的地区生产总值只占全国国内生产总值的 0.5%，1400 多亿元的财政支出只占全国财政支出的 0.7%，特殊地位、特殊政策不会引起攀比，政治、经济、社会方面的风险比较小，不会出大乱子，因此可以放开手，让海南作为一个试验区进行改革。

对于新时代这样全面、深刻的改革试验，要保证其平稳顺利推进，要保证其合法性，就必须由全国人大依法对其综合改革进行授权，即落实法律意义上的权力“大负面清单”，允许其在经济、社会、文化、行政、法治等领域，围绕经济发展、体制改革、对外开放、社会建设、城市治理、民生事业、生态环境等主题进行全方位的试验探索。授权以后，有关改革事项不再向中央部委事前报告，全国人大、国务院定期评估，进行监督。这项工作比较复杂，可在“十四五”规划后期通过，后十年全面实施。

以上四个关系，实际上是改革开放的四大任务。无论是解放思想，还是坚持市场化的改革，率先改革、率先试点，现在就可以做，而且要贯穿在今后 10 年、20 年、30 年的过程中。但是，后两个问题，中央与地方关系的问题、改革和法治关系的问题，可能要按照中央安排的“两步走”的目标，头三年是重点做好这样的定位和基本设计，争取在“十四五”规划开始时逐步落实到位，为 2025 年以后海南探索建设中国特色自由贸易港打好基础。

海南自由贸易港的切入口应是思路、制度和体制创新

魏建国
中国国际经济交流中心副理事长

海南全岛建设自由贸易试验区和中国特色自由贸易港是习近平总书记亲自谋划、亲自部署、亲自推动的重大国家战略。到现在为止，这个战略深入人心。在政策实施的过程中，我们需要提出很多很好的建议，比如指出切入口在什么地方，抓住切入口以后，如何发现问题，从而使问题能够得到最快的解决。例如，由于粤港澳大湾区牵扯到“一国两制”、三个关区、三种货币、四个城市的问题，那么最主要的切入点是中央必须成立一个机构，把这个作为一个整体的切入口，粤港澳大湾区进展才能加快。目前，很多方面包括网上对海南建设自由贸易试验区、中国特色自由贸易港，从区到港以及下一步是不是能按照时间表、路线图实现，有不同的想法。所以我们一定要提出观点，先入为主、占领主流，并且以引导为主。

一、海南建设自由贸易港要破除三个误区

第一，海南是否具备条件。有人认为，海南太大、太穷、人太少、人员整体素质不高。笔者认为要从三个方面来看。首先，从目标看，在海南建设自由贸易港，不仅是海南本身发展，也不仅是华南的增长极，最终的目标是带动中国整体改革开放。其次，从历史看，改革开放之初我国选择深圳大开放，把一个小渔村变成现在的大都市。40 年后，选择比深圳这个

小渔村条件还要好一点的海南，我们有力量、有能力、有本事把海南发展起来。最后，从特色看，海南在打造自由贸易港的同时，必须在这个前面冠以“中国特色”四个字，不要全部照搬，要建立自己的制度，要有自己的想法。海南一定要全方位开放，打造全球最佳的营商环境。

第二，海南是否主要是靠中央给钱给政策。笔者不太赞成要中央给政策，还要大笔给钱，给几百亿的说法。一是要有一些新的政策，比如财政、税收方面的新政策。更重要的是人员流通、资本流通，还有法治这块要突破。二是可以从旅游、医疗健康作为切入点，做得更好一些。三是要做好几个务实行动准备。要尽快拿出相应的措施来，要尽快打造全球的知识产权保护地，要加大税收支持力度吸引研发人员，要优化产业布局和基础设施布局，尤其是海港、空港和运输体系建设。

第三，海南自由贸易港是否是自由贸易试验区的升级版。虽然是分阶段、分步骤推进，但绝不能把自由贸易港作为自由贸易试验区的升级版，这是两个概念。自由贸易试验区是要求可复制、可推广的经验，而自由贸易港是不可复制、不可推广的，要打造开放新高地。我认为，最近一段时间内，中国不会搞第二个自由贸易港。

二、借鉴迪拜的经验

一是借鉴迪拜的免费教育；二是全部医疗免费；三是打造全球最佳的营商环境，吸引全球最好的旅游项目。在这些方面我们应该有大胆的想法。

三、关于切入口

我们在给广州做方案的时候，提出《财富》全球论坛落户广州；我们讲上海的时候，谈到了上海搞特斯拉。当然有的同志问：中国在通信领域敢不敢放开？如果海南自由贸易港整体推进，有时间表、路线图，牵扯到中央很多部门和单位，这时我们拿一个东西，只要有一点突破，那效果马上就出来了。习近平总书记四次谈上海自由贸易试验区，都提到大胆闯、大胆试、自主改，我们不是要那个地方的地区生产总值，而是希望它们能够成为对标国际的改革开放试验田，真正实现十八大提出的权利公平、机会公平、规则公平。

建立统筹协调机制。把海南打造成一个世界最高水平的自由贸易港，顶层设计很重要，一定要建立国务院直接领导的海南自由贸易港建设领导小组。

在具体实施进程中，需要强调几点：第一，要高度重视法治。在海南实施相关法律，要比其他地方更早、更快、更大力落实。第二，海南省要加快进度。首先是税收，一定要把中央与地方的税收政策弄清楚。通过立法的形式，确定这个地方应该有哪些优惠政策，这个必须要现在定。第三，以商务部或者海南省委、省政府的名义，上报一个总体规划。第四，尽快集聚一批海内外高端专家，拿出实施办法，切入口可以多一些。

总之，中国特色自由贸易港的切入口应该是思路、制度和体制的创新。

以制度创新的重大突破加快推进海南自由贸易港建设

迟福林
中国（海南）改革发展研究院院长
中国特色自由贸易港研究院院长

习近平总书记在 2018 年“4·13”重要讲话后，又五次在重要场合强调“加快建设海南自由贸易港”。习总书记一再强调“加快建设海南自由贸易港”，笔者理解：要按照“分步骤、分阶段”的时间安排，只能提前，不能拖后；有条件落地的政策，如部分行业的零关税、某些“早期安排”要一个推出一个；海南有条件做、能做的事要尽快行动。

落实“加快建设海南自由贸易港”的要求，就是要按照习近平总书记“4·13”重要讲话提出的“以开放为先，以制度创新为核心”的基本要求，适应百年未有之大变局，抓住大势，对标当今世界最高水平开放形态，实现制度创新的重大突破，由此形成既有中国特色，又有广泛影响力和较强国际竞争力的自由贸易港制度体系。依笔者在海南 32 年的工作体会，若制度创新没有大的突破，即使有好的政策也难以真正落地。

一、制度创新的主要目标是赋予海南高度的经济自主权

（一）建议赋予海南自由贸易港更大的改革开放自主权

改革开放自主权主要包括：自由贸易港特殊地方立法权、对外经济合作自主权、经济政策制定自主权，以及与此相适应的行政管理权等。自由贸易港经济自主权的属性是中央对海南自由贸易港的授权，比其他省区享

有的经济自主权范围更大，是解决自由贸易港建设与现行政策和体制矛盾的重要条件，是有效协调中央部委与海南经济关系的重要保障，也是海南自由贸易港立法的重要依据。

（二）尽快授予海南一定的财税自主权

第一，建议授权海南通过停征、合并、调整征收范围等方式简化自由贸易港的税制，形成以企业所得税、个人所得税、环保税、销售税、印花税等为主要税种的简税制。

第二，建议授权海南按照提升对海内外资本和技术吸引力的需求，实行 10%的企业所得税税率，并且允许旅游业、现代服务业、高新技术产业等领域在一定期限内免征企业所得税。

第三，建议授权海南适应提升对海内外高端人才吸引力的需求，在部分旅游行业、现代服务业、高新技术产业实行最高不超过 10%的个人所得税税率。

（三）分步赋予海南充分的经济自主权

第一，建议赋予海南一定的财税自主权。自由贸易港财税制度创新的目标是形成相对独立的财税体制，包括税种的设立与取消、税率调整、税收减免和其他税务事项的权力。明确这个目标，对增强省内外对海南自由贸易港建设的信心至关重要。第二，建议设立海南自由贸易港海关特殊监管区，在条件成熟时将海南宣布为单独关税区，授权海南自由贸易港以“中国海南”名义加入 WTO 等国际经贸合作组织，签订经贸合作协定。这是中央政府赋予海南自由贸易港在对外贸易方面享有经济自主权，这是代表权而非缔约权。授权海南自由贸易港单独关税区的地位，是“把海南打造成为我国面向太平洋和印度洋的重要对外开放门户”的重大举措。

二、制度创新的关键所在是中央对海南的充分授权

（一）以充分授权打破现行体制与政策的矛盾

海南建省办经济特区 32 年来，中央赋予海南许多特殊政策，从实践看并未真正落地。这其中有海南执行、落实政策能力的问题，更是因为体制与政策的不协调已成为突出矛盾。例如：受制于现行中央与地方的财税

体制，海南离岛免税购物政策实施 8 年多来，政策效应远未释放，距离建设具有世界影响力的国际旅游消费中心的目标差距甚远；《中华人民共和国立法法》规定财政、海关、金融和外贸的基本制度的调整只能制定法律或特殊授权，但目前还没有这些方面的明确授权。笔者建议以《中华人民共和国立法法》为依据，对海南自由贸易港以法律法规明确授权。

（二）对海南实行一揽子授权

现在看，海南自由贸易港总的立法很难在短期内出台。目前，在自由贸易试验区实行的包括暂停法律实施和地方立法等，所需时间长，难以尽快实现制度创新的实质性突破。笔者建议由全国人大及国务院适时对海南一揽子法律法规授权，以使海关、财税、金融等重要制度创新尽快取得重大突破。

三、制度创新的特别之举在于实行特殊行政体制安排

（一）授权海南自由贸易港实行特殊行政体制

海南现行行政体制与行政效率难以适应“加快推进自由贸易港建设”的需求，某些方面甚至严重不适应。赋予海南一定的经济自主权，需要按照“经济高度开放、行政高效运转”的要求，实行特殊行政体制安排，加快建立“结构优化、运转高效”的行政体系。为此，笔者建议赋予海南实行特殊行政体制安排的权力，支持海南探索建立适应全球最高水平开放程度的行政体制。

（二）建议对海南现行行政体制进行大胆创新设计

第一，建议按一级行政建制的目标，分两步调整行政区划。第一步，支持海南按照“六个统一”的基本要求，打破现行 19 个市县的行政区划格局，合并区域中心城市周边相关市县，构建省下辖东、西、南、北、中、海上六大区域中心城市的行政格局；第二步，除三沙市外，其余五个中心城市“撤市改区”，全面实行一级行政建制。第二，建议大幅精简省级政府机构，加快推进法定机构化重构。省级现有经济、社会等管理部门尽可能推进法定机构化重组，赋予其法定权限。第三，建议支持海南探索政务官和事务官分开管理制度，改革现行干部考核机制。

(三)出台海南自由贸易港行政体制改革行动方案

授权海南实行特殊行政体制安排，为加快建设海南自由贸易港提供重要制度保障。

四、制度创新的当务之急是以“早期安排”取得“早期收获”

(一)建议以“早期安排”稳定各方预期

中央宣布“加快探索建设海南自由贸易港进程”已有两年，尽管自由贸易港政策和制度体系的探索创新一直在推进，但省内外资本和市场主体仍有疑虑、仍在观望，本地百姓中甚至出现不满和抱怨的声音。建议尽快做出海南自由贸易港建设的“早期安排”，让内外资本、市场主体、创业创新者、本地居民都能增强获得感。

(二)“早期安排”应尽快落地

第一，建议从2020年开始对部分进口商品和服务实行“零关税”政策。例如：对医疗健康、文化娱乐、旅游、教育、科技研发、会展等现代服务业发展所需原材料、基础设施配套设备和用品进口实行“零关税”；与香港联手打造免税产业链，加快建设具有世界影响力的国际旅游消费中心。

第二，建议在人才体制创新上做出“早期安排”，取得广揽人才的“早期收获”。从2020年开始，首先对医疗、教育等现代服务业与高新技术产业等行业的个人所得税实行最高不超过10%的税率；尽快设立服务于海外中高端人才的海南自由贸易港移民事务管理机构，保障海外高端人才的住房、医疗、子女教育等服务，并有序放开菲佣等外籍劳工入琼，为中高端人才提供专业化家政服务。

第三，建议以高新技术产业开放的“早期安排”取得“智慧海南”建设的“早期收获”。分类、分级、分流向、分阶段加快推动数据跨境流动自由化、便利化，推动海南自由贸易港的数字经济和数字贸易率先发展。

按照“加快建设海南自由贸易港”的要求，能加快就加快，能做的事情尽快做起来，以形成“早期收获”。由此，形成加快推进海南自由贸易港建设的合力。

借鉴济州特别自治道发展经验赋予海南更大自主权

金东栓
韩国济州研究院院长

自 1995 年济州和海南为推动双方交流签订谅解备忘录（Memorandum of Understanding，简称 MOU）至今，两地一直保持着持续交流合作的关系。2015 年，两地交流 20 周年，为了加强友好合作，双方被选定为中韩人文交流城市，以此促进双方更为活跃的交流与合作。

2002 年，济州开始推动建设人、商品、资本自由流动的“国际自由城市”，为此，制定了《济州国际自由城市特别法》。从 2006 年开始，韩国中央政府将大范围的权限移交给了济州特别自治道，通过吸引外资、扩大投资范围以及放宽地区开发许可限制，努力将济州打造成为模范自治道。现将济州特别自治道的建设经验与大家分享，希望能对中国特色自由贸易港的建设有所启发和帮助。

一、济州基本岛情

2017 年，济州人口约为 65.7 万人，人口流入率居全国第二；游客数量为 1475.3 万人次，其中外国游客为 123 万人次。2016 年，地区经济增长率为 7.3%，全国排名第一，显著高于全国平均值（2.9%）；人均地区生产总值为 27461000 韩元，位居全国第 11 位；三次产业结构比为

11.7∶3.5∶84.8。但需要强调的是，虽然济州经济增长率较高，但其增长没有惠及济州居民。海南省也应对此予以警惕和注意。

二、济州特别自治道建设推进情况

基本构想。一是打造自治模范城市，保障行政高度自主权，如立法、组织、人事、财政等；二是建立自由市场经济模式，通过发展核心产业，打造国际自由城市。

推进目标。一是打造具有立法、保障组织及人事财政等行政高度自治权的高度自治模范城市；二是建设以旅游、休闲、知识等基础产业为中心的城市；三是通过发展区块链等现代信息技术，结合自由贸易港市场经济模式，打造国际经济枢纽。

推进经过。济州道政府于1963年提出了构建济州道自由地区的规划；1991年制定《济州道开发特别法》；1999年提出济州国际自由城市建设规划；2002年制定《济州国际自由城市特别法》，并制定《济州国际自由城市综合计划（2002—2011）》；2005年5月20日，提出济州特别自治道建设的基本构想；2006年，济州特别自治道正式登场，颁布《建立济州特别自治道及开发国际自由城市的特别法》，取消基础自治团体，成立单一广域自治团体。

三、济州特别自治道制度改善与产业开放

（一）自治分权领域

通过整体下放中央权限，给予全面自主权，确保组织、人事权运用的自主性；通过加强道议会职责功能等方式强化济州道自治权；通过迁移特别地方行政机关、施行自治警察制度及设立审计委员会，确保职务独立性以便试行自治制度；通过在地区发展特别核算项目内新增“济州特别自治道项目”等方式夯实特别自治财政根基。

（二）旅游产业领域

整体下放旅游业3项法律管制权限，将《观光振兴法》《国际会议产

业发展法》《观光振兴开发基金法》等 3 项法律管制权限下放；将免签入境许可国家范围扩大到 180 多个国家；将中央管理的旅游振兴开发基金下放给济州。

（三）教育服务领域

打造济州英语教育城市，营造国际教育环境；扩大对教育行政和学校经营的自治权，下放小、中、高及大学以上等私立学校及教育机构的成立运营权限；因地制宜地实现教育自治和扩大居民参与度，实行居民直接选举道教育监和教育议员制度；下放对各级学校成立运营的监督指导权限。

（四）医疗服务领域

允许外国资本在济州成立外国医疗机构；允许开设外国人专用药店并对国内居民（在外籍医疗机构获取处方的韩国居民）开放；认证外籍医疗人员（如医生、药师、护士、医疗技师等）的从业资格；扩大医疗机构法人的附属经营范围。

（五）绿色产业领域

下放对农业振兴地区的划定权、变更权与解除权，移交相关制度的解释和管理；下放农业土地使用审批权限，移交相关制度；下放山林专用土地的使用许可权、变更权与撤销权等，以提高产业管理效率；下放权限，夯实高品质畜产品生产根基；下放对国有水域的填埋和管理权限，以及海洋沿岸、渔村渔港的相关管理权限。

（六）引进投资领域

建立房地产永久居留权制度，外国人在开发区内购买 5 亿韩元（或 50 万美元）以上的休闲住宿设施，给予永久居留权；增加许可资质的审批议题；引进济州投资振兴区划定制度，制定济州投资振兴区优惠（减免法人税、所得税、地方税分摊金），下放济州投资振兴区划程序制定、划定方法及管理权限；实行土地储备制，吸引投资。约有 44 个地方为招商引资而实行土地储备制度。

（七）地区开发领域

为土地的适当开发与管理给予特例；依据道条例下放各种土地使用规

范及标准的制定权限；依据道条例下放城市开发权限和建筑标准制定权限；维护自然、市容，引进建筑计划审议特例。

（八）环境保护领域

提供水资源公共管理的法律依据；建立风电资源的公共管理制度；制定标准高于国家的环境管理体系；明确谷砻凹（Gotjawal）自然休养林的法定定义，为政府实施特别保护措施提供法律依据。

四、济州特别自治道下放权限的方式

韩国中央政府下放权限的方式主要有三种：一是韩国中央政府的权限直接下放给济州道；二是依据济州特别自治道条例下放权限；三是依据法律特例及规章下放权限。例如，开设国内游客免税店、国际学校、外国医疗机构等。这将成为海南省政府获得更多权限的一个参考。

五、对海南自由贸易港建设的启示

第一，海南的可持续发展路线非常重要。第二，海南自由贸易港建设支持机构应该包括中央政府、地方政府和专门机关。第三，需要通过条例、特例等方式移交给海南更大范围的权限。通过济州特别自治道的模式，希望中国政府能够考虑扩大海南的权限，提高自治权，引进符合海南发展方向的外资、简政委员会等。第四，扩大海南改革自主性，有必要通过立法赋予其先行先试的权力。第五，通过促进吸引外资的一系列法规、措施，鼓励引进符合海南发展的外资。第六，应探索能够使自由贸易港建设惠及广大海南人民的政策，有效解决城市和农村间的发展不平衡问题，研究海南居民就业保障方案等。第七，有效应对滥开发，构建游客容纳率高的基础设施。第八，加强国际性人才培养。

“四化”助推：自由贸易港背景下政府治理新路径

熊安静
海南省人民政府研究室副主任

海南探索建设中国特色自由贸易港，是习总书记亲自谋划、亲自部署、亲自推动的重大国家战略。自习近平总书记宣布中央支持海南逐步探索、稳步推进中国特色自由贸易港建设以来，中央给予了海南大力支持，如“给人”“给钱”“给政策”。“给人”是指中共中央组织两批共派 181 名干部到海南；“给钱”是指在海南自由贸易试验区、自由贸易港建设前 5 年，每年中央财政给予海南 100 亿的支持；“给政策”是指《中国（海南）自由贸易试验区总体方案》提出，其他自由贸易试验区的自主创新政策，如果海南需要，只要经中央批准都可以在海南实施。在这样的背景下，海南自由贸易港没有理由做不成；只要每一个人都有一种“功成必定有我”的担当就能做成。

自由贸易港，顾名思义就是要实现人流、物流、资金流、信息流的自由流动。但是，没有完善的现代化治理体系和制度，自由是无从谈起的。历史上海南曾经错过好几次重大的发展机遇。例如，经济特区的政策毁于汽车走私事件，国际旅游岛政策毁于房地产炒作等。恩格斯曾经说过：我们的目的是要建立社会主义制度，这种制度将给所有的人提供健康而有益的工作，给所有的人提供充裕的物质生活和闲暇时间，给所有的人提供真正的充分的自由。

习近平总书记2013年4月视察海南时要求，海南要在打造更具活力的体制机制、拓展更加开放的发展局面上走在全国前列。2018年4月13日，习近平总书记在庆祝海南建省办经济特区30周年大会上指出，海南全岛建设自由贸易试验区，要以制度创新为核心；要更大力度转变政府职能，深化简政放权、放管结合、优化服务改革，全面提升政府治理能力。2018年以来，习近平总书记又在首届中国国际进口博览会、二十国集团领导人大阪峰会、第二届中国国际进口博览会等重要场合，多次强调要加快探索建设海南自由贸易港进程。

第一，加快探索建设海南自由贸易港的基础和前提是从制度建设入手，不断提升政府治理体系和治理能力现代化水平，并努力走在全国乃至世界前列。第二，加快中国特色自由贸易港建设，对于新时代的中国、对于站在改革开放前沿的海南来讲，都是一项全新的事业，没有现成的经验或模式可借鉴。加快探索建设海南自由贸易港，既需要科学的顶层设计，也需要在实践中摸索规律并上升为制度，持续推动制度化、规范化、程序化和信息化，不断提升政府治理能力。

海南提升政府治理能力的路径是什么？我的观点是以“四化”助推，即以制度化建设助推，以规范化建设助推，以程序化建设助推，以信息化建设助推。

第一，以制度化建设助推。制度化就是通过具体的制度设计、制度安排，将不同的治理工作以制度的形式确立下来。制度一旦确立，除非以合法的方式和途径，否则任何组织或者个人都不得予以改变。对于制度的重要性，邓小平同志曾经说过：没有制度，工作搞不起来，制度问题更带有根本性、全局性、稳定性和长期性。

在制度化助推方面，中央对海南的支持有两个方面。一是力量配置。首先，全国人大把海南自由贸易港法纳入了立法计划，中央全面依法治国领导小组也有两个人的工作专班长期在海南省司法厅办公。其次，国家发展和改革委员会地区司设立了海南办。所以，中央在海南自由贸易试验区、自由贸易港建设上的力量配置是很强的。二是政策支持。这一年多以来，在协调推动海南全面深化改革开放的实践中，海南积极争取政策支持，以《中共中央 国务院关于支持海南全面深化改革开放的指导意见》为核心的“1+N”政策体系逐步建立并不断完善。截至2019年10月25日，正式印发9个方案，公开发布四批42项制度创新案例，基本搭建了新时代海南全面深化改革开放的“四梁八柱”，在国际国内形成了良好的预期。目前，自由贸易港总体方案也在加紧制定中，行政体制改革的方案也正由相关中央部门研究。随着自由贸易港建设的推进，会有越来越多符合中国国情、符合海南定位、符合当今世界最高开放形态的制度出现。

第二，以规范化建设助推。有规范，就有可以遵循的规矩；没有规范，办事情就可能很盲目，就可能没有章法，工作上的失误就难免发生。海南在规范化建设上最有标志性的事件是“多规合一”改革。当时中央赋予海南“多规合一”改革试点的使命是在做好本省试点的同时为全国改革起到示范、带动和引领作用。从2017年1月9日中共中央办公厅、国务院办公厅印发《省级空间规划试点方案》至今，海南的“多规合一”改革经验已经推广到吉林、浙江、福建、江西、河南、广西、贵州等7个省份。海南在自由贸易港建设中同样有类似的标准和要求。

第三，以程序化建设助推。在一项好的制度和具体的施行规范确定后，实际的贯彻执行就显得尤为重要，这就需要科学、合理、可操作的程序来保障。比如，新加坡在规划的治理中确定了“几先几后”的原则，即“先规划，后建设；先地下，后地上”等。这些经验值得海南参考借鉴。

第四，以信息化建设助推。2016年习近平总书记提出，要以信息化推进国家治理体系和治理能力现代化。以新加坡“1分钟通关”为例，在改革前，新加坡一个货柜的通关涉及货代公司、空运公司、航运公司和进出口商，以及海关、民航局、商会、检验检疫、港务局、贸发局等相关部门，当时没有用信息化平台进行整合，整个通关时间为2—7天，通关费用为10—20新元，相关文件数量为3—35份，文件处理能力约是1万份/天。但在设立港口一体化的通关网之后，货柜通关所需时间缩短到1分钟以内，所需费用小于5新元，相关文件只需1份（电子文件），文件处理能力超过3万份/天。

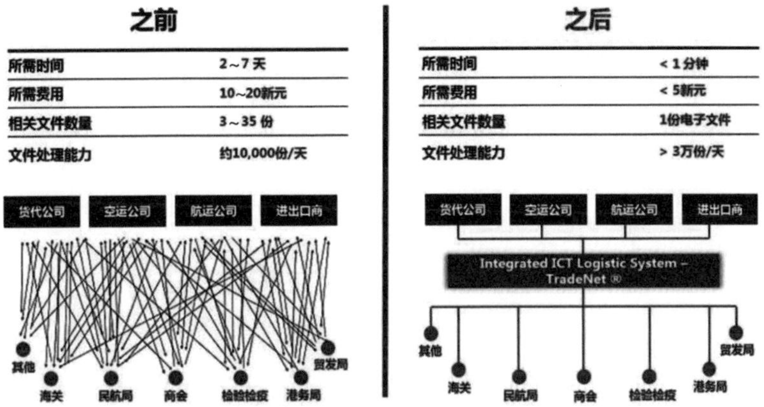

图 1　新加坡通关信息化改革前后对比

从海南的情况来看，海南现在进出口所需费用达到 400 多美元，成本比较高。2018 年习近平总书记视察的海南省数据中心，虽然现在已经上升为一个法定机构——大数据管理局，但是这离更高标准的要求还有较大差距，还有更多工作需要推进。

海南自由贸易港怎么实现弯道超车？美国、新加坡等发达国家很早就注重以信息化推进国家治理决策体系和决策能力现代化，打通信息壁垒，构建信息资源共享体系，更好地利用信息化手段感知社会态势、畅通沟通渠道、辅助科学决策。在这些方面，海南需要认真学习借鉴，跟跑、并跑、领跑，“三跑”并行，力争“弯道超车”、后来居上。

海南建设自由贸易试验区、自由贸易港关系到中国对外开放的大格局。当今世界，谁能够包容世界，谁就能够拥有世界。自由贸易港未来将成为世界经济、文化交流的中心，各种资源会在自由贸易港集聚；自由贸易港未来将成为人类发展之路的新高地，人类的目光会在这里交接，迸发出最耀眼的光芒。

走向高度开放的政府治理

甘 露
中国（海南）改革发展研究院副研究员

近期，中改院课题组研究形成《高度开放下的有效治理——海南自由贸易港治理体系建设的重大问题（32 条研究建议）》。这些建议的主要观点有 3 个：第一，实现走向高度开放的有效治理是海南自由贸易港建设的基本要求和重大任务；第二，海南自由贸易港治理体系建设的重中之重是创新政府治理，优化经济治理、社会治理的关键在于政府治理的重要突破；第三，把重构行政体制作为海南自由贸易港治理体系建设的“特别之举”。这就需要海南解放思想，大胆创新。笔者就海南自由贸易港的政府治理提出 5 个方面的建议。

一、把实现“六个统一”作为政府治理的基本要求

（一）加快形成“六个统一”的新格局

“六个统一”即统一规划、统一土地资源利用、统一基础设施建设、统一产业布局、统一环境保护、统一城乡发展。

（二）以“六个统一”释放海南巨大的资本需求潜力

一是以“六个统一”明显提升全省土地资源价值。通过统一全省土地利用，盘活存量土地资源，扩大土地资源供给，优化土地资源配置，进而提高全岛土地资源综合利用效益。

表 1 2018 年海南、广东、台湾、香港、新加坡土地产出比较

	海南	广东	台湾	香港	新加坡
土地资源利用效益 /（亿元 / 平方千米）	0.137	0.54	1.078	21.69	33.11
海南相当于其他地区 / %	—	25.4	12.7	0.63	0.41

数据来源：根据《2019 中国统计摘要》及香港特别行政区政府统计处、“香港政府一站通”、新加坡统计局等网站公布的数据计算得出

表 2 海南省土地资源利用效益测算

	2018 年	2025 年			
		达到广东 2018 年的 50%	达到台湾 2018 年的 30%	达到香港 2018 年的 5%	达到新加坡 2018 年的 5%
海南土地资源利用效益 /（亿元 / 平方千米）	0.137	0.27	0.3234	1.0845	1.6555
海南省 GDP 预测 / 亿元	4832.05	9545.6	11433.5	38341.4	58528.5
相当于 2018 年海南省 GDP 的倍数	—	1.98	2.37	7.93	12.11

注：假设海南全岛面积不变

二是以“六个统一”明显提高海洋资源利用效益。通过整合全省和毗邻省际港航资源，加快全省基础设施统一，由此明显提高海洋资源利用效益，推动全省海洋经济向质量效益型转变。

表 3 2018 年海南、广东、山东海洋资源利用效益比较

	海南	广东	山东
海洋经济生产总值 / 万亿元	0.14	1.93	1.6
海南相当于其他地区 / %	—	7.25	8.75
单位海岸线海洋经济密度 /（亿元 / 千米）	0.72	4.66	4.78
海南相当于其他地区 / %	—	15.45	15.06

数据来源：根据《2018 年广东省海洋经济发展报告》、山东省海洋工作会议相关新闻报道等资料计算得出

表 4 2025 年海南省海洋资源利用效益测算

	2018 年	达到广东 2018 年的 50%	达到山东 2018 年的 50%
单位海岸线海洋经济密度 /（亿元 / 千米）	0.72	2.33	2.39
海洋生产总值预测 /（万亿元）	0.14	0.45	0.46

注：假设海南省的海岸线长度保持 1944 千米不变

（三）以“六个统一”明显提升基本公共服务水平

通过统一土地利用，将土地增值收益的 1/3 左右用于改善民生，将显著提升海南基本公共服务水平。通过统一城乡发展，能够有效地缩小基本公共服务在城乡区域、不同社会群体之间的差距，由此实现城乡基本公共服务均等化目标。

（四）以“六个统一”大幅提高政府效能

以“六个统一”为重点，强化省级政府在资源统一开发方面的控制权，提高全省规划、建设的科学性、合理性和有效性；集聚市县协调发展的合力。

二、过渡时期，按照“全岛一个大城市”的思路推进行政区划调整

（一）调整省与市、县行政格局

按照“全岛一个大城市”的思路，打破现行 19 个市县的行政区划格局，合并区域中心城市周边相关市县，构建省下辖东、西、南、北、中、海上六大区域中心城市的行政格局，即形成大海口、大三亚、大琼海、大儋州、大五指山、三沙市。

（二）调整市、县行政格局

岛内的五大区域中心城市“撤县（及县级市）改区”，建立统一的市辖区格局；在行政区划调整的同时，少数民族地区享受的扶持优惠政策保持不变。

（三）海口、三亚率先突破

发挥海口省会城市经济相对发达的优势，在推进海口、文昌、澄迈行政一体化方面率先突破；发挥三亚国际化旅游城市的优势，以市联县，统一集中开发三亚、陵水、乐东、保亭 4 个市县旅游资源，在以旅游业国际化带动城乡一体化上率先走出一条新路子。

（四）过渡时期不宜过长

可以考虑用 3 年左右时间，即到 2022 年完成行政区划的调整，基本形成“全岛一个大城市”的行政格局。

三、按全域建设自由贸易港的要求重构行政建制

（一）保持省级建制不变

海南建设自由贸易港，无论从人口规模，还是经济总量来看，都没有必要实行“省、市（县）、区、乡（镇）”四级行政层级。建议海南适应高度开放的要求，解放思想，大胆改革，在保留省级行政建制不变的基础上，全面实行一级行政建制，大幅提高管理效率。

（二）撤市改区，形成省下辖五大区的新格局

除三沙市外，撤市一级行政建制，过渡时期将大海口、大三亚、大琼海、大儋州、大五指山市全部改为区，成立区级管委会，作为省级政府派出机构，全面承担省级政府赋予的经济、社会、环境保护、公共服务、社会管理等职能。

（三）区下设若干街道办事处

充分发挥社区自治作用，构建大社会管理体制。

（四）以行政建制重构真正实现“六个统一”目标要求

可以从根本上打破城乡区域之间的行政壁垒和体制束缚，实现资源利用效益最大化；涉及大量行政机构的撤并、优化、调整和行政人员的精简，有利于大幅提高行政效能。

（五）海南有条件在推进行政建制重构上实现重要突破

全域型国际自由贸易港实行一级行政建制，为海南行政建制重构提供

了重要参考。我国香港分为香港岛、九龙、新界三个区域，共下辖 18 个区；新加坡全国划分为 5 个社区，分别为中区社区、东北社区、西北社区、东南社区、西南社区。

发挥海南地小人少的独特优势。相比其他省份，海南土地面积小，人口少，19 个市县总体处于低水平的均衡状态。

在省下辖六大区域中心城市行政格局的基础上推进行政建制重构相对比较稳妥。

四、按照重构行政建制的要求推进行政机构改革

一是按照精干、高效的原则，重构省级行政机构。借鉴新加坡和我国香港的经验，在海南省一级实行大部门行政体制，由此最大限度地提高政府效能。

二是省级现有的经济、社会、行政管理部门尽可能推进法定机构化改造，全省形成法定机构体系。

三是加快向行业协会、社会组织下放、转移相关职能，形成政府治理与社会自治的良性互动。

五、推进与行政体制改革相适应的人才制度创新

一是探索实行政务官和事务官分开管理制度。政务官主要负责自由贸易港的政治决策，按照公务员规定确定薪酬待遇；事务官负责自由贸易港建设具体事务，参照国际标准实行市场化薪酬待遇。由此吸引国际化、专业化的高级人才。

二是除党政部门外，全面取消编制管理，实行聘用制。在海南除党政机关以外，国有企业、事业单位、社会组织等从业人员全部取消编制管理。改革事业单位，条件成熟时改为法定机构或者公益性社会组织，实行全员聘用制。

三是建设以专业技术类和执法类为主体的公务员队伍，把行政综合类人数占比压到最低。

加快探索建设海南自由贸易港进程
实行特殊的行政体制安排（9条建议）

中国（海南）改革发展研究院课题组

一年多来，习近平总书记多次在重要国际场合对海南自由贸易港建设提出“加快”的要求。在第二届中国国际进口博览会上，习近平主席再次强调“加快推进海南自由贸易港建设”。从实践看，在海南建立与最高水平开放形态相适应的行政架构，需要行政体制的重大改革。

为此，我们建议：在党中央统一领导下，把海南全岛划定为全新意义的“特别经济区”，建立与高度开放型经济形态相适应的高效率的、特殊的行政体制；把高度开放政策与重大制度创新相融合，释放海南地理、区位和资源优势，充分发挥海南在我国扩大开放大局中的特殊作用。

一、赋予海南高度的经济社会行政管理权

保持党委、人大、政协等政治体制不变，经中央授权，建立适应海南自由贸易港建设发展需求的、高效率的行政管理体制；除国防、外交等国家重大事项外，中央政府赋予海南高度的经济自主权、行政管理权、社会治理权和特殊的立法权、司法权。

建议由中央一级领导担任海南的行政首长。这样，既有利于协调海南与中央各部委的关系，更好地利用国内资源，也有利于提升海南行政运行效率。

二、授权海南按照境内关外的原则处理与境外的经贸关系

建议中央授权海南在投资、贸易、金融、航运、通信、旅游、文化、体育、医疗等领域以“中国海南”的名义，同相关国家、地区保持和发展经贸关系，由此全面对接国际市场。

三、在海南全岛设立国家海关特殊监管区

以实现“双自由、双便利”为目标。即在有效防范风险的前提下，既要面向国际市场又要服务国内 14 亿多人的内需大市场；既要保证海南与境外市场在各要素流动上的自由和便利，也要保证海南与内地市场在各要素流动上的自由和便利。

探索实行“分线管理、分类监管”的模式。为保证海南与内地市场贸易的自由、便利流通不受影响，要创新自由贸易港“一线放开，二线管住”的传统监管模式，对人员、货物、服务、资金的进出岛、进境出岛、进岛出境 3 个流向实行分类监管的模式。

四、加快建立与海南自由贸易港建设相适应的独立财税体制

加快探索建设海南自由贸易港进程，重在理顺中央与海南的财税关系。例如，海南离岛免税购物政策实施 8 年多来，受制于现行中央与地方的财税体制，免税购物政策效应远未释放，离中央要求的“建设具有世界影响力的国际旅游消费中心”的目标差距甚大。当前，能否加快海南自由贸易港建设进程，吸引国际投资、国际化人才进驻，很大程度取决于能否尽快形成具有国际竞争力的税收体系。

从全域自由贸易港建设需求出发，借鉴国际经验，海南要实行一套有别于内地的、具有国际竞争力的财税体制。零关税、低税率、简税制是自由贸易港的突出特点，也是海南加快探索建设自由贸易港的基础条件。建议将税种开征权、税收减免权、税率调整权下放给海南，以支持海南加快自由贸易港建设进程。

五、积极探索与行政体制改革相适应的司法体制改革

随着海南自由贸易港开放广度、深度的不断扩大，将会有更多的境内外企业进驻海南，各类国际性民商事纠纷与案件也会不断增多，迫切需要加快推进与自由贸易港建设相适应的司法体制改革。建议赋予海南特殊的立法权和司法权，实现与国际惯例接轨的司法体制和统一高效的行政体制相融合，推动海南形成法治化、国际化、便利化的营商环境和公平、统一、高效的市场环境。

六、为海南自由贸易港实行特殊行政体制提供法律保障

建议在海南自由贸易港法中专设“海南特别经济区”一章，以明确在海南实行特殊的行政体制，赋予海南高度的经济社会行政管理自主权、改革开放自主权以及特殊的立法权、司法权。在海南自由贸易港法尚未颁布前，为使海南自由贸易港建设尽快取得重要突破，建议由国务院授权海南采取特殊的行政体制安排。

七、在海南实行特殊的行政体制是打造经济特区升级版的重大改革举措

经济特区的重大制度创新。新时代、新阶段，海南实行比其他经济特区更“特”的行政体制，是在总结海南建省办经济特区 30 多年经验的基础上，适应新形势、新目标、新要求，对经济特区行政管理体制的一次重大变革。

借鉴其他自由贸易港的行政体制安排。例如：新加坡自由贸易港实行行政管理和开发经营职能分开的管理体制，以提高行政效率；迪拜自由区的运营管理机构——自由区管理局，采取了特殊的管理制度和体制安排。海南作为一个相对独立的岛屿地理单元，其自身基础差、经济外向度低。“加快探索建设海南自由贸易港进程”，开放政策与制度创新同等重要。要从打造当今世界最高水平开放形态的主要目标和建设全球面积最大的自由

贸易港的基本特点出发，以高效的经济行政管理体制支持海南建立最高水平的开放型经济体系。

八、以行政体制改革的重大突破释放海南的地理、区位、资源等综合优势

明显提高土地资源利用效益。稀缺的土地资源是海南发展的后发优势。由于受行政区划体制等因素的制约，海南的土地资源利用效益很低。从岛屿比较看，海南与台湾的土地面积差不多，海南约 2/3 的土地是平原，台湾约 2/3 的土地是丘陵和山地，海南的土地资源禀赋总体优于台湾；2018 年，海南每平方千米土地产出的地区生产总值只相当于台湾的 12.7%。通过行政体制和行政区划体制改革，盘活存量土地资源，优化土地资源配置，释放土地资源利用效益。到 2025 年，若海南土地资源利用效益达到广东省 2018 年的 50%左右，估计将会有 9500 亿元左右的资本需求；若达到香港 2018 年的 5%，估计将会有 3 万亿元以上的资本需求。

明显提高海洋资源利用效益。海南是相对独立的地理单元，又地处南海要冲，地理和区位优势明显。海南的海洋面积占全国的 2/3，有 1944 千米长的海岸线，但海洋资源利用效益低下。通过行政体制改革，整合全省和毗邻省际港航资源，由此明显提高海洋资源利用效益。到 2025 年，若海南单位海岸线海洋经济密度达到广东省或山东省 2018 年的 50%，则海南全省海洋生产总值将超过 4500 亿元。

九、做出特殊的行政体制安排，有利于发挥海南在我国对外开放大局中的特殊作用

促进与香港、澳门、台湾的经济合作进程。例如：尽快创造条件与香港联手建立具有世界影响力的国际旅游消费中心，发挥香港在免税购物方面的优势，全面引入香港旅游消费的产业链、供应链，推动琼港旅游购物服务管理和市场监管标准规范的全面对接，由此提升海南旅游消费的国际化、标准化水平，这也将对拓展香港发展空间，加强内地与香港的紧密联

系发挥特殊作用；加强与台湾在健康医疗、现代农业领域的合作，依托台湾在养老、健康体检等方面的优势，促进琼台在健康服务业领域的合作，支持海南建立“琼台健康服务业合作示范基地”，同时利用台湾在现代农业发展上的优势，促进琼台农业出口加工基地建设，由此明显提升海南农业的现代化水平。

促进以东南亚为重点的区域经济一体化进程。从地理位置上看，海南是中国–东盟自由贸易区的腹地，是连接东北亚和东南亚的地理区域中心，与越南、菲律宾、文莱、马来西亚、新加坡和印度尼西亚等东南亚国家隔海相望；从人文联系看，目前有 300 多万琼籍华人华侨聚居在东南亚各地，200 多个东南亚华人华侨组织与海南保持着经常性友好往来。通过特殊的经济行政体制安排，有利于促进海南与东南亚国家资源要素的自由流动，将对推动区域经济一体化起到特殊的作用。

加快把海南打造成为我国面向太平洋和印度洋的重要对外开放门户。在海南实行一套更高水平开放与合作的特殊行政体制安排，将促进泛南海区域 23 个国家和地区投资、贸易、资金、人员、信息等要素在海南的自由流动，进而加快推动泛南海经济合作圈的形成。这对加快打造“两洋门户”，推动亚太区域经济一体化，促进我国扩大对外开放，形成和平稳定的周边环境都将产生重要影响。

第十章

以“早期安排”取得“早期收获”

在当前各方对海南自由贸易港建设高度关注的背景下，要尽快做出海南自由贸易港建设的“早期安排”，让内外资本、市场主体、创新创业者及当地居民都能尽快获得海南自由贸易港建设的“早期收获”，在推进海南从自由贸易试验区向自由贸易港过渡的同时，不断增强加快推进海南自由贸易港建设的合力。

以“早期安排”取得“早期收获”

——加快探索建设海南自由贸易港进程的建议

迟福林
中国（海南）改革发展研究院院长
中国特色自由贸易港研究院院长

当前，海南省内外对海南自由贸易港建设高度关注，人们的期望值很高。但同时，也存在着某些观望和疑虑。在这种情况下，大家期盼尽快以“早期安排”获得自由贸易港建设的“早期收获”，以坚定信心、形成加快探索建设海南自由贸易港进程的合力。

一、以扩大服务业市场开放的“早期安排”取得产业发展的“早期收获”

习近平总书记指出，现代服务业是产业发展的趋势，符合海南发展实际，海南在这方面要发挥示范引领作用。长期以来，产业基础薄弱是制约海南发展的突出问题。海南多年的实践证明，没有产业的大开放就没有产业的大发展。加快推进自由贸易港建设，迫切任务是产业的高度开放。从现实情况看，在服务贸易发展与服务业市场开放直接融合的背景下，海南有条件在扩大服务业市场开放和服务贸易创新发展方面做“早期安排”，以尽快取得自由贸易港建设的“早期收获”。

（一）以文化产业市场开放的“早期安排”取得旅游国际化水平提升的“早期收获”

长期以来，海南面临着省内外不断增长的国际化、服务型、个性化消费需求与国际化产品供给严重不足、国际化服务不优的突出矛盾。其中，文化娱乐产业发展滞后是一个突出问题。2018 年，海南文化产业增加值占地区生产总值比重仅为 3.3%[①]，低于全国平均水平 1 个百分点[②]，比北京（12.9%）低了 9.6 个百分点[③]。提高海南旅游的国际化水平，增强竞争力，关键在于文化、体育、娱乐、创意等市场的高度开放。建议争取在 2019 年底或 2020 年初出台行动方案，明确提出从 2020 年开始，取消外商投资文化、体育、娱乐企业的股比限制，率先在这些领域实行“零关税”的“早期安排”，以取得文化娱乐与旅游融合发展的“早期收获”，并由此促进海南现代服务业的较快发展。

（二）以教育市场开放的“早期安排”取得“教育开放创新岛”的“早期收获”

教育发展滞后是海南的“软肋”。作为一个开放的岛屿，海南有条件在扩大教育市场开放上做出“早期安排”。例如，在符合条件和标准、严格监管的前提下，允许境外资本在高等教育、普通高中、学前教育等领域独立办学。此外，建议对从事教育的人才尽快实行税率不高于 10%的个人所得税政策。由此，取得海南“教育开放创新岛”建设的“早期收获”。

（三）以医疗健康市场开放的“早期安排”取得“医疗健康岛”的“早期收获”

海南在医疗健康方面的突出矛盾是：全国及本省居民对海南医疗健康服务消费的刚性需求日益增大，但由于基础差、底子薄，海南医疗健康服务水平同发达的省份相比有明显差距。尽管近几年有明显改善，但矛盾问题依然比较突出。当前，医疗健康服务业的高度开放既有极大需求，又有

---

①海南省统计局，国家统计局海南调查总队. 海南统计年鉴（2019）［M］. 北京：中国统计出版社，2019.

②国家统计局. 文化事业繁荣兴盛 文化产业快速发展——新中国成立 70 周年经济社会发展成就系列报告之八［EB/OL］. 中国政府网，2019-07-25.

③孙乐琪. 北京文化产业增加值全国居首［N］. 北京晚报，2018-12-21.

现实可行性。海南加快探索建设自由贸易港进程，最有可能在医疗健康方面实现重大突破，把这张“王牌”用好。建议把博鳌乐城国际医疗旅游先行区建设成为“国际性医疗硅谷”的同时，尽快把其某些政策逐步在全省实施，以努力在医疗健康产业的高度开放方面取得“早期收获”。

（四）以高新技术产业开放的“早期安排”取得“智慧海南”建设的“早期收获”

推进高新技术产业开放，促进大数据、区块链、云平台等新兴技术与传统产业融合，不仅对提升海南的产业发展水平有重要作用，也有利于促进海南更高水平的开放。从现实看，海南高新技术产业发展较为滞后。2017 年，海南高新技术产业增加值仅为 212.3 亿元，不足同期深圳的 3%。抓住新一轮产业变革和科技革命的新机遇，海南要以高新技术产业全面开放的“早期安排”取得“智慧海南”建设的“早期收获”。例如，为支持在海南生态软件园引入国际知名互联网企业，开展区块链技术研发和创新应用，设立区块链技术国家级实验室，建议从 2020 年开始对园区内的高科技企业从获利年度起 5 年内免征企业所得税，对科技人员征收税率不超过 10%的个人所得税。

二、以实施“零关税”的“早期安排”取得制度创新的“早期收获”

尽快在海南全面实施“零关税”，符合全球自由贸易大趋势，符合我国开放战略实施的新要求，符合海南自由贸易港建设的基本需求。建议把某些领域的“零关税”作为海南自由贸易港制度建设“早期安排”的重点，由此取得相关制度创新和产业开放的“早期收获”。

（一）从 2020 年开始在相关服务贸易领域取得“零关税”的“早期收获”

一是对医疗健康、文化娱乐、旅游、教育、科技研发、会展等服务业行业发展所需原材料、基础设施配套设备和用品实行“零关税”，并免除进口环节增值税。二是对事关民生的重点行业实施“零关税”。例如，对国外已经上市但国内尚未注册的抗癌药品以及与癌症治疗相关的医疗器械进口实施“零关税”，进一步扩大适用“零关税”药品范围。

（二）把日用消费品“零关税”作为“早期安排”的重中之重

笔者在 2009 年就提出在海南全岛建立日用消费品免税区的建议。此后，多次在全国政协会议上提交提案，呼吁这件事。10 年过去了，现在看，争取中央支持，尽快在日用消费品领域做“零关税”的“早期安排”，有利于解决海南本岛居民收入不高但生活成本却高居不下的突出问题。在这方面，使海南广大城乡居民取得“早期收获”，其需求更为迫切、条件也比较成熟。同时，这也是加快建设具有世界影响力的国际旅游消费中心的重大举措。

（三）把防止走私和保障公众安全作为海南自由贸易港海关监管的基本要求

中央 12 号文件要求：“优化海关监管方式，强化进出境安全准入管理，完善对国家禁止和限制入境货物、物品的监管，高效精准打击走私活动。”随着全球“零关税”政策的逐步实施，“防止走私”虽然仍是海关监管的一项重要任务，但更重要的是如何有效处理海南与内地的关系，如何有效防范因产业开放，尤其是金融等服务业市场全面开放带来的外部输入性风险，如何在高度开放下有效防止经济、政治、社会等方面的安全风险。作为一个相对独立的岛屿，加上现代科技监管手段的应用，海南有能力、有条件把“零关税”的风险降至最低。

三、以人才制度创新的“早期安排”取得广揽人才的“早期收获”

习近平总书记指出，吸引人才、留住人才、用好人才，最好的环境是良好的体制机制。海南自由贸易港建设，关键靠人才。未来 1—2 年，以非常之举尽快形成吸引人才、留住人才、用好人才的体制机制和独特优势，关乎海南加快探索建设自由贸易港的进程。

（一）创新人才发展制度的“早期安排”

总结实践经验，不难发现，要使各类人才真正发挥其才能，关键靠人才发展的制度创新。例如：探索实行政务官和事务官分类管理制度，事务官参照国际标准实行市场化薪酬待遇；除党政部门外，事业单位、社会组织等从业人员全部取消编制管理，全面实行聘用制。由此，打破人才管理行政化、封闭化的传统格局，建立以专业性、开放性为重点的人才管理体制。

（二）出台吸引人才的特殊政策的“早期安排”

比如，尽快改变海南教育、医疗、高新技术产业相对落后的现状，要力争在税收政策上率先实现突破。建议从 2020 年开始，对医疗、教育、高新技术等行业的人才在海南的所得收入，个人所得税按照最高不超过 10% 的税率征收；对新引进的和本地的医疗、教育、高新技术等行业高层次人才，在海南取得的劳动收入，在一定时期内可以实行较低的个人所得税。

（三）取得人才发展的“早期收获”

海南建省之初在什么都短缺的情况下，能吸引“十万人才下海南”，靠的就是鼓励创新创业的大环境。今天建设海南自由贸易港，更需要一个能让各类人才充分施展才能的大环境。一是以建立多种类型的平台为主体吸引海内外人才。例如，以法定机构为重要平台吸引各类人才，赋予法定机构自主权，包括内设机构设定权、人才聘用权、薪酬制定权等。二是营造创新创业的良好环境。创新工作室制度，赋予科研人才充分的自主权，并鼓励高校、科研院所、企业通过股权、期权、分红等方式激励科技创新。三是建立并完善国际化人才服务及用工环境。例如：建立海南移民事务管理机构，为国外人才提供住房、医疗、子女教育等服务；有序放开菲佣等外籍劳工入琼，为海内外的中高层次人才提供良好的家政服务。

加快探索建设海南自由贸易港要把握统筹推进和局部突破的关系

霍建国
中国世贸组织研究会副会长

一、充分认识海南自由贸易港建设的重大意义

建立自由贸易港是海南千载难逢的重大机遇。加快探索建设海南自由贸易港，一是要把握好中央提出的 4 个定位——全面深化改革开放试验区、国家生态文明试验区、国际旅游消费中心、国家重大战略服务保障区。在实践探索中，不能偏离中央给予海南的 4 个定位，而且一定要突出这 4 个定位。例如，如果加快海南岛的经济发展，就自然会形成泛南海经济合作圈的区域合作，虽然这件事情落实起来难度很大，不是一两年能够到位的，但是要领会中央提出这一战略的重要意义。二是要在深化改革上率先实现突破。现在全国的改革开放正面临复杂矛盾和阻力，特别是在实现更高水平开放，建设现代化经济体系等方面，实际上是没有对标的。如果海南能率先实现突破，为全国做出示范样本，那么这个意义很大。

二、海南自由贸易试验区、自由贸易港建设面临紧迫的内外形势要求

自 2018 年 4 月 13 日习近平总书记宣布支持海南全岛建设自由贸易试

验区，支持海南逐步探索、稳步推进中国特色自由贸易港建设后，海南在人力资源培训、内部制度性建设和前期准备上做了大量的工作。当前，为适应国际竞争的需要，我国必须要在高水平开放上实现新的突破，这是因为我们面临的国内外形势都希望我们在高水平开放上有所作为，但真正要完成这一任务对海南来说仍是比较艰难的，所以，海南承担着比较繁重的探索任务。

从内部的形势看，2018 年 7 月 31 日的中央政治局会议根据国内外形势变化需要，对内明确提出了稳就业、稳金融、稳外贸、稳外资、稳投资、稳预期的要求，现在各部门正在抓紧落实。从外部的形势看，第一，欧美经济复苏受阻，国际竞争更趋激烈，特别是美国采取的贸易保护主义和单边主义的政策，产生了两个后果，其中一个后果就是发达国家之间或者说是主要的一些贸易大国之间的矛盾处于激化上升阶段。第二，南北矛盾，或者说发展中国家和发达国家之间的矛盾，尤其是美中矛盾进入了新的复杂阶段。此外，在外部环境恶劣的情况下，贸易投资摩擦升级，在贸易投资发展艰难的情况下，我们又面临着新一轮经贸规则的改革，我们要应对 WTO 改革中出现的许多新的矛盾，哪些原则和规则要坚持，哪些要改，改的过程中如何采取灵活性的方法以争取主动，解决这些问题也是比较艰难的。这些困难都和国内的配套改革相联系，因为内外是一致的，对外坚持什么，对内在行动上也必然保持一种内在的合理性。第三，虽然我国科技革命进步很快，但是发达国家在互联网、机器人、5G 等方面发展得也比较快，更重要的是国际技术贸易中限制措施和壁垒手段正处于上升期，这给我们的发展和技术进步增加了新的困难。例如，美国加大了对兼并收购的限制范围，这对我们在海外兼并收购新的技术形成了一大障碍。过去我们技术进步比较快，一方面得益于引进外资高新技术在国内迅速转化；另一方面得益于我们在海外兼并收购获得的海外的技术和市场。现在看来，这两条路都面临着新的变化和压力。所以，我国现在可能更多地要依靠自己的自主研发突破以及创新能力的提升。第四，全球市场风险在加剧。例如，美国股市面临调整的压力，全球资本市场的波动异常激烈，以及伊核危机可能会触发新的动荡，这都是需要我们有所防范的。第五，中美矛盾。现在对中美矛盾的判断是短期内很难做一个了结，要做好长期应对的准备。在这样的国际形势下，国内恰恰处于经济转型升级转换期的交集点，改革的重点和难点面临多重矛盾，有体制机制的创新问题、宏观调控和产能过剩的矛盾以及各部门管理政策的衔接问题，把这些矛盾和问题处理好了，我国整体经济保持平稳运行是没有问题的。

面对当前复杂的国内外新形势，海南自由贸易试验区、自由贸易港建设应该有一种紧迫感。第一，探索自由贸易试验区政策落地的同时要为未来高水平开放的自由贸易港建设留下一个接口，这非常有利于统筹安排下一步的高水平开放。第二，要高度重视市场开放和营商环境的关系。我们在营商环境方面或多或少存在一些问题，现在主要的问题反映在办事效率不高、政策透明度不够以及政策的前后矛盾等方面，这些问题的解决是非常难的，也是需要时间的。

三、要重点处理好五大关系

海南现在的问题是如何能够在加快推进自由贸易试验区和自由贸易港建设的同时，兼顾经济的稳定增长。当前形势下，如果海南能够做到这一点，就可以在全国站得住脚。笔者认为，在促进海南的发展方面，要把以下几个关系放在重要位置考虑。

第一，统筹推进和局部突破的关系。不要等立法、规划的批复，能干的先干起来，边等边干是最关键的，现在可做的工作已经很多了。从其他自由贸易试验区的建设经验来看，要先干起来，特别是处理好自由贸易试验区和自由贸易港的衔接和顺序问题。中央强调，前两年主要是落实自由贸易试验区建设的相关内容，现在全国自由贸易试验区可复制的经验有202 项，这些可以先研究落地。同时，自由贸易港的一些政策突破也要抓紧研究准备，还要加大力度。

第二，进一步解决好制度创新和政策突破的融合。对自由贸易试验区的建设，中央一再强调主要依靠的是制度创新，不应寻求任何新的政策优惠，但是自由贸易港建设则不同，参照国际上的主要经验，必须要有配套的政策突破，特别是税收政策的突破，这一点我们要统一认识。在整个自由贸易港政策和制度设计中，哪怕只在某一方面有所突破也是好的。上海自由贸易试验区新片区建设，经过中央批准，采取地方财政让利的方式，把企业所得税降到 15%，这是上海突破税收政策的一种创新。海南也面临这样的问题，如何突破一些政策领域的限制，一定要有创新的思路才能把它处理好。

从全国看，自由贸易试验区制度创新已形成 202 项，但是真正体现制度性创新的，笔者觉得内容还不够丰富，还有待于进一步加大力度。笔者认为海关监管和质检的合并、工商和市场监管的合并、国务院强调的“放管服”改革应该属于制度创新的范围，其他的基本上是程序性的简化或者是一些手续性的简化，这是流程再造，而不属于制度创新。制度创新一定要涉及管理体制的变化和管理方式的变化。现在行业管理政策的制约点很多，我觉得省市放权是第一步，第二步要求自由贸易试验区和各中央主管部门衔接，探讨中央部委放权的内容，这个步伐要加快。

第三，一手抓开放，一手抓环境。从现在的情况看，中央强调的是推动高水平开放，而在营商环境上还有很大的改善余地。即使高水平开放做到位了，如实施负面清单制度、放开市场准入、降低关税等。但是，有的时候由于还存在着隐形的壁垒，外资仍难以进入，甚至现有的外资项目还有撤资现象发生。所以，关键在于优化营商环境。国务院关于优化营商环境的文件中明确提出要构建一个市场化、法治化、国际化的市场环境。从内容看，文件也描述了对经营主体利益的保护，对公平竞争的市场环境的保护。这为市场经济奠定了很好的基础。笔者认为，确立一个独立的经营主体，拥有稳定的法律法规，以及连续、稳定、严谨的执法，这三点是非常重要的，这关系到市场的稳定性和确定性，是企业所期盼的环境。

第四，在抓经济建设的同时抓市场化改革。一切改革都是为了促进经济发展，都是为了使老百姓得到更多实惠或者获得感。如果改革偏离了经济增长的目标，我觉得这样的改革就是形式上的改革，也可以说是虚假的改革。

第五，在具体改革开放的突破上，要大胆创新。高水平开放的重点是服务业的扩大开放，笔者认为海南最好不搞大工业制造和重型制造业。但是，食品加工、饮料加工或者是必要的日用消费品的加工仍是必要的，要通过港区的建设在综合保税区里做一些基本的装配业务，或是加工组装出口，我们不应排斥这类加工业的发展。在考虑产业发展的过程中，可以顺其自然，兼顾这些内容。在旅游业上，关键是怎么样巩固提升的问题。海南旅游业的现有基础是很好的，已经在海南经济中发挥了很大的作用，但是它需要规范、需要提升。笔者认为不应把旅游都搞成高端的，中档的也要有一些，要兼顾到一般消费者的需求。此外，邮轮经济、邮轮产业的发展更需要加快突破。在发展邮轮旅游上，不要考虑完全是由政府主导，可以让社会资本参与经营，也可以放开让外资经营。笔者认为，起步阶段只要是有利于经济发展的事就可以先干起来，这样经济才会变得活跃，人流也会聚集，名声和影响力就会上去了。在医疗健康产业上，要加快普及“博鳌乐城模式”，不要一味追求高端，不要只搞国际一流，可以适当兼顾内地的养老需求，安排多种层次的消费设施，务实一点。这对于拉动养老人群消费、度假人群消费很有效果。在娱乐上，可以建设一个类似于珠海长隆欢乐世界的娱乐中心，或者是建设儿童乐园、水上乐园。在文化教育上，最重要的是要在海南率先突破文化教育的禁区，以此吸引大量的内地消费者。

最后，需要强调的是加快推进海南自由贸易港建设是当前形势发展的迫切需要。面对整个外部环境的不利因素、经济增长的下行压力、改革突破的难点等众多困难，在实现主动突破的关键阶段，中央将探索自由贸易港建设的重任交给了海南，海南在这一轮改革开放中一定要做出优异的成绩，要加快落实中央提出的更高水平开放的要求。

尽快形成海南自由贸易港的早期项目

郑新立

中国国际经济交流中心常务副理事长

要根据习近平总书记在庆祝海南建省办经济特区 30 周年大会上明确提出的海南自由贸易港的基本定位，在这个基本定位下，率先把海南打造成为具有世界影响力的国际旅游消费中心，从而增加海南的人流量。按照中央的战略定位，把海南的人流量增加起来，现在需要一些施工设计，要脚踏实地地把东西拿出来，并能够吸引人，把人流、物流、资金流、信息流吸引过来。为此，笔者提五点建议。

第一，把洋浦港建成中国天然气的储备、交易中心。现在华北地区和华中地区在治理雾霾，就是在提高天然气在能源消费结构中的比例，但是天然气供给不足。如果能够做大海南洋浦港的天然气贸易，不仅可以利用海上的天然气资源，而且有利于将来南海的可燃冰、天然气和石油开发，真正作为国家能源战略的一个支撑，服务的是全中国人民，面向的是世界市场。

第二，推进大型网箱养殖。海南管辖约 200 万平方千米的海域，渔业资源优势突出。目前，在养殖技术方面已经不存在任何问题，海南可以利用现代技术搞巨型的网箱，成为为国人提供海产品的一个重要基地，南海耕海牧鱼，可以此为核心做大做强。同时也可以吸收一些内地的产业技术人才。建议在南海布置几十个巨型平台，平台周围都挂巨型网箱，台风来了可以降到水下，这样也可以减少近海养殖对海水的污染。

第三，引进若干个国际顶级的旅游项目。如果有几个大项目进驻海南，能迅速带来人流。现在要想办法把迪士尼、环球影城、乐高这三大项目吸引到海南。当然，这是有难度的。比如迪士尼要求人流必须达到5000万人。如果把迪士尼吸引到海南，那么内地游客都可以去。佛罗里达州的奥兰多，实际上就两个项目，一个是迪士尼，一个是环球影城。实际上迪士尼的投资只占整个投资的30%，剩下70%是旅游服务设施。环球影城的表现方式是多维的，颜色、气味都可以感受到，他们把好莱坞这些年拍的电影都做成现场的实景，人可以体验式旅游，其中最吸引人的就是哈利·波特城。海南要发展旅游业，必须要大力引进国际顶级项目。例如，大力发展海底观光旅游及邮轮旅游项目。

第四，加快新基础设施建设。现在国家发展和改革委员会提出了4个新基础建设：一是5G，二是人工智能，三是工业互联网，四是物联网。建议在海南岛率先建立"5G+ 超级 Wi-Fi"。5G速度快、流量大，但缺点是绕射能力比较弱，所以基站很密，只能适用于将来发展工业互联网、物联网、无人驾驶；超级 Wi-Fi 现在是利用广播电视的白频段，绕射能力比较强。充分发挥数字红利、光纤红利、零到低干扰的红利，利用原来中央广播电视台占用的白频段，就实现让整个海南岛成为一个 Wi-Fi 无处不在的岛屿，游客随时都可以拿出手机看4K、8K的高清电视节目。

第五，发展冬季瓜菜种植业。要用好中央发布的《中共中央 国务院关于建立健全城乡融合发展体制机制和政策体系的意见》，这个文件有很多突破。建议将文件相关政策率先在海南落实，引进全国的能人和有投资能力的人到海南发展冬季蔬菜和瓜果种植业。现在海口已经建立了一个蔬菜集散地，未来可以通过内地引进一些高素质的公司到海南办合作社，然后实现规模化、集约化、现代化经营，把土地连成片，借鉴丹麦和荷兰的农业现代化经验，然后把当地的农民都作为员工培训，同时采取土地入股方式，这样当地农民既可以得到财产性收入，同时又可以到公司里面当工人，拿到工资，很快就能富起来。要按照公司化的方式把海南的阳光重新利用起来，使海南成为为全国人民供应无机绿色蔬菜的一个基地。

这5个大项目建立起来，就能带来大量人流。最后，海南省委、省政府要从上到下把提高执行力作为一个重点。另外，要大量地引进人才来服务于重大项目的建设。

以“三个先行”获得更多的“早期收获”成果

赵晋平
国务院发展研究中心对外经济研究部原部长

一、打造全球最高水平开放形态的特殊经济区，加强国家对特殊经济区的治理体系，创新是关键

特殊经济区是区别于一般区域的一种特殊制度和政策安排。按照国际经验，为了保障在推进特殊的制度和政策建设方面要有充分的自主权和决策权，国际一般通过立法和治理体系创新的方式来提供完整的法治环境保障。例如，新加坡要建设自由贸易区，首先是从国家立法的角度确保特殊经济区的法律地位。从我国的情况看，到目前为止，关于特殊经济区的建设，主要是通过全国人大授权，由地方人大颁布条例的方式。这样一种模式，在充分体现地方和中央部门之间协同推进改革方面发挥了非常重要的作用，也是两个积极性的重要体现。但是如果对过去自由贸易试验区建设中存在的问题进行梳理就会发现，往往改革开放的一些诉求和事权之间不相匹配的问题会成为制约自由贸易试验区制度创新的突出问题。所以，要打造一个全球最高水平开放形态的特殊经济区，首先要从国家层面对特殊经济区的治理体系进行大胆的创新。这种创新，主要有两个方面的内容。

第一，要从国家的层面为特殊经济区专门立法。要从法律层面界定现有的组织框架和中央地方关系，确保作为特殊经济区本身可以按照制度创

新的思路推进，并区别于其他区域的创新，包括在制度和政策的建设方面。2019 年初全国两会期间，全国人大已经做出了一个重要的决议，专门对海南自由贸易港进行立法，这是我国关于特殊经济区域法治环境保障的一个新突破，也充分表明了国家对推进海南自由贸易港建设的高度重视。

第二，海南自由贸易港法应该包括哪些内容，这是值得深入探索和研究的问题。在这样一个法律框架内，要充分体现海南作为一个特殊经济区享有充分的决策权和自主权，在国家已经批准改革创新方案的基础上，能够独自按照总体方案确定的方向落实，而不是事事都需要和相应职能部门、主管部门重新进行协商和讨论。目前，虽然《中国（海南）自由贸易试验区总体方案》是在经过国家和地方充分协商的基础上形成的方案，但是在地方实际落实的过程中还是需要针对其中的每一条重新开展一轮协商和沟通，这大大增加了一些制度性的成本。所以，海南自由贸易港法的内容要真正做到充分授权、全面授权，解决目前在特殊功能区治理体系方面存在的问题。可以考虑采用负面清单的方式，即一些国家要保证的基本法律制度是特殊经济区实行的负面清单里应该具有的内容；除了涉及这些内容的法律、条例之外，特殊经济区可以服务于特殊经济区建设的需要，自行依据相应的法律程序进行立法。海南自由贸易港是要打造全球最高水平的开放形态，如果没有这样一种治理体系的创新，要实现习近平总书记提出的目标，还是相当的困难的，甚至会出现各种各样的问题。

二、在建立中国特色自由贸易港的制度和政策体系中一定要坚持分步骤、分阶段推进的基本思路

作为全球最高水平开放形态，海南建设自由贸易港，要引领未来全球开放型经济新体制，要在全国率先建成新时代中国特色社会主义市场经济体系。所以海南自由贸易港的建设目标是非常明确的，就是要按照全球最高开放的水平和标准建设。但是，我们也要充分考虑到，在达到这样一个高水平的目标之前，还需要经历一个艰难的、复杂的过程，而这个过程有许多问题需要通过分步骤、分阶段推进的方式加以解决。这也是习近平总

书记讲话和中央重要文件中反复强调的一点。

举个例子，海南未来一定是全域型的自由贸易港，是整体的海关特殊监管区，以充分保障这个区域范围内的投资高度自由化和商品的免税，这点是毋庸置疑的。但是，这样一个制度的实行，必须考虑到海南未来发展的特殊情况。

从 2020 年开始建设自由贸易港，如果在 2020 年或者是比较短的时间内率先对全岛进行封岛，建设全岛型的海关特殊监管功能区，笔者认为这可能超越了海南目前自身的发展水平和客观条件。我们知道，全岛海关特殊监管区在加强和国际市场之间的直接连接的同时，客观上也使海南和内地之间有了一个制度性的边界，这个边界在人员、商品和资金与内地的往来方面必然会按照中国整体管理规定执行。客观看，海南在今后一段时间的发展离不开内地的资金、人员，也包括各种重要生产要素的大力支持。海南和内地之间各种要素便捷流动的紧密关系是必不可少的。从这个角度来讲，海南有了明确的目标，建议采取分阶段过渡的方式避免可能因为加快进程而带来的不利影响。目前，海南对这个问题进行了全面的谋划，形成了有利于“早期安排”的框架，这是一个非常好的思路和切入点，也符合分阶段、分步骤和打造最高开放水平形态的需要。

三、取得更多的“早期收获”成果要做到三个“先行”

建议先从容易做的事情做起，尤其是要先从能让老百姓有更多获得感的一些事情做起。

第一，过渡性法律安排先行。在过渡期，按照最高水平开放形态要求，过渡性的法律安排、授权安排应该先行。比如，在全国人大层面，通过决议的方式，或者通过国务院规范性文件的方式先行授权，海南可以按照方案里“早期安排”界定的内容分步骤实行一些自由贸易港的制度和政策体系，使这些效果能够更早展现，同时，也可以积累开放所带来的风险防范经验。

第二，服务贸易自由化先行。一方面，服务贸易自由化符合海南发展的定位，也和中央所界定的以发展旅游业、现代服务业和高新技术产业为重点的发展方向高度一致。另一方面，服务贸易并不涉及大量的物资、商品的往来。我国长期以来形成的加工贸易监管经验和模式对服务贸易项下的设备和机械自由进出提供了重要参考，且完全说明我们是可以解决它所伴随的和货物往来有关的跨境移动问题。

第三，发展比较成熟的园区先行。海南博鳌乐城国际医疗旅游先行区具有医疗、旅游等服务业投资准入开放和适度降低器械进口关税，引入适合当地存在方式的医药临床服务、医疗保险跨境服务等贸易自由化的双重试验功能，为探索建立医疗服务贸易自由化政策体系积累了经验。“博鳌乐城模式”说明，在一个特定的政策规范性文件框架下，可以对开放性和制度性的问题先行先试。虽然博鳌乐城目前的开放标准和打造一个符合自由贸易港要求的标准还有一定的差距，但是，博鳌乐城已经积累了一定的经验。建议海南选择一些成熟的具备创新模式和基础的园区先行先试自由贸易港政策，进行逐步的探索，以取得更多的“早期收获”。例如，在区内对特定服务业可实行开放水平显著高于自由贸易试验区的投资准入政策以突破现有负面清单的制约，适度降低甚至取消投资设备、器械、耗材进口关税，允许外资企业以当地存在方式提供服务。先行区不需要进行物理隔离，对特定保税设备可实行定点监管；一般器械和耗材可建立保税仓库定向监管。

高标准高质量建设海南自由贸易试验区需要夯实产业基础

曹文炼
国家发展和改革委员会国际合作中心学术委员会主任

一、对海南建省以来发展经验教训的反思

过去 30 年来，笔者一直在原国家计委即现在的国家发改委工作，主要在财政金融司任职，参与了国家支持海南一系列重大政策的研究。最近 7 年到智库（中国国际经济交流中心和发改委国际合作中心）任职，先后组织参与了“海南国际旅游岛建设第三方评估”、海南省“海澄文”一体化发展规划和“大三亚”国际旅游圈规划等重要课题的研究，2019 年又接受琼粤两省委托，开展了“琼州海峡两岸协同发展”和“三亚市建设国际自由贸易试验区行动方案”等课题研究，应该说对海南的情况比较了解。

自由贸易港试点这个含金量很高的政策，上海、浙江舟山等地都在争取，为什么最后花落海南？除了海南独具的区位优势和战略重要性之外，很重要的原因之一是加快海南经济发展，换句话说是海南的经济落后所促成的。今年初我们在组织琼州海峡两岸协同发展的规划调研时发现，尽管海南建省几十年以来的发展取得了很大成就，纵向与自己比不错，但是横向与广东等东部沿海各省相比，差距不是缩小而是扩大了。海南虽然处于东部，但现在还享受着国家对中西部和老少边穷地区的一

些特殊优惠政策。海南的自然条件和陆地面积都与台湾差不多，人口却只有台湾的 40%左右，地区生产总值只有台湾的 1/9—1/8。从海南建省办特区、国际旅游岛的提出到唯一的省级“多规合一”试点，再到现在的自由贸易港建设，中央和各部门给了海南这么多的特殊政策，都是为了支持海南加快发展。深圳、厦门和珠海都成了成功特区的典范，海南作为最大的特区给全国提供了哪些好的创新经验和样板？好像没有，更多的是失败的教训，例如海南失控的金融试验、房地产畸形发展到近期的海航集团海外扩张的教训。

海南为什么发展落后？主要是工业化没有完成，第二产业没有发展起来，缺乏大项目的支撑。实际上，海南作为中国最南部良港众多和海域面积最大的省份，具有发展现代制造业的天然优势。建省之初，国家就规划了在洋浦建设大工业基地，1993 年笔者曾经跟随朱镕基副总理来海南调研对分税制改革的意见，当时朱副总理还亲自率队到洋浦开发区进行实地考察。可惜由于种种原因，海南建省以来制造业始终没有发展起来，走向了片面依赖房地产投资的畸形产业结构，验证了经济学上的“资源诅咒”规律。过去 10 年，国家有关部门给海南的地位主要是建设“国际旅游岛”，也不支持海南发展第二产业，当时制定的政策现在看来也有误导，造成了海南省房地产开发的第二次疯狂和泡沫。

因此，中央近年来先后赋予海南全省“多规合一”和自由贸易港的试点，都是要通过政策创新扶持海南更好、更快发展，同时也为全国的绿色发展和对外开放创造可推广经验。建设海南自由贸易港的主要目的和成功标志，一是为全国对外开放打造样板，二是促进海南更好、更快发展。

二、正确认识产业发展与保护生态和旅游的关系

如何加快海南发展、高质量高标准建设自由贸易试验区，有些专家认为海南自由贸易试验区建设应该优先发展金融和服务贸易，我不能认同这类观点，理由如下：一是海南建省之初选择优先发展金融市场的惨痛教

训，原因至今不应该忘记；二是未来两年防范金融系统性风险仍然是全国三大攻坚战之首，金融创新政策不可能在海南太放开；三是没有实体经济的坚实基础，金融机构和人才也很难到海南聚集；四是临近地区已经有香港国际金融中心和深圳区域金融中心，海南难以替代或分流其功能。关于服务贸易的试点，也不宜寄予过高期望，建议调研深圳前海试验区的实际情况，总结其经验教训，并结合海南实际形成自身的制度安排。

高标准高质量建设海南自由贸易试验区，还是要老老实实地夯实产业基础，特别是要规划选择好未来海南产业发展的重点大项目。实体经济是贸易与金融发展的基础，没有自己产业的自贸港只能搞转口贸易、金融虚转。这里还要厘清发展先进制造业与保护生态和发展国际旅游岛的关系。

可能有人会说中央 12 号文件已经明确以发展旅游业、现代服务业和高新技术产业为主导，限制了海南发展制造业。我认为这是一种狭隘的思维。高新技术产业给了我们很广阔的产业范围，现在所有的制造业都在与高科技、数字经济对接。当然保护海南生态红线、强调绿色发展是要放在第一位的，海南发展高技术产业也要优先保护环境。5 年前我们在为浙江舟山新区制定规划时，曾经遇到类似的严重分歧，后来通过反复调研论证最终统一了认识。舟山群岛与海南一样天然优质海港众多，但是一贯以渔业和旅游业为主，没有制造业基础，因此经济难以发展提高。舟山市党政主要领导决定发展绿色石化基地作为龙头产业带动新一轮发展，但是遇到很大的争议和阻力，包括省内各级有关领导和国家有关部门的主管司局，大多数人都不同意此项目，理由一是担心破坏绿色生态，二是舟山对岸的宁波已经有大炼化项目了，困难阻力重重。我们先后组织到国内外调研和邀请顶尖化工等行业专家论证，特别有说服力的事例是新加坡裕廊工业区建设国际石油大炼化基地的成功经验，而且建议宁波石化可以作为共同投资者，最终舟山国际绿色石化基地炼化一体化项目获得国家发改委核准，而且在投融资上设计了以民营为主，目前正在按照“民营、绿色、国际、万亿、旗舰”的定位建立国际石化产业基地。据悉，该项目力争 2018 年一期建成投产运营，形成 2000 万吨 / 年炼油、400 万吨 / 年对二甲苯、140 万吨 / 年乙烯的生产能力。2020 年二期建成投产运营。全部建成后，该项目总规模将达 4000 万吨 / 年炼油、800 万吨 / 年对二甲苯、280 万吨 / 年乙烯。按绿色石化基地规划布局，远期可形成 1 亿吨的炼化能力。

发展先进制造业与发展旅游业也并不是对立的，处理好二者关系恰恰能够使其互相促进。当年研究海南国际旅游岛建设的政策不够全面，片面强调发展旅游业是存在误区和错误的政策导向的。纵观国际上发展旅游业也有两类：一种类型，像泰国、文莱、美国夏威夷、韩国济州岛等国家和地区，仅仅发展旅游业而没有产业支撑，经济难以发展升级。例如笔者 1995 年第一次去泰国，那时其人均 GDP 大约是我国的五倍，各方面都比我国发达许多。2018 年笔者第二次去泰国，发现 20 多年来泰国人均 GDP 才增加大约 1000 美元，现在只有我们的 2/3 了，城镇化率才 30%多。世界上自然风光好的海岛很多，海南与这些海岛比并没有特别优势，比如美国夏威夷群岛，那里四季如春，但是除了旅游和军港没有别的什么产业。另一种类型，像日本、韩国、新加坡和我国台湾地区，制造业和旅游业协同发展，产业发展的同时也促进旅游业大发展，欧美发达国家大多数如此。

特别明显的成功案例还有深圳特区的发展。深圳在产业也还比较薄弱的时候，就注意发展工业和旅游并重，搞了“世界之窗”“锦绣中华”等一批微缩景区，吸引人们到深圳去玩，也是旅游业与产业发展并行不悖的例证，不是说发展旅游业就必然牺牲其他产业。如果仅仅发展旅游产业，就是要海南不发展，或者慢发展，走泰国发展模式。况且近年来泰国也意识到这个缺陷了，所以现在提出要借中泰铁路建设大力发展东部经济特区（EEC），发展先进制造业。要是没有高质量的产业支撑，我想，海南岛建设国际自由贸易港也很难实现。搞自由贸易，没有产业基础，那就还是做转口贸易，这与国家要求海南建设成为南海战略保障区和海上丝绸之路重要节点的要求也不符合。海南未来的发展定位是中国香港、泰国模式，还是中国台湾、新加坡模式？非常值得反思。笔者觉得还是后者更适合海南。

三、对海南未来产业发展和重点项目选择的建议

搞好海南自由贸易港建设，最重要的是制度创新和大项目引进，有了这两条，人才就会来了，海南就不会变成养老岛。没有产业基础，不需要的人来多了也是个麻烦。建议结合国家“十四五”规划前期研究，组织省内外专家认真论证海南未来要引进什么样的产业重点项目，力争在国家重点项目布局和招商引资上取得重大突破。以下提出几个具体方向性建议供参考。

一是面向中东和欧洲国家招商，打造最先进的国际绿色石化基地，允许海外跨国公司独资或控股，但是要大大提高产业准入的技术和环保门槛。我国的主权财富基金、中投公司可以作为财务投资者，不控股。海南石化基地建设可以定位于原材料来源和产品销售都在外，主要面向东南亚市场销售石化产品，这对于海南经济发展和海上丝绸之路建设都将发挥不可估量的作用。如果能够实现，在利用外资和对外开放方面又是一项重大突破和示范，当年我们为舟山国际石化基地做设计时，制度突破只到民营控股，对外资投资石化的比例未突破。

二是积极促成与菲律宾、越南等在南海实际控制岛屿的主体合作共建股份制企业，开采南海石油与天然气，发展海洋产业、精细化工和造船修船业等。这需要加强与国家外交战略相配合，在当前国际时局下意义自不待言，积极谨慎努力争取还是有很大可行性的，毕竟这些国家也要谋发展，可以发挥智库和民间中介的力量加以沟通斡旋。

三是积极发展集成电路和半导体产业。这方面特别值得借鉴学习台湾的案例。台湾从 20 世纪 70 年代开始产业升级，重点发展半导体产业，短短 20 年时间，就实现拥有全球最大的芯片铸造厂台积电（TSMC）、世界上最大的 EMS 合同制造服务商鸿海（富士康）、全球最成功的手机芯片 IC 设计巨头联发科（MTK）、全球第三大 PC 品牌商宏电脑（Acer）、全球最大的笔记本代工商广达（Quanta）和全球第三大 LCD 面板制造商友达光电等具有世界级竞争力的企业。土地面积与海南差不多的台湾，早已

经在半导体、光电、PC、电子精密制造几大领域成为世界巨人，电子产业形成全球最完整的产业链，“集聚效应”独步天下。当今全球消费者手中的几乎所有高科技产品，包括各种最新、最炫的音乐播放器、智能手机、游戏机、PC 等，都由甘愿匿名的台湾企业设计、研发、组装和出品。根据台湾市场情报中心（MIC）的数据，台湾企业提供了全世界约 70%的芯片代工服务、约 92%的笔记本电脑、70%的 LCD 面板、35%的服务器和 34%的数码相机，尽管这些产能的大部分已经从台湾转移到了中国大陆。2008 年，英国《经济学人》智库（EIU）将台湾排在了全球 IT 产业竞争力排行榜第二位，仅次于美国，“IT 劳动生产力”指标更居全球之冠。

四是建设至少一座先进的核电站。核电属于绿色能源，是我国当前和未来一个时期积极发展的新能源。随着海南上述制造业和大数据产业的发展以及居民的增加，用电需求必将大幅度上升。及时引进新一代核电建设应该是题中应有之义，只要获得国家立项批准，国内外核电企业肯定愿意投资建设，而且能够为海南旅游增添新景观。

五是适时重新启动研究琼州海峡隧道建设。如上所述，前些年国际旅游岛建设的误导暂停了有关海峡隧道建设的研究，现在如果重新定位海南产业的发展应该早日重启该研究，力争列入国家“十四五”重大项目规划，这不仅是解决渡海交通瓶颈的根本举措，还可以带动雷州半岛的经济社会发展，并且为将来建设台湾海峡隧道提供技术和工程的有力借鉴和坚实基础。

总之，从自由贸易试验区到自由贸易港建设的过渡的时间只有两三年，此期间最重要的是一手抓制度创新打造一个良好的营商环境，另一手确定一批影响海南未来发展的重点产业项目。围绕产业发展和重点项目的引进就能够有的放矢，很多制度创新的大文章就可以做，比如深化“放管服”改革、扩大对外开放度、最大限度利用外资和发展民营经济等等。这也是抓好供给侧结构性改革，创造有效制度供给和产业大项目供给，为自由贸易试验区建设夯实产业基础。在此基础上，海南的经济才能发展得更快更好！

从自由贸易试验区走向中国特色自由贸易港

郑京平
中国国际经济交流中心学术委员会副主任
国家统计局原党组成员、副局长

习近平总书记“4·13”重要讲话和2018年4月发布的《中共中央国务院关于支持海南全面深化改革开放的指导意见》（以下简称“中央12号文件”），以及2018年9月24日国务院印发的《中国（海南）自由贸易试验区总体方案》（以下简称《总体方案》），再次将海南推到了中国改革开放的最前沿，也为海南社会经济发展提供了难得的机遇。那么，如何才能把握住这难得的机遇，紧紧扣住海南的特色，不负中央重托，从自由贸易试验区起步，奋力将海南打造为中国特色自由贸易港（即具有中国特色的高质量自由贸易岛）？笔者认为要做到以下几点。

一、把准定位，清楚要干什么

根据中央12号文件和《总体方案》，以及国际上自由贸易港通行定义，结合海南是我国最大的经济特区等自身特点，中国特色自由贸易港的定位就是要充分利用自由贸易港政策和特区政策，将自由贸易港的试验和改革开放的探索试点相结合，完成4项任务：一是发展海南社会经济；二是提高海南人民生活水平；三是服务国家重大发展战略；四是为全国的改革开放提供试点经验。

在海南自由贸易试验区及自由贸易港建设过程中，要明确与上海等国内其他自由贸易试验区的异同。海南和其他自由贸易试验区的重要区别有两个：一是海南是岛屿，是相对独立的地理单元，是天然隔离区，这为海南采取各项自由贸易政策提供了无法比拟的优越条件；二是海南是最大的经济特区，而其他自由贸易试验区不是经济特区。作为我国最大的经济特区，海南一直在为改革开放进行试验，拥有特区优势。此外，海南是在上海等自由贸易试验区经验基础之上的扩大探索。这既为海南建设自由贸易港提供了许多可以借鉴的经验及教训，也为海南建设自由贸易港拓宽空间。

二、选对方法，明白应怎么干

关键是要把握机遇、紧扣特色、包容开放、引进借鉴、探索创新。

第一，把握机遇。就是要把握好全岛范围内扩大自由贸易试验区政策和自由贸易港政策的机遇。

第二，紧扣特色。一是紧紧扣住海南作为天然隔离区，也可以说是相对独立的地理单元这样的特点；二是紧紧扣住海南是全国最大经济特区这个特点；三是紧紧扣住海南建省 30 多年历史发展形成和积累起来的较好的物质基础，吸取发展过程中的正反两个方面的经验教训；四是紧紧扣住海南辽阔丰富的海洋资源；五是紧紧扣住拥有的良好生态环境；六是紧紧扣住多样化的特点，既包括社会经济、地理条件多样化，也包括发展不平衡、发展质量不高、城乡区域居民收入之间的差距比较大、发展水平比较低等问题，还包括海南既有陆地又有广阔的海洋，既有高山又有平原的地理特征。最后是紧紧扣住改革开放的要求及内涵。

第三，包容开放、引进借鉴、探索创新。就是要充分利用国际化自由贸易港的各项规则；要按照市场化、法治化的要求和海南发展定位的要求列出详细的负面清单，先易后难地推进；要充分考虑到中国的特殊国情和中央的要求，学习借鉴并集聚各方的力量，包容开放地建设中国特色自由贸易港。比如，可以借鉴自由贸易港建设比较成功的香港经验，在税收方面“放水养鱼”，以所得税、直接税为主，实行低税率、广税基的政策。再比如，可以学习借鉴上海等自由贸易试验区的经验，先行先试某些政策。另外，还要学习借鉴海南自身改革开放 30 多年的经验，以及深圳特区的经验，继续利用好经济特区的优势，继续发挥好特区的作用。还应注意借力国家粤港澳大湾区发展战略。

三、具体操作意见

一是抓住机遇，利用好自身特点。要充分利用自由贸易试验区、自由贸易港的政策和特点，瞄准相对独立的地理单元环境，对在中国其他地区研发和生产成本太高、实验有风险的产业和管理模式进行探索创新。例如，耗材需求量大、进口税率高的研发项目；先进医药和医疗器械的研发；主要面向海外市场的商品和服务的研发；“互联网 +”、人工智能研发；设立国际能源、航运、大宗商品、产权、股权、碳排放权等交易场所；等等。实际上，中央 12 号文件和《总体方案》已经给出了比较全面具体的指导意见和方向，海南需好好学习消化吸收，充分把握和运用好中央给予的政策支持。与此同时，还要认真学习其他自由贸易试验区已有的成熟经验。注意利用好经济特区的有关政策。

二是认真处理好政府和市场的关系。第一，政府应给出明确的政策取向，即海南的总体定位是什么？鼓励发展的方向是什么？（实际上也很难给出具体发展的产业或产品）但是，一定要明确给出发展的负面清单，明确规定好禁止什么。第二，政府应充分运用国际化、市场化和法治化手段，维护好社会经济发展秩序。第三，政府要努力营造适合改革开放和探索创新的氛围。通过努力，海南的营商环境在达到国内一流水平基础上，逐步跻身全球前列，做到投资营商服务便利化、知识产权及财富保护强而有力法治化、创新与人才成长舒心化、工作生活环境美好宜居化。第四，要充分相信并利用和依靠好市场的力量建设自由贸易试验区、中国特色自由贸易港。要让市场、企业、劳动者探索和发现商机。即使是总体规划和市场秩序的建立，也要让企业和人民共同参与，发挥好市场和民主的作用。第五，政府要做好系统性风险的防控。在探索和建立自由贸易试验区、建设自由贸易港的过程中，政府应及时监测和预判新兴事物的成长动向，积极鼓励符合总体定位、有前景的新方向，及时遏制偏离总体定位、隐藏较大风险的倾向。一定要注意实践才是检验真理的唯一标准。

上述意见和建议的实现，归根到底还是要靠新时代的思想解放；靠勇于探索创新、善于探索创新的人才。唯有如此，才能实现改革开放和创新探索的新突破，达到预期目标。相信经历过经济特区建设探索历程的海南，这次一定能够抓住机遇，不负中央重托和海南人民的众望，建设好自由贸易港，实现社会经济的大发展。

从自由贸易试验区走向自由贸易港的行动建议

中国（海南）改革发展研究院课题组

要以中国特色自由贸易港为目标，高标准高质量建设自由贸易试验区，尽快实现从自由贸易试验区向自由贸易港的过渡。

一、尽快制定未来几年从“区”到“港”的行动方案

在全面复制、推广其他自由贸易试验区探索经验的基础上，尽快研究制定《海南自由贸易港总体方案》，明确海南自由贸易港的法律地位、战略定位、管理体制、运行机制以及政策体系等；同步制定并公布 2025 年、2035 年分阶段的建设目标、行动步骤、重大任务等。同时，需要注意的是，海南建省办经济特区 31 年的实践经验表明，实行“港中港、区中区”的建设路径，总体上不成功。建议在《海南自由贸易港总体方案》中明确海南自由贸易港建设范围为海南岛全岛，岛内不再划“区”和“港”；在此前提下，根据海南不同区域特点形成合理的产业和空间布局。能在全岛推开的任务、政策和体制机制创新，尽量在全岛推行，防止改革的碎片化，降低重复建设带来的巨大成本。

二、尽快在改善营商环境上取得重大突破

从现实情况看，营商环境不优成为内外投资者诟病海南的集中点，改善营商环境成为海南加快自由贸易试验区建设的首要问题。

1. 用市场化的办法解决各方高度关注的问题

以房地产为例，建立海南房地产市场平稳健康发展的长效机制，核心是政府在保障基本住房需求的前提下，有效发挥市场在房地产资源配置中的决定性作用，实现“市场的归市场，保障的归保障”。建议海南以市场化为导向，以保障中低收入群体住房需求为重点，加快建立多主体供给、多渠道保障、租购并举的新型住房制度；尽快放开高端住房交易限制，更多利用印花税等措施调节市场；鼓励、引导房地产企业加快服务化转型，大力发展旅游、健康、养老服务型地产，完善医疗保健、生活配套服务，提升房地产品质。

2. 赋予市场主体更大的自主权，有效激发市场活力

全面实施企业自主登记制度、简易注销制度，实现企业“自由生”“自由死”；全面推广企业法人承诺制；除涉及国家安全等敏感项目外，取消企业一般投资项目备案制，赋予并保障企业投资自主权；坚持竞争政策基础性地位，强化竞争中性原则，着力消除政府部门扭曲公平竞争的行为，营造公开透明、公平竞争的市场环境。

3. 加快推进交易场所等市场基础设施建设

依托海南旅游、健康、热带农产品、大宗商品、航运等优势，加快建立现代化、国际化的交易场所。建议尽可能增加人民币计价的交易种类，逐步增强我国对某些产品的国际定价权；吸引纽交所、伦交所、港交所等国际知名交易所投资海南交易场所；引入国际化技术与管理人才，采取国际化标准，实行国际化管理。

三、实现从“区”向“港”的过渡，关键举措是加快实行服务业项下的自由贸易

1. 尽快制定实施极简版服务贸易负面清单

对接国际通行的产业分类方法，加快研究制定包括投资准入与跨境服务在内的综合版、内外资统一的极简版服务贸易负面清单；除在涉及国家安全、社会公共秩序的领域实行负面清单管理外，其他服务贸易对内外资

全面开放。完善负面清单配套管理措施，减少禁止类，更多采取比例限制、岗位限制、差别待遇等方式，降低行业限制强度。通过地方立法明确规定，凡是与负面清单的开放承诺相冲突的部门现行规章，一律按照负面清单执行；明确负面清单限制措施“只减不增”。

2. 尽快在全岛推进博鳌乐城国际医疗旅游先行区相关政策

允许在先行区内注册的医疗健康类企业在全岛设立分支机构，享受先行区同等优惠政策；取消对“少量、急需”药品的限制，将国外已批准上市但国内尚未批准上市的药品在海南境内使用的审批权限全面下放海南；将我国无相同品种产品获准注册的医疗器械使用范围由博鳌超级医院扩大至全岛。

3. 与香港联手打造具有世界影响力的国际旅游消费中心

建设具有世界影响力的国际旅游消费中心是习总书记对海南提出的明确要求。但从现实情况看，2018 年，海南游客人均消费额为 1245.7 元，仅为香港的23%左右。关键问题在于国际化产品与服务供给不足。建议发挥香港在旅游购物方面的经验和优势，让海南尽快与香港达成国际旅游消费中心合作建设一揽子协议，提升海南旅游消费的国际化、标准化水平；以委托经营、独资经营等多种形式，加强与香港的合作；与香港共建免税购物供应链，提升海南免税购物产业的国际化水平。

四、在提高资源利用效益上取得明显成效

海南拥有区位、资源、生态环境等独特优势，从现实情况看，把潜在的巨大资源优势转化为现实的竞争优势是加快海南自由贸易试验区建设的重中之重。

1. 重点提高土地资源利用效益

受制于区域、城乡体制壁垒，海南省土地资源潜力远未释放。2018 年，海南每平方千米土地产出的地区生产总值为 0.137 亿元，仅相当于广东的 25.4%、台湾的 12.7%、香港的 0.63%、新加坡的 0.41%。如果尽快统一全省土地资源利用，严格执行全省土地统一收购储备、统一开发管理、统一公开供应，统一规划岸线资源，限制最低地价，提高平均地价，将大

大提高全省土地资源利用效益。新增的土地出让收益将为实现自由贸易港目标提供重要的财力保障。

2. 着力提高海洋资源利用效益

海南管辖的海洋面积占全国的2/3，但2017年海南的海洋经济产值仅为浙江的16.6%、山东的8.5%、广东的7%，资源利用潜力巨大。海南建立自由贸易港要在推进泛南海区域经济合作和海洋领域的投资贸易自由化、便利化上发挥作用，在提高海洋经济效益方面取得重大突破，推动海洋经济向质量效益型转变。

3. 以推进“六个统一”为重点，深化“多规合一”改革

按照“全岛一个大城市”思路，深化“多规合一”改革。在全省规划统一的基础上，加快推进统一规划、统一土地资源利用、统一基础设施建设、统一产业布局、统一环境保护、统一城乡发展，显著提升全省资源利用效益，形成海南发展整体优势。

五、加大海南自由贸易港建设起步阶段的财税金融支持

从海南目前的经济与财政状况看，单靠海南是难以实现中央赋予的重大战略目标的。为加快海南推进自由贸易试验区走向自由贸易港的进程，需要在未来几年加大对海南重大事项的财税金融政策支持力度。例如：加大对海南公共财政的支持力度，如在起步阶段，加大中央对海南的一般性和专项转移支付力度，适当提高海南基本运转支出占标准收入的比重；中央财政设立海南自由贸易港基础设施专项转移支付项目，支持海南进一步改善岛内高速公路、国际港口、国际航线、信息与旅游基础设施等；支持海南在国际资本市场发行人民币债券。债券发行有两个方案：一是由中央政府发行海南自由贸易港专项建设长期债券；二是支持海南以国家信用担保，在国际市场发行以人民币计价的长期债券，利用国际资本加快海南自身软硬件建设，可在香港先行试点发行海南自由贸易港建设债券。

六、加快形成引才用才的独特优势

“吸引人才、留住人才、用好人才，最好的环境是良好体制机制。”当

下，能不能以非常之举尽快形成吸引人才、留住人才、用好人才的体制机制和独特优势，关乎海南从自由贸易试验区走向自由贸易港的进程。

1. 以法定机构为主要平台吸引国际化人才

以实行法定机构运作模式为重点，吸引各类高端人才；以设立海南移民管理局为重点搭建并不断完善吸引全球高层次人才的平台；鼓励支持国际人才评估、认定的第三方组织和机构在海南发展，其对国际人才的评估结果可以为海南政府部门和用人单位直接采用；制定《海南自由贸易港人才促进条例》。

2. 加快建立高效灵活的用人机制

全面打破体制内外人才流动的壁垒，实行体制内外各类人才同岗位、同报酬、同社保、同评价的政策；建立并完善人才工作室制度，赋予科研人才高度自主权，对科研人员科技创新收益和成果转化收益不设上限；鼓励支持具备研发能力、拥有专利技术的体制内人才创新创业。

3. 实行开放灵活的人才管理体制

全面取消编制管理，以专业性、开放性为重点重构人才管理体制；对公务员加快实行选任制和委任制分类管理，建设以专业技术类和执法类为主体的公务员队伍，把行政综合类人数占比降到最低，实行以职务聘任为主的“岗位管理”制度。

4. 建立并完善国际化人才服务体系

划定区域，为来琼创新创业的国外企业家、高层管理人才、专家学者打造国际人才社区；营造“类海外”居住和文化环境；支持海南设立外国人永久居留服务机构，探索租售同权等房地产政策；在建立制度、管住风险、优化服务的前提下，有序引入菲佣等外籍劳工，为国际化人才和海南中高收入家庭提供优质家政服务。

机构名称、文件名称中英文对照表

序号	中文名称	英文全称	英文简称
1	ABS 融资模式	Asset Backed Securitization	ABS
2	替代性纠纷解决机制	Alternative Dispute Resolution	ADR
3	双边投资协定	Bilateral Investment Treaty	BIT
4	合同研究组织	Contract Research Organization	CRO
5	全面与进步跨太平洋伙伴关系协定	Comprehensive and progressive Agreement for Trans-Pacific Partnership	CPTPP
6	个人对企业	Customer to Business	C2B
7	迪拜健康城	Dubai Healthcare City	DHCC
8	电子特别提款权	e-Special Drawing Right	e-SDR
9	泰国东部经济特区	Eastern Economic Corridor	EEC
10	自由贸易协定	Free Trade Agreement	FTA
11	政府采购协定	The Government Procurement Agreement	GPA
12	关税及贸易总协定	General Agreement on Tariffs and Trade	GATT
13	货物和劳务税	Goods and Services Tax	GST
14	国际货币基金组织	International Monetary Fund	IMF
15	国际银行设施	International Banking Facilities	IBFs
16	谅解备忘录	memorandum of understanding	MOU
17	市场情报中心	Market Intelligence Center	MIC
18	政府和社会资本合作	Public-Private Partnership	PPP
19	合格境内机构投资者	Qualified Domestic Institutional Investor	QDII
20	合格境内个人投资者	Qualified Domestic Individual Investor	QDII2
21	合格境外机构投资者	Qualified Foreign Institutional Investor	QFII
22	区域全面经济伙伴关系	Regional Comprehensive Economic Partnership	RCEP
23	实时全额支付系统	Real Time Gross Settlement	RTGS
24	跨太平洋伙伴关系协定	Trans-Pacific Partnership Agreement	TPP
25	跨大西洋贸易与投资伙伴关系协议	Transatlantic Trade and Investment Partnership	TTIP
26	国际服务贸易协定	Trade in Service Agreement	TISA
27	增值税	Value Added Tax	VAT

后　记

2019 年 11 月 5 日，习近平主席在第二届中国国际进口博览会开幕式上的主旨演讲中，提出“加快推进海南自由贸易港建设”，要求海南全岛建成自由贸易港。这是继 2018 年 4 月 13 日习近平总书记在庆祝海南建省办经济特区 30 周年大会上发表重要讲话后，第四次在重要国际场合提及海南自由贸易港建设。

海南，因改革开放而生，也因改革开放而兴。自海南建省办全国最大的经济特区以来，海南经济社会发展取得历史性进展，成为我国改革开放的试验田。当前，加快推进海南自由贸易港建设，就是要按照习近平总书记提出的“以开放为先”“以制度创新为核心”基本要求，对标世界最高水平开放形态，打造一个既有中国特色，又有广泛世界影响力与较强国际竞争力的自由贸易港制度体系，以此彰显我国扩大对外开放、积极推动经济全球化的决心，并在我国改革开放全局及周边区域战略中发挥关键棋子作用。

2018 年 5 月 9 日，海南省政府正式批复同意成立中国特色自由贸易港研究院，由中国（海南）改革发展研究院牵头，中国南海研究院、海南大学、海南师范大学等单位参与共建。中国特色自由贸易港研究院成立一年多来，在积极开展海南自由贸易港重大课题研究的同时，先后与中国（海南）改革发展研究院等机构合作举办了 3 次大型研讨会、5 次专题研讨会和专家座谈会，邀请国内外专家学者为加快推进海南自由贸易港建设提供智力支撑。

当前，在世界处于百年未有之大变局，经济全球化与我国改革开放面临新形势的背景下，各方对海南自由贸易港建设高度关注，期望值很高。

同时，也存在着某些疑虑、担忧、观望。为此，中国特色自由贸易港研究院将历次研讨会与专家座谈会上的专家发言进行整理并予以汇编出版，以此在促进各方了解海南自由贸易港建设的同时，进一步凝聚共识、增强信心、形成合力，更好地服务于“加快推进海南自由贸易港建设”这一重大国家战略。

迟福林

2019 年 11 月